职业教育学前教育专业系列教材

学前儿童教育戏剧活动指导

主编 ◆ 王一鸥 黄科

中国水利水电出版社
www.waterpub.com.cn
·北京·

内 容 提 要

学前儿童教育戏剧活动是将戏剧元素和策略作为幼儿教育与综合能力发展的重要工具，近年来受到教育界的广泛关注。本书主要针对学前儿童教育戏剧的理论知识和实践案例进行分享，重点是对学前教育专业学生、幼儿园在职教师、学前教育从业人员给予教育戏剧设计与创编的指导。

本书侧重对学前儿童教育戏剧基本概念、功能与目标、基本形式的介绍，提供了一系列学前教育戏剧游戏与活动案例，满足读者提升教育戏剧创编能力的需求，并鼓励读者在幼儿园各阶段进行实践。

本书适合作为高职高专院校教育戏剧课程的教材。

图书在版编目（CIP）数据

学前儿童教育戏剧活动指导 / 王一鸥，黄科主编. -- 北京：中国水利水电出版社，2024.4
高等职业教育学前教育专业系列教材
ISBN 978-7-5226-2454-9

Ⅰ.①学… Ⅱ.①王… ②黄… Ⅲ.①学前教育－戏剧教育－高等职业教育－教材 Ⅳ.①G613.5

中国国家版本馆CIP数据核字(2024)第091855号

策划编辑：石永峰　责任编辑：张玉玲　加工编辑：刘瑜　封面设计：苏敏

书　　名	高等职业教育学前教育专业系列教材 学前儿童教育戏剧活动指导 XUEQIAN ERTONG JIAOYU XIJU HUODONG ZHIDAO
作　　者	主编　王一鸥　黄科
出版发行	中国水利水电出版社 （北京市海淀区玉渊潭南路1号D座 100038） 网址：www.waterpub.com.cn E-mail：mchannel@263.net（答疑） 　　　　sales@mwr.gov.cn 电话：（010）68545888（营销中心）、82562819（组稿）
经　　售	北京科水图书销售有限公司 电话：（010）68545874、63202643 全国各地新华书店和相关出版物销售网点
排　　版	北京万水电子信息有限公司
印　　刷	三河市德贤弘印务有限公司
规　　格	184mm×260mm　16开本　13.5印张　321千字
版　　次	2024年4月第1版　2024年4月第1次印刷
印　　数	0001—2000册
定　　价	45.00元

凡购买我社图书，如有缺页、倒页、脱页的，本社营销中心负责调换

版权所有·侵权必究

序 言 一

本书是山东传媒职业学院学前教育与戏剧系的教师团队经多年实践研发的一本普遍适用于师范类教育的幼教戏剧教学参考教材。参与主编的两位教师毕业于戏剧学院戏剧专业和师范学院学前教育专业，又分别在国内外教育戏剧和教育剧场相关专业进修学习。她们在学前教育专业多年教学、研究、实践，具有丰富的理论基础和实践经验。本书是一本理论通俗易懂、实践案例丰富的教学参考用书。书中强调了教育戏剧课堂中教师需要承担演员、角色、引导者、合作者与参与者的身份，打破传统课堂"以教师为中心"的教学理念，成就教育戏剧所倡导的"以幼儿为中心"的理念，共建平等的师幼关系。

本书从教育学、认知学角度梳理了学前儿童教育戏剧的功能与目标，阐明了教育戏剧对学前儿童认知发展、动作发展、语言发展、情绪处理和社会性发展等方面的重要作用，同时梳理了学前儿童教育戏剧的目标建构，按照学前儿童的年龄特点和认知发展水平设定总目标、分维目标、年龄阶段目标和单元目标。只有明确了各个层次的目标与戏剧活动实践的联系，才能了解教育戏剧促进儿童全面发展的基本功能，并进一步理解戏剧对儿童发展成长的重要意义。

全书分章节介绍了教育戏剧的核心内涵及历史发展脉络，展示其在学前教育活动中的重要作用，详尽阐释了在这些戏剧化的教学中主题的生活性、故事的冲突性、活动的过程性、过程的游戏性、形式的多样性、领域的融合性、参与的互动性等主要特点的实施程序和方法，也阐述了基于游戏理论理解的学前儿童教育戏剧的意义，从而使读者能更好地了解教育戏剧的相关概念，掌握教育戏剧活动的主要特点，并明确教育戏剧活动与儿童舞台戏剧的根本区别。

教育戏剧和教育剧场是 20 世纪末开始引进的外来方式，自本世纪初开始，引进者一直强调外来形式如何落地中国实践，结合我国本土实际"洋为中用，创造自己"的重要宗旨。本书是编者为学前教育戏剧师资培养而编写的教科书，她们特别明了自己立足本土的使命和任务，注重"洋为中用"的本土化改造。在书中她们总结了中国学前儿童教育戏剧在教育戏剧游戏、教育戏剧工作坊及教育戏剧主题活动三个方面的基本内涵、基本功能和教育戏剧活动创编基本元素的分类和使用方法，以及每一种教育戏剧形式的内容、实施方式、使用原则和实施技巧。

- 教育戏剧游戏：通过展示教育戏剧游戏案例，为学前教育专业的学生及幼儿教师开展教育戏剧游戏提供了实践的基础和蓝本。
- 教育戏剧工作坊：通过具体案例和实施方式，为学前教育专业学生及幼儿教师开展教育戏剧工作坊提供了实践的基础和蓝本。
- 教育戏剧主题活动：通过剖析六个案例和实施方案，为学前教育戏剧师资学习提供了典型的参考模板。

本书让读者通过理解典型案例掌握学前儿童教育戏剧的设计流程和实施效果，便于其将典型案例在课堂中进行模拟授课或者在幼儿园进行教育戏剧的实际教学，使受教者最终能够设计出具有文化特色的、符合教育规律和戏剧艺术原则的教育戏剧活动和教学方案。

同时，本书也探索了学前儿童教育戏剧的总体评价原则和具体评价方式，针对教育戏剧的不同实践方式进行不同方式的具体评价，在此基础上掌握不同教育戏剧活动形式的评价内容及主要指标，并学会结合学前儿童教育学、心理学、认知学的知识进行综合评价。

在国内推广教育戏剧和教育剧场多年，我们始终主张实践者、研究者要在学习实践的基础上不断总结、创造、记录，努力写出自己的理论著作和实践教材。我们主张人类创造的、任何国内外的经验和方法，只要对现实社会和人类有益，都可以拿来为我所用。正像20世纪初先辈们引进西方话剧，落地中国后经半个多世纪的实践创造，使其终于成为中国人民喜闻乐见的中国气派、中国内容的中国话剧一样，我们相信西方的教育戏剧和教育剧场也完全可以改造成适合中国教育、中国孩子的优秀教育方式和方法。

我们相信这样的外来形式和本土应用的结合可以使我们的教育理念从传统观念中走出来，跻身最新的、与当代社会和青少年成长相适应的国际先进教育理念。这样的著作多了则可以相互交流、集思广益、去伪存真、去粗取精，从而创造出我们自己的教育戏剧和教育剧场方式和方法。这样行之有效的戏剧教育经验可以辅助、促进我国的基础教育走出工业革命时期创造的现有教育体制和模式，创造出真正适合当今信息革命时代的教育体制和方法。

李婴宁
2024 年 2 月

序 言 二

历经长期的实践教学与研发，山东传媒职业学院学前教育与戏剧系的教师团队与幼乐美教育研究院进行了教育戏剧相关的合作研究与实践。幼乐美教育多年来在全国范围内与高职院校合作探索和落地应用儿童教育戏剧相关的师资培训、教改课题、校企园活页式教材开发、数字化资源建设、课程开展教学等，共同总结出适用于师范院校学前教育专业师生进行学前儿童教育戏剧教学的资源与经验，并完成了本书的编写。

学前教育的对象是 3～6 岁的幼儿，他们的想象力、创造力、观察力、模仿力、语言表达力、思维力及情感正处于发展关键期，需要正确的引导。作为一种关注幼儿感受、体验、表达和创造的全人教育，教育戏剧对于幼儿各方面能力的发展具有极大的促进作用，能为其日后个性、人格、能力的发展奠定良好的基础。本书在编写过程中特别注重理论与实践的结合、知识与岗位的对接，集教、学、评、做、练五位于一体，既满足教师课堂教学，又方便学生自学实践。

自 2017 年起，幼乐美开始探索教育戏剧与高校人才培养的契合点，随之与院校展开教育戏剧与学前教育融合课程的研发和实践教学探索。通过建设"儿童教育戏剧数字化教学平台"、与院校合作研发并出版相关教材、建设教育戏剧实训基地、开展全国教育戏剧师资能力提升，展开四位一体的建设和服务，得到了院校的大力支持。

我们希望通过此书推动更多师范院校开展教育戏剧的应用，培养出一批具有现代教育理念、掌握系统教育戏剧活动指导方法和具备独立开展教育戏剧活动技能的专业教师和准幼儿教师；以新视角、新思路、新格局推动国内教育戏剧本土化、专业化的发展，助力我国幼教事业的发展。为幼师＋戏，为幼儿＋戏。

路漫漫其修远兮，吾将上下而求索。在探索教育戏剧的路上，我们希望与各位同仁携手并进，碰撞出火花。

幼乐美教育研究院
2024 年 2 月

前　言

党的二十大报告指出，高质量发展是全面建设社会主义现代化国家的首要任务，并强调教育、科技、人才是全面建设社会主义现代化国家的基础性、战略性支撑。学前教育作为我国基础教育的基础，是培养担当民族复兴大任的时代新人的重要奠基阶段，对加快建设教育强国和高质量教育体系具有基础性、全局性和战略性支撑作用。高质量学前教育体系建设，要以高质量教师队伍建设为重要支撑。有高质量的教师，才会有高质量的教育，教师是保障学前教育高质量发展的核心要素。为了精准培养学前教育所需的人才，必须合理制定学前教育人才培养方案，积极发展学前教育专业特色，科学构建学前教育的专业课程体系。教育戏剧教学法的融入与应用对高职院校学前教育专业体系的完善、学前教育专业人才的全面培养和幼儿园课程的建设都有重大的贡献和意义。

戏剧在历史发展中有许多功能，如审美陶冶、政治与文化传播、心灵疗愈、社交学习，亦或是"纯粹的"娱乐。从古希腊时代起，戏剧就承担着公民教化的职能。20世纪后，戏剧的应用范围逐渐拓宽，应用剧场的出现让戏剧有了更深入的探索，人不仅看戏剧，而且参与戏剧，把戏剧变成心灵疗愈和社会情感发展的重要途径，这改变了戏剧在历史上存在的整体形象。在上述历史和现代背景下，出现了一种新的连接戏剧与教育的学习媒介——教育戏剧（Drama in education）。

教育戏剧不是排演舞台剧。教育戏剧活动是在课堂上教师运用戏剧方法和策略进行教学，儿童以角色扮演、情境体验等方式进行深度学习，同时充分发挥儿童的想象力和创造力，让他们自由地表达思想，从而促进儿童智能和生活技能的全面发展。教育戏剧的根基源于舞台戏剧的延伸，也受到20世纪初进步主义教育思想和西方教学改革大潮的影响。当时的西方希望改变学校里死板的、缺乏自主性的、对儿童极不友好的教学风格，主张在教学过程中激发孩子们的主观能动性，提出将"自主地玩耍"作为儿童教育生活的重要部分，并把艺术学科作为学校教学课程的重要推动力量。西方教育者逐渐发现戏剧的潜能，通过戏剧的手段来达到以"儿童为中心"的教育效果，并创造一个以创造力和想象力为核心的具身学习过程。这种戏剧教学方法不只是追求知识的获得，而是运用多元复合的形式达到自主学习，通过"做"和"体验"让儿童积极地参与学习，这是"灌输式"教育不能达到的学习效果。

教育戏剧是注重过程体验的教育。教育戏剧活动由一个一个片段式的戏剧环节组成，儿童在教师的引导下逐步探索戏剧故事，从虚拟的故事情境中进行具身的学习。在这个过程中，儿童可以锻炼认识问题、处理问题的应变能力和社会交往的能力。在活动中教师会不露痕迹地引导儿童进入角色，感同身受地进入规定的戏剧情境，投入戏剧活动的全过程就是学习的过程。这种学习存在于教师和儿童、儿童和儿童的互动过程中，其中运用了角色创造、场景建构、集体创编等方式，是一种运用艺术形式的创造性选择，并不是简单的生活模仿。教育戏剧活动介于舞台与生活之间，儿童得到的不仅是理性知识，也具有了亲身的感性体验，儿童可以在这个过程中解除心理压力，锻炼创造性思维，培养空间协调能力，以及对未来的责任感和大胆的实践精神。在这样的学习场域，每人都可以分享自己的思想和成果，使学习成为能引起充分兴趣的形式。

戏剧本身是一种综合又统整的表现形式，它包含文本发展、口语沟通、肢体表达、社会互动、角色同理、视觉与听觉表现、美感欣赏等，而教育戏剧更是融合戏剧经验建构和教育原理的一种教学方法。在戏剧活动中，儿童常有机会"发挥想象""运用感官"去觉察，并尝试以"身体动作和口语"表达自己的感受和想法；在面临许多戏剧的两难困境时，他们需要进行"独立思考"和"问题解决"的挑战，透过这个历程能够认识自我、建立自信并学着处理自己的情绪和不同的人际关系。从统整课程的精神出发，它是培养儿童成为一个全人的最佳方法。从活化教学的角度来看，它最容易连结各种不同的课程而成为翻转学习的最佳媒介。若从多元智能的观点分析，它更是为儿童提供了一个学习和自我表现的平台。

学前儿童教育戏剧是针对3～6岁学前儿童进行的教育戏剧活动，通过对本教材的学习，学前教育专业的学生可以掌握学前儿童教育戏剧的理论知识、教学方法，以及教育戏剧活动的选材、设计和实施，进而对教育戏剧活动的创编有更深入的了解。

本教材主要围绕儿童教育戏剧活动进行理论和实践的阐述。第一章介绍学前儿童教育戏剧的内涵和特点，基于儿童的游戏理论来理解教育戏剧的意义，并明确儿童舞台戏剧与教育戏剧的区别。第二章展示学前儿童教育戏剧的功能与目标，阐明教育戏剧对学前儿童的认知发展、动作发展、语言发展、情绪处理和社会性发展等方面的教育干预作用，同时建构了学前儿童教育戏剧的总体目标、分维目标、年龄阶段目标和单元活动目标。第三章针对学前儿童教育戏剧活动的三种主要形式展开，介绍了每种形式的具体内容，列举了几类实用的戏剧习式。第四章针对学前儿童教育戏剧中非常重要的教师角色和师幼关系进行详述，分析如何打破传统教育实行的"以教师为中心"的教学理念，转而去成就教育戏剧所倡导的"以幼儿为中心"的教学理念，共建平等的师幼关系。第五章介绍学前儿童教育戏剧的评价方式，为教育戏剧的实践提供评价工具。第六章至第八章展示丰富的教育戏剧活动实例，为学前教育专业的学生及幼儿教师开展教育戏剧活动提供范例，并指导学生进行教育戏剧活动创编。

本教材的受众群体为学前教育专业的学生、幼儿教师和学前教育从业人员。为在校学生提供了教育戏剧活动创编的基础知识和实践经验，帮助学生提升教育戏剧创编能力，为创新学生五大领域活动和主题活动设计提供支持；为幼儿教师和学前教育从业人员提供经典教育戏剧活动案例。

本教材由王一鸥、黄科任主编。感谢李婴宁、张金梅、张晓华、林枚珺、卡丽·赫格斯塔特（挪威）、卡梅尔·奥沙利文（爱尔兰）、克里斯·库博（英国）、图尔·海立阁（挪威）等专家学者的前期经验和专业支持。学前儿童教育戏剧作为一个新型的教学方法，理论和实践基础并不丰富，正是有这些教育戏剧专家的不懈坚持和努力，才有了学前儿童教育领域今日的发展。希望学前教育专业的学生和幼儿教师都能将这个促进学前儿童全面发展的教育手段继续发展下去，让学前儿童的教育教学方式更加丰富、多元、具有创造性。

编 者

2023 年 12 月

目　录

序言一
序言二
前言

第一章　学前儿童教育戏剧基础知识 ……1

第一节　什么是学前儿童教育戏剧 …… 2
一、学前儿童教育戏剧的内涵及其发展脉络 …… 3
二、学前儿童教育戏剧的特点 …… 9

第二节　基于游戏理论理解教育戏剧 …… 16

第三节　儿童舞台表演与教育戏剧的区别 …… 20
一、教育戏剧不是指导孩子表演 …… 21
二、教育戏剧不以排戏为教育目标 …… 24
三、教育戏剧是一种综合性的审美教育 …… 25

第二章　学前儿童教育戏剧的功能与目标 …… 28

第一节　学前儿童教育戏剧的功能 …… 29
一、教育戏剧与学前儿童认知发展 …… 30
二、教育戏剧与幼儿动作发展 …… 33
三、教育戏剧与幼儿语言发展 …… 34
四、教育戏剧与幼儿情绪理解与表达 …… 36
五、教育戏剧与幼儿社会性发展 …… 38

第二节　学前儿童教育戏剧的目标 …… 41
一、学前儿童教育戏剧的总体目标 …… 42
二、学前儿童教育戏剧的分维目标 …… 42
三、学前儿童教育戏剧的年龄阶段目标 …… 43
四、学前儿童教育戏剧的单元（主题）目标 …… 46

第三章　学前儿童教育戏剧的形式 …… 49

第一节　学前儿童教育戏剧游戏 …… 52

一、教育戏剧游戏是什么 52
　　二、为什么要做教育戏剧游戏 54
　　三、教育戏剧游戏怎么做 55
　第二节　学前儿童教育戏剧工作坊 56
　　一、教育戏剧工作坊是什么 56
　　二、为什么要做教育戏剧工作坊 58
　　三、教育戏剧工作坊怎么做 59
　第三节　学前儿童教育戏剧主题活动 62
　　一、教育戏剧主题活动是什么 62
　　二、为什么要做教育戏剧主题活动 62
　　三、幼儿园戏剧主题活动怎么做 63
　第四节　教育戏剧习式 65
　　一、戏剧习式的分类 65
　　二、戏剧习式的应用原则 67
　　三、具体的戏剧习式 67

第四章　教育戏剧中的教师角色和师幼关系 76

　第一节　教师是演员 79
　　一、声音 79
　　二、形体 80
　　三、表演 81
　第二节　教师是角色 82
　　一、教师入戏的角色类型 82
　　二、教师入戏的基本原则 84
　第三节　教师是引导者 86
　　一、鼓励幼儿表达真实的感受与体验 86
　　二、倾听并接纳幼儿的情感与想法 87
　　三、关注并表达教师自己的感觉 88
　　四、教师学会开放性提问 89
　第四节　教师是参与者和合作者 91
　　一、什么是戏剧学习的契约 91
　　二、教师如何建立戏剧课堂的契约 92

第五章　教育戏剧活动的评价 97

　　一、评价的总体原则 98
　　二、评价的具体方式 102

第六章　教育戏剧游戏案例 109

第一节　感觉游戏 110
第二节　模仿与想象游戏 118
第三节　动作游戏 127
第四节　专注游戏 132

第七章　教育戏剧工作坊案例 136

案例一：工作坊《我们一起去抓熊》......137
案例二：工作坊《小老鼠上灯台》......140
案例三：工作坊《小兔乖乖》......143
案例四：工作坊《三只小猪》......146
案例五：工作坊《野兽国》......149
案例六：工作坊《拔萝卜》......153
案例七：工作坊《坚定的锡兵》......155
案例八：工作坊《小雨点，小雨花》......159

第八章　教育戏剧主题活动案例 164

案例一：主题活动《四季》......165
案例二：主题活动《交通规则》......174
案例三：主题活动《牙齿健康》......180
案例四：主题活动《龟兔赛跑》......187
案例五：主题活动《丑小鸭》......193

参考文献 203

第一章
学前儿童教育戏剧基础知识

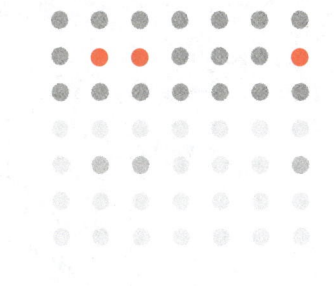

本章导读：

本章首先介绍学前儿童教育戏剧的核心内涵及其发展脉络，并展示教育戏剧活动主题的生活性、故事的冲突性、过程的游戏性、活动的过程性、形式的多样性、领域的融合性、参与的互动性等特点。其次基于游戏理论来理解学前儿童教育戏剧的意义，并明确儿童舞台戏剧与教育戏剧活动的区别。

读者应理解教育戏剧的相关概念，重点掌握教育戏剧活动的特点，为教育戏剧功能和目标的学习奠定基础，同时明确教育戏剧活动与儿童舞台戏剧排演的不同。

知识点

- 教育戏剧的概念。
- 学前儿童教育戏剧的内涵及其发展脉络。
- 教育戏剧在我国的发展现状。
- 基于游戏理论理解教育戏剧。
- 学前儿童教育戏剧的特点。
- 儿童舞台表演与教育戏剧的区别。

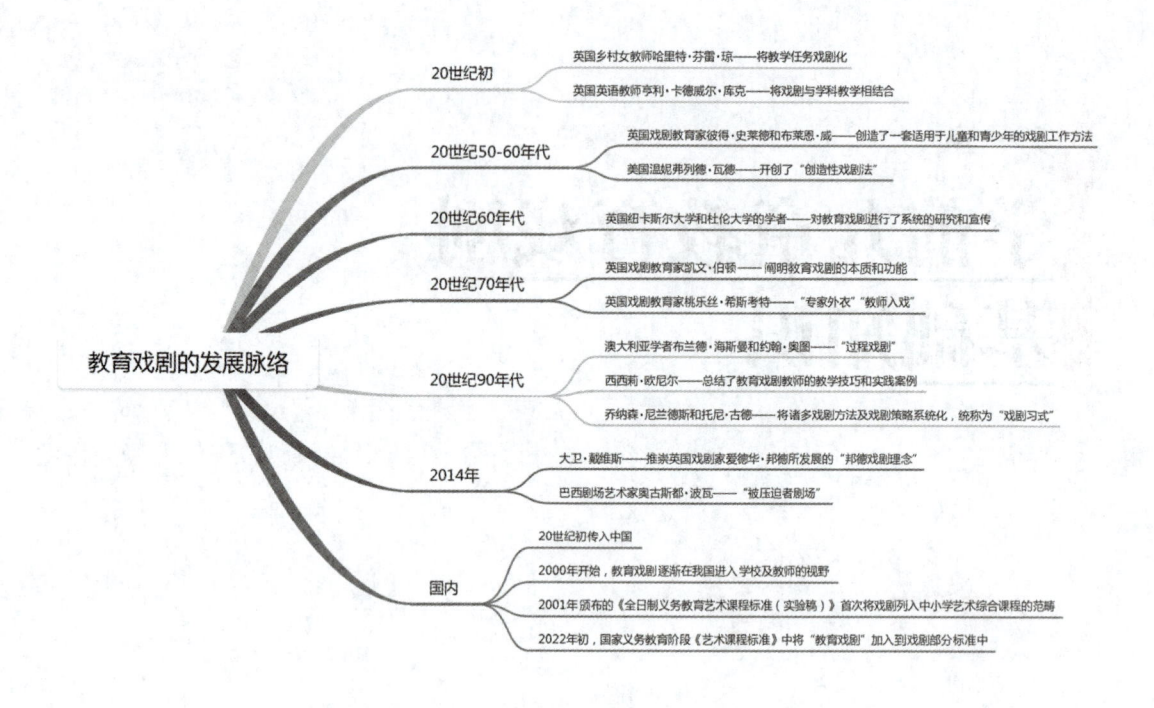

教育戏剧的发展脉络

- **20世纪初**
  - 英国乡村女教师哈里特·芬雷·琼——将教学任务戏剧化
  - 英国英语教师亨利·卡德威尔·库克——将戏剧与学科教学相结合
- **20世纪50-60年代**
  - 英国戏剧教育家彼得·史莱德和布莱恩·威——创造了一套适用于儿童和青少年的戏剧工作方法
  - 美国温妮弗列德·瓦德——开创了"创造性戏剧法"
- **20世纪60年代**
  - 英国纽卡斯尔大学和杜伦大学的学者——对教育戏剧进行了系统的研究和宣传
- **20世纪70年代**
  - 英国戏剧教育家凯文·伯顿——阐明教育戏剧的本质和功能
  - 英国戏剧教育家桃乐丝·希斯考特——"专家外衣""教师入戏"
- **20世纪90年代**
  - 澳大利亚学者布兰德·海斯曼和约翰·奥图——"过程戏剧"
  - 西西莉·欧尼尔——总结了教育戏剧教师的教学技巧和实践案例
  - 乔纳森·尼兰德斯和托尼·古德——将诸多戏剧方法及戏剧策略系统化,统称为"戏剧习式"
- **2014年**
  - 大卫·戴维斯——推崇英国戏剧家爱德华·邦德所发展的"邦德戏剧理念"
  - 巴西剧场艺术家奥古斯都·波瓦——"被压迫者剧场"
- **国内**
  - 20世纪初传入中国
  - 2000年开始,教育戏剧逐渐在我国进入学校及教师的视野
  - 2001年颁布的《全日制义务教育艺术课程标准(实验稿)》首次将戏剧列入中小学艺术综合课程的范畴
  - 2022年初,国家义务教育阶段《艺术课程标准》中将"教育戏剧"加入到戏剧部分标准中

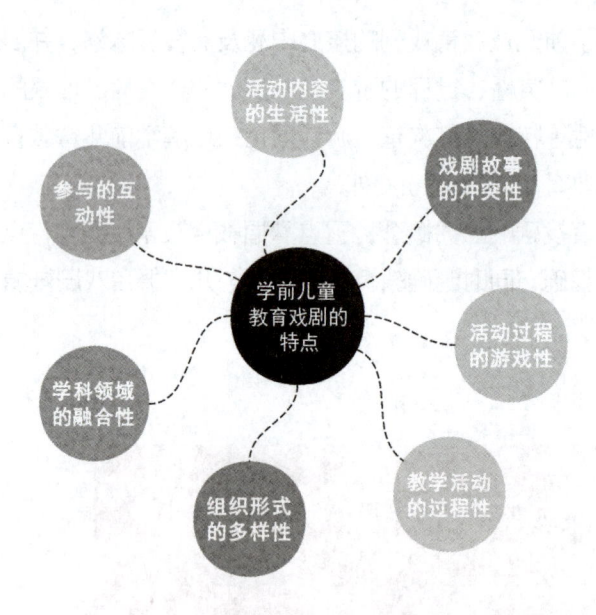

学前儿童教育戏剧的特点

- 活动内容的生活性
- 戏剧故事的冲突性
- 活动过程的游戏性
- 教学活动的过程性
- 组织形式的多样性
- 学科领域的融合性
- 参与的互动性

第一节　什么是学前儿童教育戏剧

广义上讲,儿童戏剧分为两个概念:一是以表演呈现为目标的儿童舞台戏剧,二是以教育为目标的儿童教育戏剧活动。儿童教育戏剧活动不是在舞台上演出一部戏剧给孩

子们观看或者让孩子们演出一个戏剧，而是一种在运用戏剧元素和策略的前提下，以儿童为中心进行的以教育为目的的团体性戏剧活动。儿童教育戏剧通过汇集儿童的思想、想象、语言和现实经验，在教师的引导和支持下，达到增加儿童知识，陶冶儿童情感，促进儿童审美，培养儿童综合能力的教育效果。教育戏剧的主要实施场所一般是教室课堂或其他儿童活动区域，而不是剧场的舞台。它的意义在于让儿童沉浸于一定的故事框架和戏剧结构中，在教师和儿童合作的过程中师生一起自发地创设情境和扮演角色，儿童在探索戏剧故事的过程中认识自己、认识他人、认识世界。

教育戏剧作为一个多元化、融合性广、创造性强的教学手段，符合当今时代发展的要求，其理念和形式遵循党的二十大精神指导下的中国幼儿发展理念。幼儿教师在遵循学前儿童戏剧经验建构规律和学前儿童认知发展规律的前提下，运用综合性的戏剧艺术形式和创造性的戏剧教学手段引导幼儿进行全方位的发展，以"陪伴成为新时代全方面发展的幼儿"为终极教育目标。

在幼儿园阶段，教育戏剧助力解决幼儿园教师干预过多和五大领域内容分立的问题，运用教育戏剧方法综合整合各个领域的教学工作，使幼儿的各项能力在戏剧的沉浸式体验中得到充分的发展，让戏剧元素充分融入幼儿园教学，使幼儿园的教学体现"以幼儿为中心"的教育目标。

一、学前儿童教育戏剧的内涵及其发展脉络

学前儿童教育戏剧是运用戏剧手段和策略促进3～6岁儿童的核心素养与核心经验培育发展的幼儿教育活动。教育戏剧遵循幼儿的想象、玩耍和表达的天性，运用角色扮演、场景建构、即兴创编、集体创作等形式，将戏剧作为幼儿表达、认识和思考世界的一种教育媒介，逐步丰富儿童的社会性经验，从而使儿童成为开放、合作、有创造力的完整的人。

学前儿童教育戏剧是一种创造的、互动的教育方式，它可以激发、鼓励、吸引学前儿童的学习兴趣，通过游戏、假装、体验故事、参与扮演和创编情节形成一种系统的、体验式的教学模式。学前儿童教育戏剧是建立在想象力上的，它可以激活幼儿的想象力和即兴创造力，唤醒他们玩耍的本能。通过实际运用一些综合艺术手段，教师和幼儿共同构思和参与一个戏剧故事的发展过程。这个戏剧故事的发展过程符合幼儿的需求和发展水平，并把戏剧方法和内容嵌入进一个以集体创造过程为中心的渐进式学习进程中。

教育戏剧的根基来自于舞台戏剧和剧场活动的延伸，并融合了游戏的形式和元素。其产生与发展受到卢梭儿童教育理论的启发，同时也受到西方20世纪初的教学改革大

潮的影响。当时的多数学校是死板的、缺乏自主性的、以教师为中心的灌输式教学风格，不能在学习过程中激发孩子们的学习主观能动性，因而提出了将游戏作为幼儿教育生活中的重要组成部分，将艺术作为学校教学课程的重要推动力量。所有的这一切为教育戏剧的诞生提供了灵感来源。在之后的几十年里，西方的教育者逐渐发现戏剧的潜能，戏剧不仅是一种艺术形式，同时也是学习的媒介。通过戏剧的手段可以将儿童作为学习与探究的主体，创造一种积极的、互动的和有教育意义的课堂教学气氛。这种具有创造性的教学方法利用团体互动游戏和故事创编的方式进一步延伸了孩子的知识学习和技能发展，实操和体验式是学习的主要过程。近年来，戏剧工作者或教师逐渐把戏剧作为一个赋予儿童学识和以协同创造体验为目的教育手段，通过身体开放和语言表达、自由玩耍和想象，让儿童把自己代入虚构的角色和情境中，不断尝试运用多元化的艺术手段表达自己。儿童在故事的自发创编和固定结构之间转换，他们创造和翻新不同的故事形式和故事结构，从戏里和戏外的不同视角回顾与反思戏中的事件和情节。在教育戏剧中，儿童通过充满象征意义和艺术性的戏剧语言来进行交流、互动和学习。挪威戏剧教育家卡丽·赫格斯塔特明确指出戏剧具有很大的教育潜力，戏剧作为学习的媒介可以激活儿童情感、审美、肢体、认知和社交的全部学习感官。

教育戏剧起源于英国，并在不同国家的历史文化背景下呈现出了蓬勃多样的发展路径。在西方，教育戏剧成为一种常见的儿童教育教学方式，从幼儿园开始孩子们就参与包含戏剧元素和形式的活动。在中小学的课堂上运用得也比较普遍，英美教育领域的戏剧应用于课堂教学是较有影响力的。

20世纪初，英国乡村女教师哈里特·芬雷·琼（Harriet Finlay Johnson）在教学中尝试运用戏剧进行课堂教学。她将不同的教学任务戏剧化，运用情境式的探索激发学生（主要是10～13岁儿童）积极参与教学活动并深刻理解相关教学内容。另一位尝试将戏剧与学科教学相结合的是亨利·卡德威尔·库克（Henry Caldwell Cook）。作为一名英国的英语教师，库克尝试将扮演活动和戏剧游戏引入英语教学活动中，并注重发挥学生的自主性与教师的引导角色，初步提出了与当时流行的强调戏剧演出效果截然不同的创新型教育戏剧理念。

20世纪50—60年代，受人本主义教育哲学影响，英国儿童戏剧教育开始关注"人"的成长发展。重要的先驱者包括英国戏剧教育家彼得·史莱德（Peter Slade）和布莱恩·威（Brian Way），他们的实践对教育戏剧的整体发展具有很大的推动作用，不仅是英国本土，还包括其他英语国家和北欧地区都受到他们实践成果和理论研究的巨大影响。史莱德和威两人最重要的主张是强调戏剧对人格发展的直接作用。史莱德首先提出了孩子是如何通过游戏和戏剧来实现自我意识发展的，他主张成人应尊重孩子的游戏与表达方式，应为孩子的玩耍创造条件，并且积极激励这种儿童玩耍和扮演行为。威从史莱德那里获得启发，明确表明戏剧对个人的专注力、感官、想象力、自身、演讲、情绪和智力方面的促进作用。他逐渐将戏剧作为教学媒介的实践方法进行梳理和总结，创造了一套适用于儿童和青少年的戏剧工作方法，这为教育戏剧的普及奠定了基础。

在美国，最前沿的开创者是温妮弗列德·瓦德（Winifred Ward），她在《创造性戏剧》一书中介绍了由她本人开创的针对儿童和青少年的戏剧工作方法——创造性戏剧。瓦德的"创造性戏剧"理念产生了重大影响，特别是对学校里的教育工作者和大学里的戏剧教师及剧场导演的培训。"创造性戏剧"的目的是让孩子们通过创造性的活动增强扮演和角色感知能力。从各种不同形式的肢体和想象力训练开始，到下一步包含语言表达的即兴形式训练，进而逐渐发展到创编故事，最后形成一个学生自主创编的戏剧作品。瓦德培养了很多戏剧教师，他们也进一步发展了瓦德的创造性戏剧法，虽然"创造性戏剧"后来独树一帜，但是其对教育戏剧在美国的实践发展提供了坚实的基础。

20世纪60年代，英国纽卡斯尔大学（Newcastle University）和杜伦大学（Durham University）的学者和教师对教育戏剧进行了系统的研究和宣传。教育戏剧已经成为一种普遍性的教学手段，很多的英国学校都已经尝试过戏剧融入课堂教学。20世纪70年代，英国戏剧教育家凯文·伯顿（Gavin Bolton）和桃乐丝·希斯考特（Dorothy Heathcote）提出的新兴理念成为教育戏剧发展中的重要力量。桃乐丝·希斯考特的教育观在于她非常关注儿童的学习内容与社会及生活的关系，认为缺少生活经验和社会现象的学习是空洞且无用的，学生没有办法将课堂上学到的知识和经验与社会现实中的状况进行联系。希斯考特认为戏剧可以提供给学生不同情境中的体验，戏剧可以提供给学生思考各类社会议题的机会，进而发展其批判思考与解决问题的能力。在她的实践中，往往会引入具有争议性的主题，运用教师/学生入戏的技巧，通过团体的扮演及讨论，厘清问题的争端，探究处理问题的方法。在虚拟的情境中，引导学生对相关的问题产生新的观点、做法和理解。希斯考特还主张戏剧教师应运用近乎挑战的方式积极鼓励参与者（在其角色之中）对于进退两难的窘境做出明确的表态，让他们在虚构的世界里大胆选择与尝试解决问题的各种方案。逐渐很多教师开始灵活使用这种戏剧教学方法，以适应各自不同的文化、社会实情以及各自教育工作中的不同背景。这个新兴理念是对之前戏剧教学方法的完善，教育戏剧在此成为一个相对系统的、理论完善的概念和教学手段，教育戏剧在原有的关注参与者艺术表现和人格发展基础上更加完善了其中培养参与者社会性发展的那一部分。基于他们的研究与实践成果，教育戏剧被成功地引进到英国学校教育的课程要求里，并广泛地在欧洲、亚洲的多个国家发展起来。

20世纪90年代，教育戏剧理论与实践方法逐渐完善，实践领域也逐渐从儿童和青少年教育领域扩展到学前领域和成人教育领域。澳大利亚学者布兰德·海斯曼（Brad Heisman）和约翰·奥图（John O'Toole）提出了"过程戏剧"概念，他们把过程戏

剧描述成一个单独的戏剧教学方法，其形式基本与教育戏剧的相同。西西莉·欧尼尔（Cecily O'Neil）深入探究教育戏剧的参与性和过程性带来的教育价值，探索戏剧教学与传统教学任务和目标的异同，并总结了教育戏剧教师的教学技巧和实践案例。乔纳森·尼兰德斯和托尼·古德（Jonothan Neelands & Tony Goode）把诸多戏剧方法和戏剧策略系统化，统称为"戏剧习式"，这一系列的习式成为教育戏剧创编的基础范式。2014年，大卫·戴维斯（David Davis）给教育戏剧带来新的视角。戴维斯推崇英国戏剧家爱德华·邦德所发展的"邦德戏剧理念"，邦德戏剧提出的"中心意义""场域"和"置身事内地应对"等概念正是当代教育戏剧发展中所缺失的，他提出融合邦德戏剧理念的教育戏剧要更加专注于锻炼儿童与青年对当代社会现实问题清醒的认识和思辨。巴西剧场艺术家奥古斯都·波瓦（Augusto Boal）也开发了很多实践方法，这些方法对南美洲乃至世界教育戏剧工作者来说都非常有用。波瓦把自己的剧场形式命名为"被压迫者剧场"。在幼儿群体的戏剧教育活动中，波瓦的形象剧场常被借鉴运用，他的论坛剧场也展现出用途，非常适用于五岁以上儿童。

随着后现代思潮的发展，出现了"应用戏剧（Applied drama）"这个新概念，尝试打破原有艺术教育的界限与形式，强调以民主、开放、多元的态度来面对戏剧艺术，并与社会和大众生活相连接。教育戏剧逐渐被教育界认可，并应用于各年龄层级的教育和社交当中，也在各国展开了丰富的研究和实践。

在我国，专门为儿童服务、以儿童为主的戏剧从"五四运动"之后才开始逐渐进入大众视野，然而要将儿童戏剧纳入学校学科建设，成为学科设计的一部分仍处于尝试、探索阶段。目前，在我国的教育体系中，戏剧仍是艺术课程的一部分，而不是将戏剧看成是一种教育教学的方法。自2000年开始，教育戏剧才逐渐在我国进入了学校及教师的视野并且持续升温。2001年颁布的《全日制义务教育艺术课程标准（实验稿）》首次将戏剧列入中小学艺术综合课程的范畴，并指出："基础教育阶段的艺术课程日益走向综合，不仅音乐和美术开始交叉融合，戏剧、舞蹈等也要进入艺术课堂。"2022年初，国家义务教育阶段《艺术课程标准》中将"教育戏剧"加入到戏剧部分标准中，可见教育戏剧逐渐被接纳和认可。

教育戏剧自20世纪90年代开始在我国进行本土化发展，它作为一门独立的学科被引入，一般认为始自李婴宁老师1995年作为中国大陆唯一代表出席"国际戏剧与教育联盟"（IDEA）在澳大利亚布里斯班召开的第二届年会。此后，李婴宁老师开始在全国范围内不断地开展关于教育戏剧DIE和教育剧场TIE的引进、实践和研究活动。李婴宁老师成立专门研究和实践教育戏剧的研究组织——见学（北京）国际教育文化院，她一直坚持：教育戏剧是一种互动的戏剧活动，可以设置题目、提出问题、开展讨论并通过角色创造去展示自己的构思，提出解决问题的方法。在这些活动中，学生可以锻炼认识问题、处理问题的应变能力和社会交往的行为能力。在这些活动中教师会不露痕迹地促使学生进入角色，感同身受地进入规定的戏剧情境。投入戏剧活动的全过程也就进入了一种学习过程。这种学习存在于教师和学生之间、学生与学生之间，使他们从中得到知识。这种演示活动运用了角色创造，是一种运用艺术形式的创造性选择，并不是简单的生活模仿。这种活动介于舞台与生活之间，学生得到的不仅是理性知识，还具有了亲身感受的感性体验，学生可以在这种过程中解除心理压力，锻炼创造性思维能力，培养空间协调能力、对未来的责任感和大胆的实践精神。

台湾艺术大学戏剧系教授张晓华在80年代作为第一个从纽约大学戏剧教育专业毕业的研究生也致力于推动教育戏剧在中国的发展。他发展了创造性戏剧和教育戏剧在中小学的教育方法，围绕戏剧的教育价值、意义和评量方法进行了多年的研究，他创编了许多的教育戏剧案例，提出教育戏剧有利于培养儿童认知、合作、实践、审美、创新等多方面的能力，他更加强调教育戏剧在中小学和基础教育中应起到人格教育的作用，重在立德树人，而不是急功近利的填鸭式教育。

北京师范大学的张金梅教授自2000年开始致力于在学前教育领域开展和研究儿童教育戏剧相关活动，并以教育戏剧作为自己博士研究的中心课题。张金梅在借鉴西方百年传统戏剧教育经验的基础上，深入幼儿园实践，提出了一种全新的综合课程研究范式——"生长戏剧"，她的研究注重从戏剧与人类、儿童、教育三者之间存在的本质联系出发，建构一种理想、完美、多元、感性的儿童戏剧教育模式，结合我国幼儿园课程的实施过程、年龄阶段性特点、教师儿童双主体的关系等，试图利用开发幼儿园戏剧综合课程来实现儿童的全面发展，从儿童戏剧经验的生成性建构来看，达到戏剧工具论和本质论的双重性质。

除了以上三股重要力量以外，上海戏剧学院戏剧教育研究室主任徐珺教授将教育性戏剧方法融入到儿童文学的阅读当中，提出了儿童"体验式阅读"的概念，深度创新青少年与儿童互动性、戏剧性的阅读形式，围绕教育戏剧项目对青少年及儿童阅读能力的影响进行长期的研究与实践，其中以教育剧场《猎人果列》为典型作品。南京师范大学学前教育研究所所长许卓娅教授将教育戏剧与学前儿童音乐教育相结合，提出了音乐教育戏剧化、游戏化的理念，让戏剧成为幼儿园艺术领域活动的创新教育手段。北京师范大学应用戏剧与表达性艺术教育研究中心创始人、主任马利文教授提出"整合性教育戏剧"的概念，认为其是教育戏剧和疗愈性戏剧的有机整合体，可以形成用于促进人的自我整合发展的一套理论和方法。"整合性教育戏剧"以立德树人为出发点和最终目的，探索以戏剧和表达性艺术作为教育和心理治疗的重要途径，促进人的心理健康发展，并以实践行动研究挖掘教育戏剧促进个人和组织的自我觉察、批判性反思与主动发展的意义。马利文教授主张教育戏剧是以戏剧元素、方法和过程为载体，以参与体验式学习为

路径的全人教育。台湾戏剧教育专家林玟珺提出教育戏剧是五大领域融合发展的重要途径，在她的研究和实践当中充分把《3—6岁儿童学习与发展指南》和《幼儿园课程指导纲要》中要求的儿童学习需求和学习特性融入到了教育戏剧教学当中。台湾屏东大学的陈国富借用教育戏剧进行绘本阅读与学习的融合性课程。他的研究展示了如何运用戏剧的方式综合地进行幼儿心理发展、语言表达、艺术感知和音乐理解的学习。

除了我国教育戏剧专家的自主推动以外，各高校在专家的带动下逐步开设相关的课程、运用相应的教育模式。目前我国开设教育戏剧课程（或命名为学前戏剧教育课程）的高校有北京师范大学、南京师范大学、华东师范大学、首都师范大学、温州大学、上海戏剧学院、中央戏剧学院、云南艺术学院、山东传媒职业学院等。

首都师范大学学前教育专业主要培养领会戏剧教育理念、熟悉活动方法并自如应用于实践的学前教育工作者，从2012年开始开设了教育戏剧、儿童戏剧、儿童戏剧表演三门课程。这三门课程是戏剧教育方向限定的选修课程，从戏剧教育理念的建立一直到儿童戏剧的设计、组织表演和评价，以培养更加完善的学前教育专业人才。

北京师范大学珠海分校于2015年成立了儿童戏剧研究中心，它是我国成立的第一个具有国际视野、聚焦儿童戏剧教育领域的学术机构。儿童戏剧研究中心主任张金梅是我国学前儿童戏剧教育研究与实践的开创者和领军人，她出版了我国第一套"幼儿园戏剧教育课程理论与课程丛书"（该丛书荣列"十二五"国家重点图书出版规划项目）。

上海戏剧学院从2005年开始在戏剧影视文学系创立艺术教育专业，经过10年的发展，2015年更名为戏剧教育专业，专门培养教育戏剧与应用剧场人才并安排其毕业生在幼儿园、中小学进行实践与实习。中央戏剧学院开设戏剧教育系，培养具有较高文化艺术修养、基本掌握戏剧教育理念和实践方法、能够从事大中小学戏剧教育工作并具备组织戏剧活动潜质的新型的复合型艺术人才。同时，云南艺术学院、中国传媒大学也进行了教育戏剧课程的安排与实践，山东传媒职业学院的学前教育专业将教育戏剧作为专业特色进行深入的研究与实践。

虽然，我国师范类大学或高职院校学前教育专业戏剧教育课程开设的数量并不多，但近年来推进儿童教育戏剧的步伐却越来越快。到目前为止，我国出台了很多关于艺术教育开展的文化教育政策和文件，在2012年颁布的《教育部关于加强和改进中小学艺术教育活动的意见》和《3—6岁儿童学习与发展指南》中提出的教育目标与教育戏剧提出的教育目标和任务有很多的相似。同时，各地区的幼儿园和幼教机构也纷纷开展教育戏剧方面的尝试，积极开展校本课程、园本活动等。

纵观教育戏剧的历史，这种戏剧教学形式为不同年龄层次的儿童和青少年提供了全面发展的机遇。教育戏剧的教育根源起始于卢梭，承袭了他的自然主义教育观念及渐进式教学运动的教育思想。卢梭明确提出游戏是儿童学习的本质，游戏是一种意识的表现，戏剧是游戏的载体，是全体参与的活动。近代著名儿童心理学家让·皮亚杰的游戏教育理论表明戏剧游戏与扮演对儿童认知和想象力发展有着巨大的作用，象征性思维的形成和发展是沟通感知运动与运算思维活动之间的桥梁。美国教育家约翰·杜威肯定了戏剧中的角色扮演对儿童自发性学习和社会综合能力培养的意义。俄国教育家维果斯基在他的"最近发展区"理论中提出戏剧情境可以锻炼学生的人际交往能力和逻辑思维能力。综上所述，我们可以看到教育戏剧的理念不仅仅是让儿童模仿和扮演，而是通过全身心地"浸入"戏剧故事和情境来促进综合知识的理解和综合能力的发展。

近年来，教育戏剧逐渐发展成为一个极具综合性的概念。它不仅是戏剧分类的一种，更是在戏剧的基础上融合了教育学、心理学、社会学以及其他艺术门类的原理和形式的教学方法。在学前儿童领域使用教育戏剧可以调动幼儿的音乐、舞蹈、绘画等艺术形式的综合感知，同时促进他们在自我认知、合作、协商、共情、解决问题等方面的综合社会性发展。

教育戏剧还有一个非常重要的意义就是引起幼儿的反思，其学习过程包括对整个戏剧故事的反思，以及在戏剧扮演过程中对自身和故事中反应的现实社会环境的反思。幼儿在教育戏剧中的反思一般具有三个维度：第一个维度即幼儿扮演戏剧故事中的角色，并对角色在戏中所处的境遇产生反思；第二个维度即幼儿从其个体的、非角色的主观视角对整个戏剧故事及各部分的剧情进行反思；第三个维度是幼儿从一个客观的、社会的角度对戏剧中发生的故事进行反思。这样，在教育戏剧的学习过程中就形成了一种多维度反思的效果。这种多维度反思不仅是从角色的角度来反思，幼儿也从自身去反思，从一个更宏观的社会视角去反思，这对幼儿的社会性发展有着重要的意义。

总之，教育戏剧对幼儿语言表达、肢体操控、情绪认识与管理、自学能力、合作合群、自我认识、自我肯定等方面的成长有很大的帮助。它不仅应该成为幼儿园艺术课程的一个组成部分，也应是幼儿园五大领域融合教学的工具和媒介。当前幼儿园艺术课程多以语言、音乐、美术为主，长期以来，幼儿园的戏剧活动大多以节庆儿童剧演出为主，缺乏系统的、循序渐进的、生成性的戏剧体验活动。教育戏剧作为一种综合性的教学手段，它能满足幼儿身体和言语表达的需要，并自然而然地统整音乐、美术、文学、舞蹈、领域知识等各种经验。教育戏剧中所传达的身体与思想的对话、动与静的结合、个体性和集体性的统一都极大地丰富了幼儿园的教育教学活动，满足了学前儿童全面发展的需要。

二、学前儿童教育戏剧的特点

学前儿童教育戏剧是针对 3～6 岁学前儿童的年龄特点和认知发展水平进行的教育戏剧活动，它将学前儿童置于自发性的探究学习情境中，在宽松、愉悦、快乐的氛围中

建立对自我与外界的良性认知。学前儿童教育戏剧呈现出以下七方面的特点：活动内容的生活性、戏剧情节的冲突性、活动过程的游戏性、教学活动的过程性、组织形式的多样性、学习领域的融合性、参与的互动性。

（一）活动内容的生活性

20 世纪初，美国教育学家杜威提出"教育即生活、教育即生长、学校即社会"的教育理念，强调教育即儿童在当前的实际生活中体验的过程。杜威认为生活是一个不断发展的过程，在不断发展的生活中人逐渐积累各种经验，并从而获得各项能力和情感的成长。因此，最好的教育就是从生活中学习、从经验中学习。在此基础上，杜威认为学校是社会生活的重要载体，学校的职责是承担人社会化学习的主要阵地。在学校的课堂上，教师需要把现实社会生活的情况呈现给孩子们看，让孩子们了解现实生活中人的思想、境遇和生活情况。我国著名教育家陶行知也提出"生活即教育"的主张，教育就蕴含在儿童每天的真实生活情境之中，教师要善于利用儿童的生活开展教育活动；著名教育家陈鹤琴则提出大自然、大社会都是幼儿的活教材，强调幼儿教育要取材于大自然、大社会，充分挖掘并利用生活中的环境资源促进幼儿的全面发展。戏剧自诞生以来就承担着反映人类社会生活、描绘人类生活规律、抒发人类生活情感的作用，作为人类生活的呈现形式，从最初的祭祀活动到现在成熟的戏剧演出，其中的内容都来源于现实生活，戏剧中的情感、事件以及具体细节都是生活的真实写照。因此，戏剧的本质就是以虚拟的形式呈现并总结生活。

教育戏剧活动内容的生活性是显而易见的。戏剧活动的许多环节让孩子们进行扮演，扮演的内容包含现实生活中的各色场景及场景中的人际关系，这贴近幼儿生活的经验，是幼儿生活经验的再现。以《大卫不可以》改编的教育戏剧为例，幼儿首先通过自己扮演大卫捣乱和不听话的场景来体会大卫的境遇，同时又扮演大卫的妈妈和扮演大卫的老师去说服和帮助大卫改掉身上的毛病，这样的活动是基于生活实际场景的。每一个小朋友都和父母经历过相似的问题，但是在戏剧中孩子是父母，老师是大卫，能让孩子通过换位思考来深刻了解如何面对问题、解决问题。基于此，我们不难发现生活素材是教育戏剧活动内容选择的重要依据，是其区别于其他戏剧形式的重要特征，同时也是幼儿身心发展的内在要求。教育戏剧活动鼓励幼儿参与到体验生活、总结生活的戏剧活动中，勇于承担生活责任，反思生活实际，从而对生活更有激情，发现生活的可创造性。他们可以在戏剧活动中大喊大叫、做鬼脸、宣泄各种情感，也可以在戏剧活动中反思、观察、体会和总结，找到更多对现实生活的表达方式和理解方式。

《3—6 岁儿童学习与发展指南》要求幼儿的学习是以直接经验为基础，在游戏和日常生活中进行的。要重视游戏和生活的独特价值，创设丰富的教育环境，合理安排一日生活，最大限度地支持和满足幼儿通过直接感知、实际操作和亲身体验获取经验的需要。生活化的教育戏剧活动一方面适宜幼儿身心发展的现实需要，另一方面则突出戏剧活动指导幼儿生活实践的设计理念。因此，教育戏剧活动正是将戏剧艺术经验与儿童的生活经验相结合，注重二者的关联与契合。戏剧中的经验创造来源于生活，是幼儿生活经验的提炼与升华，幼儿可以在戏剧角色或情节中找到生活的影子。

（二）戏剧情节的冲突性

戏剧是关于矛盾冲突的，没有冲突的戏剧就不能称之为戏剧。戏剧内容的冲突性也是教育戏剧主要教育功能的体现，只有面对冲突时才能激发幼儿内心的真正抉择，让他们学习如何面对问题和解决问题。19世纪，法国戏剧理论家布伦退尔在《戏剧规律》一书中提出"意志冲突"的概念，这也被认为是最早阐述"戏剧冲突"概念的戏剧理论。布伦退尔认为戏剧冲突就是在意志层面上人与人、人与社会、人与自我之间的冲突。英国剧作家亨利·琼斯认为对立是戏剧的根本。英国戏剧理论家威廉·阿契尔提出"激变理论"，他强调冲突是生活中最富于戏剧性的成分之一，戏剧的实质是在激烈的对立中形成的变化。无论是意志冲突理论还是激变理论，都证明了戏剧冲突的重要性。没有冲突就没有戏剧，有冲突才有发展、才有故事进展，才能引起观众的思考与共鸣。基于戏剧的冲突性来看，教育戏剧常常基于一个故事展开，故事中必定会存在矛盾冲突，如果没有矛盾冲突，那么孩子们就无法在戏剧中锻炼处理矛盾和慎重选择的能力，也没有办法对人生中的因果关系、人性关系和自我与世界的关系进行深入的思考。

在面对戏剧故事中的冲突时，幼儿渐渐生成自己的决定，形成自己的价值观，并联系自己的生活实际来理解故事情节，解决故事中的矛盾，行动起来解决问题。例如在改编自故事《愚公移山》的教育戏剧中就凸显出了一个很大的矛盾，即"要不要移山"的问题，孩子们既要扮演以愚公为代表的支持移山的村民们，又要扮演以智叟为代表的不支持移山的村民们，孩子们就在体验这种矛盾的立场中确立自己的观点，形成自己的决定。所以，幼儿扮演角色，体验戏剧冲突，认识冲突并想办法解决冲突，一方面有助于幼儿解决社会交往中遇到的困惑和冲突，如与同伴、家人及他人的交往冲突，锻炼幼儿解决问题的能力；另一方面戏剧冲突能满足幼儿的冲突心理，帮助其获得更好的发展。不论是教育戏剧、剧场教育还是成人戏剧，戏剧冲突都是其不可或缺的支撑点，是戏剧活动得以发展与延伸的关键。

（三）活动过程的游戏性

充分调动身心的"玩和假装"是学前儿童教育戏剧活动的典型特点。游戏是幼儿最喜爱的活动，也是幼儿生活的主要内容，更是最适宜于幼儿的学习方式，而充满趣味性、游戏性、玩耍性的戏剧活动则将这一特点最大化。幼儿在活动过程中既要灵活地扮演角色，也要安静地仔细思考，这种动静结合的立体教学能够充分调动每个幼儿参与活动的积极性，能够让每个幼儿在参与活动的过程中充分发挥自己的优势。幼儿也需要在游戏化的互动中与同伴交流、协商，能够学习他人的长处，弥补自己的不足。

与演出舞台剧不同，教育戏剧不要求每人都扮演某个固定的角色，而是实现人人可参与的游戏状态，其游戏性主要体现在两个方面。一方面体现在扮演具有游戏性上。幼儿在戏剧活动中要扮演不同的角色，体验不同角色的生活。在这个过程中，幼儿要创造性地表现角色的生活情景、角色的心理状态、角色的情绪情感，创造性地反映个人生活。对幼儿来说戏剧参与的过程就是游戏的过程。另一方面则体现在游戏精神之中。著名教育家杜威认为，儿童的精神世界完整性和统一性是在游戏中发展的。教育戏剧活动与儿童舞台戏剧及成人戏剧活动不同的关键在于，教育戏剧更加注重幼儿在戏剧活动过程中游戏精神的激发，其目的在于将戏剧元素融入到幼儿游戏活动的形式当中，促进幼儿的身体发展、智力和语言发展、良好情感发展以及社会性的全面和谐发展。喜欢游戏是幼儿的天性，教育戏剧尊重幼儿的游戏天性，秉持游戏精神的理念，让幼儿在戏剧活动中快乐地学习，通过戏剧游戏的方式潜移默化地影响幼儿。教育戏剧的形式本身与儿童游戏的特征相吻合，二者都具有模仿性、趣味性、虚构性、合作性等特点。游戏与教育戏剧的相同之处在于二者在活动过程中都需要幼儿扮演一定的角色，都有幼儿想象与创造的成分。同时，同一主题的游戏活动或戏剧活动，不同幼儿参与都会有不同的呈现方式和表现。但教育性戏剧与幼儿游戏活动又有不同之处，教育戏剧更凸显游戏的戏剧扮演性，强调戏剧基本艺术元素的融入；而幼儿游戏活动则凸显其规则性，具有一定的规定和程式，参与者必须遵守规则，而教育戏剧虽需要在一定的框架下进行，但相对比较自由，没有固定规则。因此，教育戏剧是游戏的特殊形式，游戏是教育戏剧的重要载体和实现教育戏剧教育目标的有效途径，这是游戏与戏剧有机融合的结果。

（四）教学活动的过程性

教育戏剧和传统舞台戏剧最明显的差别在于教育戏剧注重体验的过程而不是演出的结果。在教育戏剧活动中，每一个环节都需要幼儿的参与和协作，所以教育戏剧不注重一个最终的表演展示结果，而是注重在过程中的探索。教育戏剧活动由一系列片段式的情节组成，通常没有一个线性的故事情节和封闭性的结局，其中的每一个情节片段都运用不同的戏剧技巧和戏剧策略，例如情境建构、角色扮演、文学创作、集体叙事、绘画等戏剧习式。布兰德·海斯曼和约翰·奥图曾提出，教育戏剧活动可以通过角色的视角、旁观的视角、社会的视角来构建戏剧体验过程。片段式的结构创造了复杂的社会境遇，幼儿随着逐步推进的剧情去探索，在不同的角度上思考戏剧中明喻和暗喻的社会事件，让幼儿全面了解社会生活的复杂性和多样性。幼儿通过体验不同的片段、扮演不同的角色、转换不同的视角，可以站在不同角度上来思考戏剧故事中涉及的矛盾和问题，这样的方式可以让幼儿形成具有复杂性的、意义丰富的深刻理解。

与传统教育方式不同，学前儿童教育戏剧不用检验结果的方式来检验学习成果，它融入了很多即兴的环节和开放性的提问，幼儿不是寻找一个正确的答案或总结，而是更关注自身在过程中的思考。这不要求幼儿复制和记忆某些信息来获得表面理解，而是创造一个即兴发挥和协商的过程，这个过程会充分调动幼儿的思维和身体让他们尽情地编创以获得深度理解。在即兴活动里，由于每个幼儿不同的认知背景和生活环境，他们会对同一情景提出不同的看法和理解，他们通过行动、感觉、共情和深度思考来更全面地学习和认知。即兴表演让孩子们将肢体呈现、语言表达和创新思维这三方面的能力有机地联系在一起，形成一种具身的认知过程。具身认知把身体的展现和表达以及身心结合的能力放在了学习的中心地位，将身体从知识载体变成了促成身心交互的现实。教育戏剧的学习是一种注重过程的具身学习，它鼓励以肢体为主导，激发身心合一地扮演角色、体验情境，让孩子们投入一种系统的、体验式的综合学习过程。

（五）组织形式的多样性

教育戏剧的组织形式呈现出多样化的状态。当前适用于学前儿童的教育戏剧组织形式主要有三种类型，即游戏式、工作坊式和主题式。

游戏式教育戏剧是指通过一系列的戏剧游戏来开放幼儿的语言、肢体，疏导他们的情绪，并激发自主表达。戏剧游戏之间关联性不强，单个的戏剧游戏可以运用在日常教学的任何时刻，但每一个戏剧游戏都有一定的扮演和搭建场景的元素，比较适合刚接触戏剧或者小班阶段的幼儿。

工作坊式教育戏剧活动是根据某一具体的教学目标，在一个故事或多个相关的故事情节组成的框架下，鼓励幼儿参与、分享、创造以及合作找出解决对策的手法，使其扮演不同立场、族群的人思考、探讨和相互交流，实现师生互动、生生互动的合作探索。工作坊一般一次进行一个探索过程，工作坊之间没有太大的关联，重点强调某一个比较具体的知识或观念的学习。

主题式教育戏剧活动是围绕某一主题，随着儿童戏剧经验整合与提升的进程，由师幼共同完成一系列工作坊的探索。主题式教育戏剧活动由几个单独的工作坊组成，每个工作坊根据教学要求和规律形成递进的探索关系，每个工作坊都紧扣主题。主题式教育戏剧活动的主题确定和素材选择非常重要，也是每个工作坊环环相扣、故事情节涤荡起伏、引发幼儿好奇心和探索欲的基础。主题式教育戏剧活动需要完整和复杂的故事，其素材选择范围比较广泛。例如文学艺术作品，童话故事尤其受孩子们的喜欢；

也可选取与幼儿实际生活相关的事件和话题，孤独感、分离焦虑等都可以作为主题素材；也可和孩子们共同商讨和即兴编创素材，发挥幼儿的想象力，采用他们的想法。主题式教育戏剧活动中的系列戏剧活动因主题而联系在一起，并且使儿童的戏剧经验彼此产生联系，如幼儿园主题式教育戏剧活动改编自安徒生童话《丑小鸭》，整个系列戏剧主题活动的设计与实施以丑小鸭的成长经历为主线，孩子们逐步探寻丑小鸭的境遇，并作为丑小鸭进行情境中的自发表达，最后通过在探索故事中积累的戏剧经验统整起来并创作丑小鸭的人生经历。主题式教育戏剧活动提供更长时间的教师与幼儿、幼儿与幼儿之间互动的机会，需要一个更稳定的师幼关系建立过程。教师可以采用角色介入，如角色扮演、"坐针毡""良心巷"等戏剧习式来创造不同的情节以激发孩子的表演能力和创造力。

（六）学科领域的融合性

戏剧本身就是一门综合性的艺术，融合了文学、音乐、美术、舞蹈、艺术设计的各种元素，同时再加上"以儿童为中心"和"生活即教育"的教育教学理念以及灵活的教学形式，最终形成了能够促进幼儿身心全面和谐发展的教育戏剧。目前，幼儿园的课程注重融合性、自主性和创新性，在幼儿自身生活经验与认知发展水平的基础上，教师根据幼儿的年龄、兴趣及生活经验设置课程主题，引导幼儿积极参与教育教学活动，对主题进行深入细致的探究与分析，并将自己的研究结果与大家分享。一个良好的幼儿园课程设计能够为幼儿认知的发展与经验的提升提供脚手架的作用，以幼儿可接受且有助于他们理解周围世界的方式传递知识和经验。教育戏剧作为一种综合性的教育活动充分体现了当代幼儿园课程的设计理念，其综合性并不是各领域知识的简单罗列与堆砌，并非只是把各领域学习内容衔接起来，而是根据各年龄段幼儿的发展需求，合理地将各领域的知识经验进行有机融合，使其成为一个连续的逻辑体系，做到知识、经验、能力学习的融合与创新。

教育戏剧的融合性体现在学习领域的有机整合。适用于幼儿园的教育戏剧活动，不管是游戏式、工作坊式还是主题式，其开展过程都不只是单纯的语言活动、艺术活动、社会活动，而是有机整合了五大领域的教育目标、教育内容和教育策略，将戏剧手段和策略贯穿其中，将不同领域的教育要求串联起来，从而使幼儿能够获得综合、整体、全面的发展。其中最为典型的是主题式戏剧教育活动，在一定时间段内，围绕某一主题逐步深入，系统整合语言、社会、艺术、科学、健康等领域来促进幼儿核心素养和核心经验的全面提升。如根据故事《拔萝卜》改编的教育戏剧，在整个活动过程中，幼儿在教师的引导下，想出很多拔萝卜的好办法，且能用自己的肢体动作创造性地表现拔萝卜、挖萝卜、吃萝卜等动作，同时在活动的结尾部分，孩子们一起创造不同样式的萝卜美食，全方位地学习与萝卜有关的展示。这样，幼儿不仅有着丰富的肢体表现，而且有着扩充故事内容的意识，积极思考，将自己的生活经验融入到了故事情节当中。这样的教育戏剧活动，不仅有助于幼儿艺术素养的提升、语言理解能力的提高，更有助于幼儿同伴交往能力的发展。

教育戏剧的融合性特征与促进幼儿全面发展的教育目标相契合，戏剧活动的结构改善了五大领域分立的现象，以知识融会贯通、能力综合发展为主要目标，不仅能促进幼儿的表层能力发展，如语言、动作等，更能促进幼儿的深层智力与道德的发展。

（七）参与的互动性

虽然主张"传统舞台中的戏剧与观众没有互动"有些偏激，但毫无疑问的是，教育戏剧所创设的互动和参与比舞台戏剧多得多。教育戏剧给参与的幼儿提供了自主学习、自由选择和发散思考的机会，让他们在一个公开与平等的环境中反思和质询。戏剧元素被教师综合建构后邀请幼儿参与，幼儿既是体验者，更是故事发展的推动者。虽然教育戏剧创造的是一个虚拟的时间和空间，但参与的幼儿却真实地面对戏剧故事的矛盾或挑战，有机会在虚拟的戏剧情境中模拟解决问题，从而更从容地面对真实世界的挑战。在过程中，参与的幼儿需要逐步解决戏剧进程中教师提出的一个个小挑战，为了使戏剧行动有效，孩子们就得深入地沉浸于故事情境，运用他们的想法、价值观和个人意识主动地去解决故事中的问题。教育戏剧的参与性不是让幼儿熟记并呈现已写好的剧本，而是让他们作为创作者去表达，通过自己的经验在特定的时间和空间里发展和创造自己的理解。因此，教育戏剧的参与和互动是锻炼幼儿解决问题能力的行之有效的方法。

教育戏剧强调的互动性主要体现在两个方面：师幼之间的互动和幼幼之间的互动。

第一方面，教育戏剧强调教师和幼儿平等的互动。课堂上教师和参与者处在一个平等的地位，共同探索一个戏剧事件或戏剧中引出的问题。在活动空间里，教师也是参与者，和孩子们一样都是故事中的人，教师不会比幼儿知道的更多，他需要和孩子们一起创造、一起探究、一起合作。在戏剧探索中，所有人都被牵扯到这个探索故事的过程中来，教师也在过程中体验、发现和学习，教师不再是课堂上的权威和全知者，而是作为"脚手架"与儿童一起解决问题。

开展教育戏剧首先要摆脱传统的教师教、幼儿做的教学模式，尊重幼儿的学习特点和规律，发挥以幼儿为中心的理念。教育戏剧中的故事可以源于幼儿生活，也可以源于幼儿喜欢的童话故事，源于幼儿最想了解的内容；幼儿自主选择想要扮演的角色，表达自己最想表达的思想；幼儿通过多次讨论商议的方式不断引发问题、解决问题，从而打造一种没有说教、没有束缚，自由、灵活、多元、感性、审美的学习环境，让戏剧成为

幼儿在一起学习、感悟、合作和分享的媒介，促进幼儿多元发展的过程，从而体现教育戏剧深刻的教育内涵。

　　教育戏剧的互动也不能脱离教师，要跟随教师的建构性引导。虽然教育戏剧强调以幼儿为中心，强调幼儿的自主性、能动性和创造性，但教师的指导与引领作用仍然不能忽视，师幼互动是活动得以顺利开展的关键。教育戏剧中要求教师在教学全程中实时与幼儿进行互动，教师的互动满足了幼儿的交往需要。此外，这种互动性与幼儿的社会化需求不谋而合，交流合作的机会增多，幼儿交往技巧得到训练，使得幼儿在参与戏剧的过程中学会处理人际关系，为现实生活做好准备。

　　第二方面，教育戏剧的互动性体现在幼儿与幼儿之间的协作互动上。幼儿参与戏剧活动，与教师和其他幼儿密切合作，投入地讨论、交流、分析更能促成幼儿在相互帮助下一起理解活动内容，提供了幼儿之间同侪学习的机会。建构主义教育观认为个体的发展是在与人际的相互作用过程中不断实现的，因此幼儿的语言表达、观念形成、道德规则等社会性知识都是在与他人的交互作用中逐渐习得的。因此，幼儿不仅需要事物、知识的刺激，更需要人与人之间的双向交流互动。教育戏剧活动恰好为幼儿交往与互动的需求提供了现实的实践环境和机会，因为在活动中幼儿不同程度地要与同伴、教师、家长发生互动和交流。

　　教育戏剧活动的参与过程以幼儿为主导进行组织、策划、实施，每个幼儿可以根据自己对故事的理解进行演绎，在一定程度上保证了每个幼儿的活动参与机会，在活动参与过程中幼儿与幼儿之间必然会发生很多联系与互动。维果斯基认为幼儿间的协作活动能够促使幼儿更加全面地成长，年龄相近的幼儿能在彼此的最近发展区协作活动，表现出比单独行动时更高级的行动，教育戏剧活动的参与性与互动性帮助幼儿融入团体生活，学会与同伴协作。

第二节　基于游戏理论理解教育戏剧

　　一提到戏剧，我们就会想到舞台上的表演，而我们这里谈到的教育戏剧是开展于幼儿园课堂当中过程性、生成性戏剧活动，所以也有人将其称为"过程戏剧"。为了进一步阐明教育戏剧的教育原理，我们可以借助游戏理论来理解教育戏剧。在理论层面，教育戏剧是基于游戏理论而产生的；在实践层面，教育戏剧具有游戏的性质和特征。学前教育专业的学生对游戏非常熟悉，所以借用游戏理论来理解教育戏剧更能帮助他们理解教育戏剧的教育原理。

教育戏剧其实是与游戏息息相关的，它离不开游戏的形式和原理，也可以说教育戏剧是由综合性的、连贯性的系列游戏组成的。幼儿的游戏活动往往具有扮演的成分，他们经常会将成人认为毫无价值的东西赋予内涵和深层的意义，一个水壶盖、一块碎瓦片、一个小玻璃球都可以成为故事中的飞船、怪兽的爪子、贩卖的货品等。这些物品在生活中被叫作物体，通过游戏化的扮演，物品被放置在戏剧情境里就会成为一个有故事意义的物件或道具。对于孩子而言，一切东西被赋予了想象和创造就开始反映他们对现实的认知和经验。

游戏是愉悦的，可以调动幼儿的情感陶冶。如果要从理论层面定义游戏的话，游戏会分为很多种类：功能性游戏、模仿性游戏、投射性游戏、象征性游戏、构建性游戏、戏剧性游戏、规则性游戏，这些游戏种类的特征都能在教育戏剧里体验到。游戏的首要功能是宣泄和陶冶。根据奥地利著名心理学家西格蒙德·弗洛伊德的理论，游戏是一种发泄情绪的渠道，它成为一种情感净化的过程。儿童会通过游戏表达压抑的情绪，发泄心灵的挫折。游戏是幼儿处理和表达经历的一种极为特殊的方式，通过参与游戏幼儿可以打破现实并变换角色，强调游戏使参与者通过变换、检验和自愈来实现发展的重要意义。我们在戏剧的基本概念中提出，古希腊的戏剧家亚里士多德提出戏剧具有宣泄和净化的功能，观众在观看舞台戏剧的时候就像是经历了一次情感的净化。之后在1960年，教育戏剧家希斯考特和凯文·伯顿提出"情感学习"，表明参与戏剧活动更能调动一个人的全部感官，可以带给人某种形式的自我调节和情感宣泄。

自发性是儿童游戏的一个关键特征，也是教育戏剧的主要特点之一。儿童能够自由地在新旧信息之间探究和建立联系，激发创造性想象，这是从在角色扮演游戏中用一物替代另一物的能力开始的。这种一物替代另一物的活动看似简单且孩子们乐在其中，其实它包含了一系列复杂的技能。皮亚杰将角色扮演看作符号表征能力发展的指标——这是一种能够从相关或具有代表性的事物中提炼出来某种概念的能力。维果斯基认为儿童能够通过角色扮演游戏来发展他们用符号代替具体事物的能力，同时还强调角色扮演中产生的社会化互动对儿童发展的重要作用。其中，维果斯基更加强调成人（比如老师）的引导作用，主张在课堂上教师要协助或直接地参与儿童的学习而不是强硬地灌输。在教师的引导下，不同年龄段的孩子进行适应自身发展条件的主导活动。对于幼儿园阶段的孩子来说，主导活动就是以游戏为主的，因为学龄前儿童最关键的心理过程正是在游戏中发展起来的。游戏是学前儿童对理解客观现实的尝试，特别是角色扮演游戏具有一种社会和认知上的早期预备的功能。维果斯基把角色游戏视为进入抽象思维的一项准备工作。这种基于想象的扮演游戏最重要的特征是它可以创造思想与意义，为儿童的社会性发展提供机会。在关于儿童潜力发展的阐述中，维果斯基提出了一个重要的概念：最

近发展区。最近发展区是指儿童在游戏时总是超过他的实际年龄的平均水平，超越他的日常表现；游戏中的孩子比现实中的自己高出一头。由此可见，在戏剧中孩子们也是保持着一种游戏的状态，他们往往扮演着社会中的人，饰演形形色色的人以及他们的经历和故事，经历着比幼儿日常生活中更复杂的事情，因此他们在扮演中更能超出他们的实际水平，练习应对更复杂的情况，解决更复杂的问题，尽管这些戏剧里的情况是虚构出来的，但是他们的体验和扮演是真实的，是发自内心的，这样也让他们为应对以后现实中会出现的问题做好了练习和准备。皮亚杰和维果斯基都强调角色扮演游戏能够帮助儿童更好地理解日常生活，并相信游戏是创造想象的来源之一。近年来，越来越多的研究聚焦于角色扮演游戏中儿童认知技能的发展，例如，角色扮演游戏的过程中，长期存在能力与元认知能力（反思自己认知过程的能力）相关，问题解决能力和社交认知能力也得到认同。

　　教育戏剧的另一个主要特征就是它的假定性，这和幼儿自发会进行的假装游戏的原理相同。有许多研究认为，假装行为是儿童与生俱来的，并且儿童的假装行为带有戏剧的性质。在日常生活中，不经意间幼儿会自发出现各种各样的假装行为，例如孩子们假装自己是市场的老板与人进行买卖；他们会用各种物品假装制作食物拿给大人吃；他们会假装自己是爸爸妈妈正在照顾生病的宝宝。幼儿的假装是自发的、快乐的、自由的，没有谁教他们这么做，这为他们后来的戏剧发生打下了基础。总之，幼儿知道自己在假装，才可能产生他们的戏剧；幼儿乐于假装，才愿意积极地投身于戏剧活动中。幼儿的假装行为也有不同的类型。第一种是模仿角色扮演的假装行为，幼儿用模仿性的动作或言语来扮演一个假装的角色。在扮演中，幼儿变换了身份后不再是现实中的自己，利用动作、姿势、表情、语气语调等扮演他人或物，如扮演自己生活中熟悉的人、父母、医生、警察等，或者来自童话、神话、卡通片中的人物。此时，幼儿已经从关注人或物的动作转向对"人"的兴趣，引导着儿童游戏行为的是角色而不是角色的动作，角色意识成为游戏的中心。第二种是运用道具、生活物品进行的假装行为，幼儿以角色的身份或是自己去移动或使用材料或玩具，让原本没有生气的物品假装成另外一个物件，如扫把变成骏马、枕巾变成宝宝、棍子变成武器等。游戏中的幼儿利用任何玩具、材料或动作、口语的描述来代替真实的物体，在想象的场景中和物件进行互动。第三种是带有场景性、描述性的语言假装行为，儿童使用言语叙述作为动作和情景的补充。如幼儿扮演司机说："现在我们准备开车啦，请大家坐好。"说完，开始稳稳地坐在台阶上，双手做握方向盘的动作。幼儿可以用语言来塑造想象的情境。第四种是具有社会互动性的多人假装行为，多名幼儿在一起区分身份、创编故事，在集体创编的即兴情境中进行互动玩耍。越多的儿童在一起越能激发更多的社会性互动。

幼儿的假装行为除了呈现不同的种类，也呈现不同的层次。第一种是幼儿会假装自己正在干什么，他们把自己置身于假装的情景中，比如我假装正在教我的娃娃，我和娃娃的身份和性质都没有改变。第二种是幼儿假装成不同于自己的角色，这种假装就具有了戏剧的性质。比如我是医生，正在照顾我的病人，或者我是怪兽，正在破坏一座城市。第三种是假装成更加复杂的互动角色，一名幼儿扮演一个角色，并与扮演其他角色的幼儿进行假定性的互动，比如我是妈妈，在和我的孩子说话。第四种是假装期间的角色转换，幼儿从扮演妈妈和孩子说话转换到孩子回答，假装期间不断地在角色中转换，形成一个完整的情境。由此可见，学前儿童从行为假装中经历了自己扮演角色到与他人互动扮演角色，再到角色转换的不同层次。

对于幼儿来说，在假装游戏中的"假装"与戏剧艺术的主要特性"假定性"之间具有共通之处，使得假装游戏最终走向了戏剧。教育戏剧是教师把幼儿的假装行为控制在一个可发展的戏剧框架内，让幼儿在教师一步步的引导中进行更加有效的假装，并在假装的过程中学习社会经验，所以揭开学前儿童"假装"的内在机制能够更加深刻地理解学前儿童的假装原理。

以上的游戏理论为我们理解教育戏剧提供了深层的理论帮助。之前，我们就提出教育戏剧是围绕一个故事，通过运用一些综合性的、具有连贯性的扮演游戏组成，在教师的引导下把这个故事的整个过程用游戏的方式呈现出来。教育戏剧让孩子们充当不同的角色，在玩耍的同时为自己创建一个虚构的情景。孩子们相互引导，调整修改故事内容，扮演着他们自己对故事的理解。这里的扮演并不是舞台戏剧要求的按照剧本扮演，而是一种按照幼儿自己对故事中发生的事件的理解进行的自然扮演，这种扮演模式具有一定的自发性和假定性。

孩子们在教育戏剧中的游戏过程分成了几个层次：首先，在刚开始时，幼儿们没有深入到情境里的时候是进行简单的模仿，毕竟进入情境是需要一定的适应时间的，幼儿需要先进行模仿另一个人的动作；之后，幼儿进行角色模仿，在这个阶段，幼儿会变换角色，他们用记忆中别人的方式或他们自己认为正确的方式去做；渐渐地，幼儿慢慢"成为"他人，而不仅仅是模仿角色，他的共情和理解他人的能力由此开始激发；再后来，幼儿代入角色的能力慢慢发展起来，幼儿的装扮和改变外表的需求越来越明显，他们开始作为角色协同合作，共同促进这个故事的延续。因此，我们可以理解教育戏剧是基于角色扮演游戏而发展成的一种社会游戏，幼儿们用戏剧作为一种手段去模仿社会里的事，练习社会角色，诠释对现实社会的理解，满足自己的需求，探索未知的事物。

由此我们看到，教育戏剧是儿童发展和社会化过程中具有重要决定作用的活动。通

过这种活动，幼儿学习到社会行为的形态与模式，意识到自身行为和他人行为的影响。教育戏剧的前提是让幼儿从他人的角度面对问题，穿着别人的鞋子行走，这对于他们能够理解别人、理解团结和友谊来说至关重要。一个孩子的社会化发展也与他受到的合作能力训练紧密相关。幼儿必须学会遵守教育戏剧中的各种游戏性活动的潜规则，能在过程中表现出比现实中更好的个人控制能力。而且，教育戏剧非常有助于儿童的语言沟通能力发展，帮助幼儿发展概念性理解能力、扩充词汇量、激活语言、运用复杂的表达方式，从而在戏剧活动中的语言表达上实现高于现实生活的水平。通过教育戏剧，幼儿获得认知，比如认识他的角色、理解角色所处的处境、能在角色中看到自己，这些经历与经验能够发展孩子的抽象思考能力和归纳能力。教育戏剧还能训练幼儿解决问题的能力，提供处理情感的机会，这都是在教育戏剧的"游戏"过程中实现的。

对于教师或成人而言，教育戏剧也是非常有用的，它能帮助你更好地理解幼儿的思想和他们对这个世界的看法，甚至是隐藏在他们内心的恐惧。在教育戏剧过程中，教师一般是用观察者的眼光来看幼儿，你能获取很多关于幼儿的信息，因为他们在扮演中会呈现不同的人物形象，在进行角色对话时他们会说出不同的话语，他们的反应是个体性的，这比集体统一回答或者集体朗读要丰富得多。教师作为引导者和观察者，要明白每一个幼儿，他在忙什么？他是怎么看待故事中这件事的？他在戏剧里和戏剧外分别是怎样解决问题的，他怎样处理自己心里的矛盾，他有什么被关心和被保护的需求等。作为教师，我们可以通过戏剧探究幼儿的发展和成熟度，理解幼儿是否能够以及怎样参与游戏场合。所有这些信息都能给教师释放一种信号，就是你所面对的幼儿和他所处的小组有哪些发展和学习的需求。

教育戏剧不仅可以让幼儿积极地感知和体验世界，而且还以一种无时无刻假装的状态存在，即在假装游戏发展过程中，向有扮演意识发生的"戏剧"静悄悄地逐步演进。而这种从游戏到戏剧的内在过程无不隐含着学前儿童的模仿、自发玩耍、假装和想象。如果说模仿是身体对外界的"复制""再现"，那么自发玩耍、假装和想象则是冲破思想和身体禁锢的束缚，进入一个神奇的虚构世界中。没有自发玩耍、假装和想象，模仿的游戏仅仅停留于角色游戏，而有了这些元素，游戏就自然地向着戏剧发展了。

第三节 儿童舞台表演与教育戏剧的区别

通过了解学前儿童教育戏剧的内涵和特点，又从游戏理论和儿童游戏的"自发性与假定性"的角度理解教育戏剧，我们知道教育戏剧不再是传统意义上的只重视戏剧表演的戏剧演出，而是在继承和超越传统戏剧表演基础上的一种新型教学手段。它展示了戏剧是儿童的表达方式之一，亦关注了戏剧是儿童的经验学习方式之一。

我们常说，肢体和语言是幼儿的主要表达工具，但是如果没有假装和想象，他们就不能更具有创造力和主动性地去表达。教育戏剧提供了一个创造出来的情境，在这个虚拟的情境里面幼儿扮演各种各样的角色，这样戏剧性的情节和表达为幼儿新的洞察与理解敞开了大门。教育戏剧里的表达形式非常丰富，在使用这种方法的时候，教师需要不断地寻找合适的表达形式来补充和强化自己构建的戏剧教学内容，教育戏剧的形式就是不断地重建和新建不同的表达形式，这与传统舞台戏剧形式有着非常大的差别。我们可以将舞台戏剧表演和教育戏剧的区别以图示方式呈现，如图1-1所示。

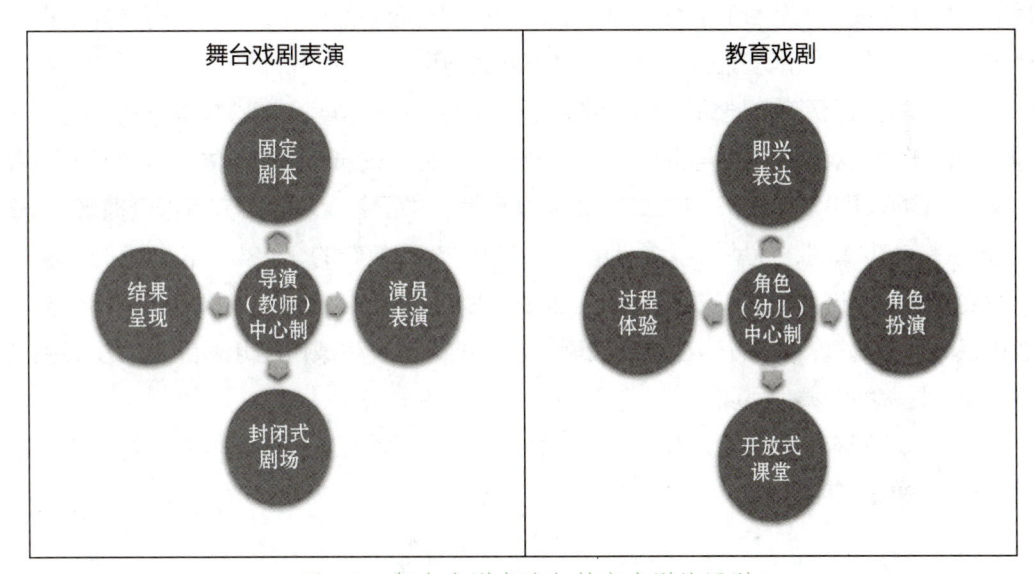

图1-1　舞台戏剧表演与教育戏剧的区别

为了更清晰地明确这种差别，我们再详细阐述几个观点。

一、教育戏剧不是指导孩子表演

一提到戏剧，我们往往会联想到在舞台上呈现的戏剧，容易联想到"唱戏""排戏"与"演戏"，并经常会借助成人戏剧表演的套路去思考儿童的戏剧活动。

我们需要认识一下传统舞台戏剧。传统舞台戏剧基本具有五个要素：演员、剧本、导演、观众、剧场。为了训练专业的舞台戏剧创编与表演人员，相应地设置专门的戏剧教育，例如演员表演教育、剧本创作教育、导演教育、剧场设计教育等。在我国，针对舞台戏剧的从业人员的教育有非常多专业的戏剧技能教育院校，例如中央戏剧学院、上海戏剧学院、北京电影学院等，它们都是培养专业戏剧技能人员的院校。市面上也有很多针对儿童的戏剧表演教育机构，例如青少年宫的表演班、语言表演班、口才班、小戏

骨班等，这都是专门训练孩子表演技能的机构。一提到儿童的戏剧教育，在不了解教育戏剧的情况下，教师常常运用表演技能培训的方法来教育儿童，常常让儿童穿上华丽的服装，背诵流利的台词，经过反复的排练和走台来完成一个剧目的演出。这一观念和做法看起来简单、实用、像模像样，但这并不是一个符合幼儿年龄特点和教育规律的方式，因为在排演舞台戏剧的整个过程中幼儿只需要按照教师说的做，按照教师给的背，几乎没有自己创造和想象的机会，这与儿童自发性假装与想象的本质要求完全相悖。在以表演为基础的儿童戏剧教育中，教师是把成人戏剧表演的那些套路一成不变地套给儿童，先根据剧本分配角色、背剧本，再添加服装、道具、舞台效果，在过程中反复排练，最后在剧场中完成一个节目的最终效果整合。这一切看起来都顺理成章，但可能儿童在这个过程中会厌倦、烦乱和紧张，逐渐耗尽了兴趣与耐心。

教育戏剧所秉承的理念和戏剧表演是不一样的，其戏剧编创的过程或路径也有所不同。与传统舞台戏剧要求的导演中心、台词为主、封闭式演出环境不同，教育戏剧要求的是角色中心、即兴表达和开放式的师幼互动环境。中国教育戏剧研究者张金梅曾提出："儿童正是从粗糙的、简单的和游戏化的稚拙性扮演向复杂的、综合的和艺术的表演层次发展和过渡。这种发展和过渡就是因为各种戏剧元素在学前儿童戏剧工作中不断被添加进来而形成的"。我们看到在教育戏剧中讲求的是一种生成性的儿童经验的发展和过渡，而不是单纯的舞台呈现。

因此，我们应该改变成人戏剧教育的套路，遵循学前儿童的戏剧经验建构规律。这才是教育戏剧的存在价值。

（一）从"导演（教师）中心"到"角色（幼儿）中心"

对于学前儿童来说，他们的扮演行为并不是演出来给谁看的，也不需要别人告诉他们怎么去演，而是自己沉浸于自发和即兴的扮演过程中。我们应该顺应儿童戏剧扮演的思路和进程，不是像成人戏剧创作那样"以导演为中心"，而是以"角色为中心"。那么，孩子们是如何完成"以角色为中心"的戏剧学习过程的呢？

首先，角色塑造要探索的是"我是谁"。每个学前儿童最关心在这个虚构的戏剧情境中"我会是谁"，即"我"将要进入一个"非我"的世界，"我"成为一个"非我"的角色，年龄、长相、动作都和原来的"我"不一样了。这是一个多么神奇的变换。在大班教育戏剧主题活动"丑小鸭"里，儿童自己想象着鸭子村的多个角色：鸭村长、鸭妈妈、鸭姐姐、鸭哥哥、丑小鸭等。这些角色都不再是原来的自己了，所以幼儿要思考我变成了"谁"。

其次，角色塑造要探索"我扮演的角色是怎样的"。具体来说，即长什么模样？动作怎么样？怎么说话的？如果有的学前儿童处于自我与角色同一的状态，就会认为"我是怎样的"。教师通常使用"墙上的角色"习式（见第三章第四节），用画图的方式激发幼儿说出角色长相、服饰、携带物品等；还可使用"思路追踪"习式（见第三章第四节），由此传递角色的内心活动。

再次，角色塑造要探索"我扮演的角色会怎么选择"。相对于前两个层面，这一层面是对角色深层个性的探索，通过对"选择（不选择）什么"这一开放型问题的探讨，学前儿童可以自由思考和表现对角色的理解，比如"选择（不选择）吃什么""选择做什么事情""选择离开或者留下"等。

教育戏剧中的角色扮演不是为了演出而塑造，而是为了展示经验、探查人性而塑造，扮演过程中没有好与坏的评判，可以给孩子们充分创作的自由。

（二）情节创作由"固定剧本"变为"即兴表达"

成人化的儿童戏剧表演教育将情节创作视为表演的前奏，提前根据情节设定好台词，并将台词反复背诵，然后再将台词内容表演出来。这样的方式对学前儿童来说是不利于他们的自由表达的，教师应鼓励幼儿用动作和表情自由表现出来，并让他们解释为什么这么做，起到了表达和反思的作用。在教育戏剧中孩子的表达比舞台上的表演更松弛、更富有想象力，语言也更加生动流畅。所以，对幼儿来说，剧情不是成人剧作家趴在书桌上写出来的剧本，更贴切地说，剧情是孩子们"想"和"说"出来的，也是从脑袋里"生长"出来的。幼儿创造的剧情也不仅仅是纯语言的表现形式，既可以用肢体展现出来，也可以用儿童的画笔画出来，也就是用美术符号表征。但是在实践中，有些教师不习惯或者不善于在即兴扮演中引导，因为这需要教师以角色的身份及时根据儿童的话语、动作和情绪反应进行互动，这对他们来说充满挑战，不如拿着已经规定好的剧本让儿童背诵来得容易。

在关于学前儿童戏剧表演的语言丰富性及流畅性上，我们看到过早固定化的剧本会限制儿童大胆的创造，而没有剧本，儿童的扮演又会陷入混乱的局面。教育戏剧就是教师提供一个富含想象空间的故事框架，然后带领幼儿一起去探索故事中发生的事情，和他们一起扮演、表达和创作。

（三）教学环境由"封闭式剧场"变为"开放式课堂"

舞台剧场的观演关系是相对固定的，演员与观众的位置是明显分离的，演员掌控着表演的空间观，观众坐着舒适地观看表演。这种剧场的形态早在公元前5世纪的古希腊就已经出现了：雅典人用石头建成进行公众仪式和节庆祭拜的场所，可以容纳上万人，中间的最低处建立石台成为舞台，旁边的扇形山坡上堆砌成一层层的台阶成为观众席，与当代的足球场形态相似。演员与早期出现的合唱队则在中间的圆形石台上表演，圆形

石台的旁边会以一些帐篷和草棚作为遮挡，棚子的后背是演员更换面具及服装的场所。随着戏剧的发展，圆形石台又逐渐扩大为平台，台后有垒砌起的高墙作为背景，更加完善的室内剧场就出现了。

　　基于对舞台戏剧剧场的理解，儿童舞台戏剧的剧场也是封闭的。首先，空间是封闭的。舞台和观众区被截然分开，舞台上呈现一个虚拟的与现实分离的演出空间，观众也只能固定在观众席，不能随意进入舞台。其次，身份是固定的。演员就是演员，观众就是观众，不能随时变换。再次，角色是不变的，一个演员在一段时间只能扮演同一个角色；排演关系也是儿童必须听从教师的指令；家长一般只能作为观众参与。最后，情节是封闭的。儿童舞台剧只能按照固定的剧本表演，尽管有时剧本也是学前儿童自己讨论后集体确定的，但一经确定则不能随意修改。

　　遵从儿童戏剧经验建构的教育戏剧课堂空间则完全不同。不论是从外部环境还是从儿童心理感觉这都是一个空间开放、身份开放和情节开放的环境。首先，空间的开放。教室里没有演员和观众的区别，孩子们相互扮演、相互观察、相互合作，教师也是其中的一个参与者。其次，身份的开放。每一个孩子都可以扮演自己想成为的角色，有的时候每个人的角色都不同，有的时候所有人都是同一个人，每个孩子都可以表现出对这个形象的自我理解。再次，情节的开放。戏剧探索中除了有教师提前设定好的故事框架外，没有剧本的约束和必须要扮演的情节，孩子们可以根据教师提出的故事情境自行组织情节，情节的发展也不需要有一个"正确答案"，而是为了表达自己对故事发生的看法。

二、教育戏剧不以排戏为教育目标

　　教育戏剧的专家对让孩子们经历成人化的排戏方式以及追求完美的舞台效果是持否定意见的。排戏和演戏意味着重复、封闭和训练，戏剧情节在一遍遍地重复，角色是固定的，教师要给予儿童及时的指导，甚至儿童会因为表演不够到位而被教师批评。如此的排戏和演戏情景对于很多幼儿教师来说并不陌生：台词由剧本决定，即使儿童能够背诵出大部分台词，教师仍然要求他们说出与剧本完全一致的台词；动作的表演和走位也是由教师提前精心设计好，并要求孩子按照设计好的位置按时到达；师幼关系是控制与被控制的关系，儿童在排戏时的状态是被动的、毫无生气的。那么教师为什么要如此排戏呢？内在原因是担心儿童没有能力表演；外在原因则是追求排戏的结果，要取得幼儿园领导和家长的好评。当儿童成为被教师控制的"木偶"时，儿童成了牺牲品。教育戏剧放弃了对于结果的追求，走出教师命令式排戏的误区，在教师和儿童共同"合作"的过程中，鼓励儿童体验与探索，使每个儿童都有各自的"位置"，从而创作出儿童自己的戏剧。

教育戏剧是一个在虚构的情境中教师带领幼儿通过扮演和假装对戏剧故事进行探索的过程。例如由《爱吃糖的大老虎》改编的教育戏剧活动中曾展示，教师入戏扮演"牙疼的大老虎"，因为不知道该怎么办而发愁，这时候教师扮演大老虎起身离开了屋子，教师会开放性地提问：他要去哪？他要去干什么？孩子们纷纷回答：去拔牙、去吃东西、去树上磨牙等。这正是一种对话的试验、一个探索的过程，这样的问题没有正确答案，需要孩子们自己思考后找出可能性。教师事先没有限定戏剧的角色，更没有设定角色之间的对话，仅以"起身离开屋子"这一戏剧行动作为引子，这激发了幼儿的好奇心，支持了幼儿的探索。孩子们用自己的阅读经验、生活经验进行探索，这里没有教师"教"的过程，只有教师引导下的探索过程。

　　教育戏剧也不像排演舞台戏剧时需要固定的表演程式或舞台走位。每个学前儿童在教育戏剧中都是独特的，每一刻的扮演都应是幼儿个人的表现。这一点戏剧与舞蹈艺术就有很大的不同，后者通常是以其整齐的手位、体位和舞步获得一种富有节奏的美感，而前者恰恰是每个表演者自己的个性的外化，尤其是群体角色中每个角色应该是独特的。比如在《丑小鸭》改编的教育戏剧活动中，教师扮演鸭妈妈带着一群小鸭快乐地生活着：散步、游泳、觅食、洗澡、嬉戏，儿童扮演一群小鸭子，每只小鸭子都有自己的名字，在教师的引导下有着各自不同的表现，有的动作是慢悠悠的，有的匆匆忙忙；有的喜欢不停地吃虫子，有的玩水；有的独自待着，有的三三两两地聚在一起。每一只"小鸭子"其实也是每个孩子自身的写照。每个个体在其扮演的角色中都蕴含着个体的价值，比如不敢说话的孩子扮演了不用说话的大树、石头等，具有领导能力的孩子扮演爸爸、妈妈、村长或指挥官，爱美的女孩子扮演美羊羊，喜爱打仗的男孩子扮演将军与士兵等。对幼儿来说，教育戏剧是完成个人表达、实现个人价值的过程。

三、教育戏剧是一种综合性的审美教育

　　审美教育是一种感性教育，也是一种情感教育。情感包括道德感、理智感和美感，只有人的情绪稳定与协调才能成为幸福的人。审美会引起美感，美感包括自然美感、社会美感、艺术美感，美和美感都具有社会性。在审美关系中，受教育者作为审美主体，在相对独立的环境中实现自我的对照和再现，继而完成从认知到接受到内化的感性发展的过程。因此，审美活动在人类个体和社会性发展中具有重要的作用。

　　审美教育的目标就是要塑造自由全面发展的人，批判和反思人类社会中的一切脱离人性和美感的所有现象。全面发展的人是精神和身体、个体性和社会性都得到普遍发展的、充分而自由发展的人。人的社会性发展是人类走向综合发展以及全人发展的重要途径，在这个过程中需要通过思考自我、自我与他人、自我与世界之间的关系来获得个体

发展。教育戏剧的内涵表明这种形式可以使参与者建立社会认知、政治良知、团体互信和人际关系四方面的能力。这是由于戏剧的内容往往结合生活中的各种议题、生活中的事件素材、人生面临的问题，而且必须要求人自己去面对，这是一种对人性的考验，是人理智与情感的融合。

　　教育戏剧是一种综合性的审美教育，与以戏剧表演能力培养作为核心的戏剧技能教育有着很大的不同。正如凯文·伯顿"反对儿童表演的概念，并假定戏剧作品的水准是无法决定的，因为只有儿童才知道自己的水准"。处于学前阶段的幼儿，很难达到完成一个成熟的戏剧艺术作品，也不应该用成人戏剧作品的衡量标准来要求学前儿童。如果教师一味地强调表演能力的培养，就牺牲了儿童的兴趣和多种发展的可能性。

　　那么学前儿童教育戏剧究竟以什么为核心呢？我们不培养儿童的表演能力，但是戏剧艺术的元素仍然自然而然地渗透其中，如张力、对比和象征。凯文·伯顿认为：①张力，即挑战、有限的时间和空间、未知的情况和责任等激起的理智与情感的交战；②对比，即明与暗、声响与安静、动作与静止、逆转（不可期待的、不可预测的）；③象征，即以姿势、字眼和物品等产生一种集体性的意义。当然这些戏剧元素不是由教师直接告诉学前儿童，而是在"建构戏剧"的过程中让儿童一点点地去体悟。这些应该是学前儿童所获得的一些戏剧艺术素养启蒙。

　　教育戏剧是有更多可能性的开启，摆脱各种感官的、认识的束缚，进入一个自由体验、探索的世界。学前儿童教育戏剧鼓励他们用多种方式和语言（肢体和口语）去表达和思考，给予学前儿童不同于以往那种的只注重大脑内部思维活动以及言语的外化的体验。教育戏剧作为一种审美教育，是启蒙学前儿童对个体、他人和世界认识的综合素养。在戏剧中，孩子们可以用自己创造的方式表达自我；可以在虚构的戏剧冲突中理解现实世界的运行方式；可以用平等的态度去与他人合作。

📢 课后讨论题

1. 学前儿童教育戏剧的内涵及其历史发展脉络。
2. 学前儿童教育戏剧的主要特点。
3. 游戏理论与教育戏剧的关系。
4. 学前儿童舞台表演与教育戏剧的区别。

师德师风典范人物介绍——李婴宁

　　教育戏剧作为一门学科被介绍到中国大陆，一般认为始自李婴宁老师1995年作为中国大陆唯一代表出席"国际戏剧与教育联盟"（IDEA）在澳大利亚布里斯班召开的第二届年会和此后关于教育戏剧DIE与教育剧场TIE的引进。

1996—1998年，李婴宁老师退休后，只身一人赴英国学习，作为中国大陆第一个学员在大卫·戴维斯教授设立于英国伯明翰中央英格兰大学的国际教育戏剧研究中心暑期学校进行连续三个暑假的教育戏剧/剧场的密集学习。在学习过程中，虽然李婴宁老师不会英文，但她依然饱含热情和教育信念积极克服困难，向同行的会英文的同学不断请教、研习。在此后的十年里她又继续在传播和实践中学习和消化，终于较全面地掌握了这一学科的理论和实践方法。

自此之后的20多年中，李婴宁老师一直致力于教育戏剧/剧场在中国大陆的发展，她希望这个于人终身发展有益的教学方法可以给中国儿童、教师和所有与教育相关的人带来新的启迪。她从一开始撰写文章宣传教育戏剧概念就孜孜不倦地联系学校、教育部门和社会组织培训推广，到近年又结合中国实际研发出21世纪学校戏剧教育的参与式戏剧和创意剧场两个系列的方式方法，希望能够让更多学校掌握这样的教育理念和方法，她的付出并不是为了个人的利益，而是作为一名教师的责任与爱。直至今日，她已80多岁，依然坚守在推广和发展教育戏剧/剧场的第一线。她一直说，创立"见学国际教育文化院"的使命在于创建一个教育戏剧和剧场为主要教育手段的教育中心，同时培养年轻的教师和艺术工作者，在科学严谨的策略下，通过研究、项目、会议、出版和合作来发展、引导人们普遍地参与到戏剧艺术中，让每一个人都能在戏剧中遇见更好的自己并获得终身的发展。在一个讲座中，李婴宁老师提到，介绍、发展教育戏剧/剧场的初心始终不变，那就是为中国孩子和青少年创造一个健康、快乐的良好教育环境，让所有人看到戏剧的全面性和创造性，孩子们可以沐浴在自由的戏剧艺术中，这是儿童的基本权利，任何人不可不努力去创造这个良好环境以维护儿童的探索自由、全面发展的权利。

第二章
学前儿童教育戏剧的功能与目标

本章导读：

本章主要介绍学前儿童教育戏剧的功能与目标，阐明教育戏剧对学前儿童的认知发展、动作发展、语言发展、情绪处理和社会性发展等方面的教育干预作用，同时梳理学前儿童教育戏剧的目标建构，按照学前儿童的年龄特点和认知发展水平设定总体目标、分维目标、年龄阶段目标和单元目标。

读者需要了解教育戏剧促进学前儿童全面发展的基本功能，并理解戏剧如何对儿童的发展进行干预，在此基础上明确各个层次的目标与戏剧活动实践的联系。

知识点

- 教育戏剧与幼儿认知发展。
- 教育戏剧与幼儿动作发展。
- 教育戏剧与幼儿语言发展。
- 教育戏剧与幼儿情绪理解和表达。
- 教育戏剧与幼儿社会性发展。
- 学前儿童教育戏剧的总体目标。
- 学前儿童教育戏剧的分维目标。
- 学前儿童教育戏剧的年龄阶段目标。
- 学前儿童教育戏剧的单元（主题）目标。

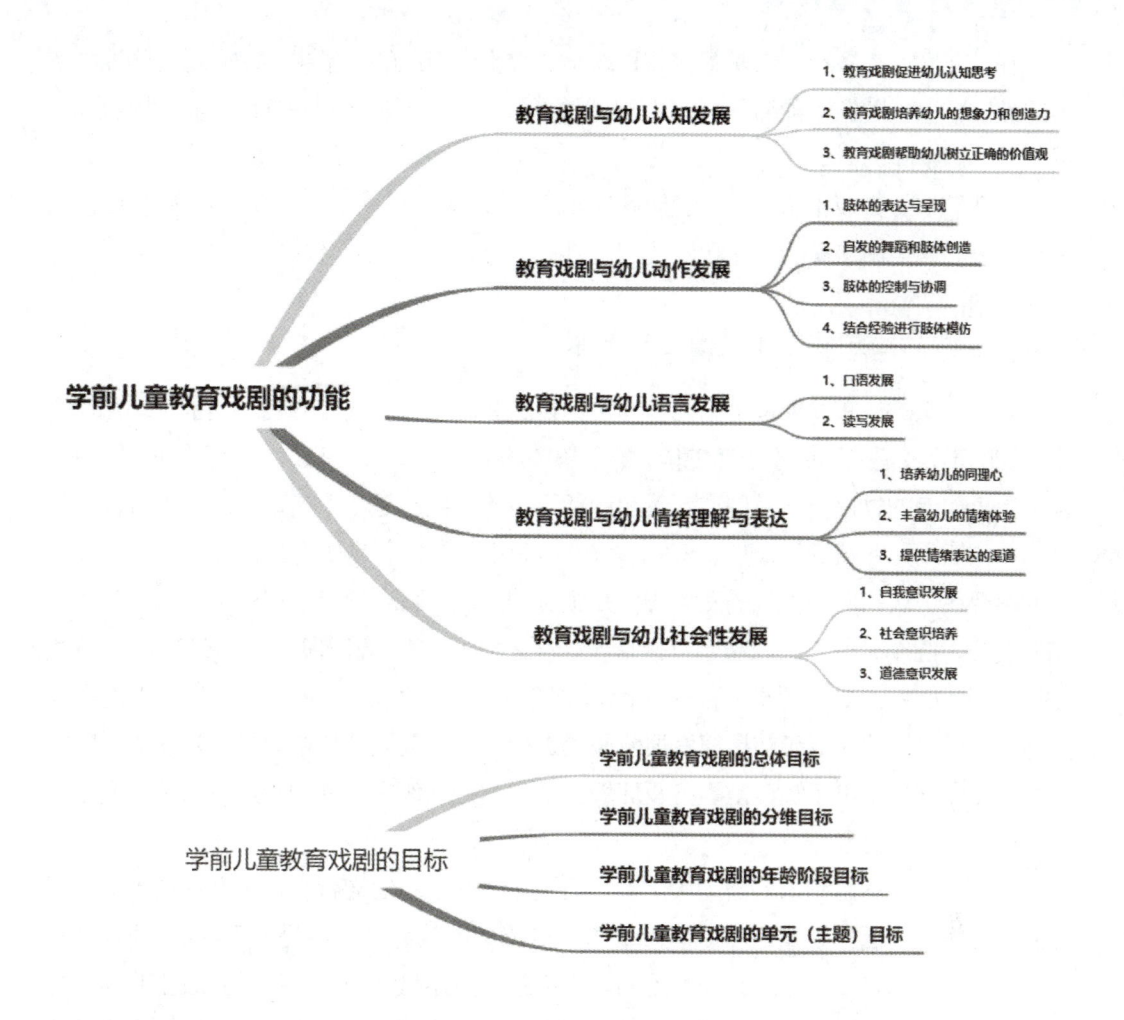

第二章 学前儿童教育戏剧的功能与目标

学前儿童教育戏剧的功能
- 教育戏剧与幼儿认知发展
  - 1、教育戏剧促进幼儿认知思考
  - 2、教育戏剧培养幼儿的想象力和创造力
  - 3、教育戏剧帮助幼儿树立正确的价值观
- 教育戏剧与幼儿动作发展
  - 1、肢体的表达与呈现
  - 2、自发的舞蹈和肢体创造
  - 3、肢体的控制与协调
  - 4、结合经验进行肢体模仿
- 教育戏剧与幼儿语言发展
  - 1、口语发展
  - 2、读写发展
- 教育戏剧与幼儿情绪理解与表达
  - 1、培养幼儿的同理心
  - 2、丰富幼儿的情绪体验
  - 3、提供情绪表达的渠道
- 教育戏剧与幼儿社会性发展
  - 1、自我意识发展
  - 2、社会意识培养
  - 3、道德意识发展

学前儿童教育戏剧的目标
- 学前儿童教育戏剧的总体目标
- 学前儿童教育戏剧的分维目标
- 学前儿童教育戏剧的年龄阶段目标
- 学前儿童教育戏剧的单元（主题）目标

第一节 学前儿童教育戏剧的功能

教育戏剧作为有效的教学手段在学前儿童全面发展中起到了重要的作用。自20世纪90年代中期以来，西方教育戏剧专家针对教育戏剧作用于儿童发展的理论原理、机制等得到了心理学、社会学、神经科学等其他学科研究成果的证实。近年来，我国的教育戏剧研究者也逐渐对教育戏剧的功能和作用进行了理论原理的梳理。

学前儿童教育戏剧是以戏剧作为教育媒介，在教育目标的指引下，幼儿与教师采用即兴的方式用肢体动作、语言、表情、声音探索故事并构建角色，解决角色遇到的问题，并在这个过程中获得幼儿内在与外在和谐发展的过程。在教育戏剧中幼儿可以体验到在愉悦的环境中学习的乐趣，并在这个过程中不断生成愉悦感、责任感和成就感，学会与他人沟通、交流和合作，提升社会经验、情感经验等社会能力。

29

在幼儿园，很多教师都愿意将这种教学方式引入自己的教学中，增强幼儿园课堂的趣味性，帮助幼儿在戏剧活动中获得各种抽象的知识，并进一步形成理性与感性结合的、批判性的思维能力。

当我们将教育戏剧这一手段运用到幼儿园的教育中时，立足3～6岁儿童全面发展，教育戏剧会展现出怎样的功能呢？我们可以从下述几个方面来看。

一、教育戏剧与学前儿童认知发展

学前儿童的认知发展是学前儿童非常重要的发展领域。认知的发展展示了幼儿对客观事实的学习、记忆和抽象思考的能力。认知的发展过程是一个获取与运用知识的过程，也是信息加工的过程，更是创造新理解和新经验的过程，是个体最基本的心理过程，其中具体包括幼儿的感觉、知觉、理解、记忆、思维、想象、言语等方面。认知发展最主要的表现在于认知心理机能的发展和认知领域的发展。著名教育家皮亚杰曾把儿童的认知发展分为四个阶段，即感觉运动阶段（0～2岁）、前运算阶段（2～6/7岁）、具体运算阶段（6/7～11/12岁）和形式运算阶段（11/12岁及以后）。学前儿童正处在感觉运动发展阶段的完成和前运算发展阶段的进行当中，他们从最初只具备基本的反射能力，逐渐发展到初步了解日常事务及环境，学会感知动作内化并初步形成简单的抽象逻辑思维。

学前儿童并不是知识的被动接受者，而是知识的主动建构者。孩子们在踏入幼儿园之前，已经在生活中积累了很多实际经验。这些早期的经验并不是客观的理论所养成，而是经由感官和实际的生活参与得到的。不论是学前还是学校中，孩子们最佳的学习方式就是亲身参与实际操作。如果我们搭起一座桥梁，让孩子们有机会把他们既有的经验与知识学习连接起来，我们会看到孩子们自然地利用本身已有的经验来理解新的经验和信息，并可以观察到孩子们学习改变自己的方法，生成新的理解和经验，这样才能被称为是一个良好的学习过程。

对于孩子们来说，每日的生活是全新的。和成人相比，孩子们没有太多的实际经验和逻辑思考。他们在吸收新资讯和经验的同时，并不是使用大脑里的智慧来理解，而是利用想象力和已知的信息来重新建构知识、了解知识。

教育戏剧是实际、当下发生的，它需要个人感觉和理性知识相互结合。戏剧的方法和策略带给幼儿学习一种生活的技能，经由想象中的时间、空间和人物的元素在人际的互动中帮助建立新的经验和思考。建构主义教育理论认为认知发展是个体主动与环境相互作用，从而不断构建的过程，个体在与实际生活场景相互作用的过程中，通过将神经成熟、经验、思维和自我情感管理等因素进行融合与修正，从而使认知不断得到发展。

教育戏剧的内容来源于日常生活经验，在第一章第一节中就讨论了教育戏剧活动的生活性，所有这些源于生活的故事情境要发挥其对孩子认知发展的应有价值，就需要充分重视幼儿对故事的操作与体验。教育戏剧作为一种体验式的教育模式，通过模拟现实生活，对幼儿掌握生活经验、体验社会环境，培养团队意识、协调能力、表达能力和沟通能力都具有非常重要的价值。

（一）教育戏剧促进幼儿认知思考

教育戏剧为幼儿的认知发展提供了一个模拟实际生活的自主探索空间。在教育戏剧教学中，幼儿以自己擅长的理解方式，把现实生活中的人物、时间、空间、事件等因素，利用符号化、象征性的动作和语言，重新编织成对周围世界的进一步认识。幼儿必须运用自己的想象与表征的能力，在不同的故事与情境中进行反应思考，并将其思考的结果及时具体地呈现出来。通过实际参与，幼儿对一些抽象的概念及生活的情境有了更深刻的认识。教育戏剧正是提供了幼儿独立思考的机会。在探索故事的时候，幼儿需要考虑并建构"主要角色是什么样的人？""他们长什么样子？""故事中的事情是怎么发生的？""如何表现去解决故事中的困难？""如何解决剧中人物的烦恼？""除此之外，有没有其他的可能性？"等，在此等开放式的问题中幼儿主动回忆、反省且统整自己对周遭人、时、地、事、物的观点，从而建立新的认知世界。

认知思考的促成不仅需要幼儿的参与，更需要教师的挑战。教师必须创造一个待解决的戏剧情境且以角色扮演的方式去介绍、解释、询问、质疑情境中的状况。教师也必须挑战幼儿，要他们以不同角色的身份去思索、发明、创造、解决自身面临的问题。当教师提供机会让儿童成为解决某些问题的专家时，他们就会把问题视为自己的问题，并能利用高阶的思考方式来找寻多元的解决之道，促进认知思考。

（二）教育戏剧培养幼儿的想象力和创造力

教育戏剧活动离不开想象力和创造力，在教师的帮助下，课堂空间变成一个虚幻的世界，幼儿们需要假装进入一个与课堂空间不一样的故事世界，这里的时间、空间与人物的生活都需要孩子们运用想象力和创造力去重新理解和建构。当然，这个虚拟的世界并不是真实存在的，但当孩子们发挥想象能力时，他们也能运用与生俱来的想象能力去真听、真看、真感受，仿佛这个虚拟的世界就是真实存在的。

教育戏剧与一般幼儿园常有的表征活动有着相当大的差异。幼儿园的表征活动常常会提供一些具有创造性质的材料（如积木、美劳材料、益智玩具等），让幼儿根据自己的理解和想象去完成一个作品。一般的材料或活动属于"平面式"的素材，其创意的发挥限于材料及造型的变化。而在教育戏剧活动中，其题材取自人类生活的内容，这是实

际且具体的生活材料。通过引导，幼儿学习用其身心结合的方式去回唤及观照过去的生活经验，计划并用行动呈现出想象中的人物和事物，也会假装演绎自己理解中发生的事情。同时，他们也在虚拟的情境中，利用灵活的想法解决问题。这是一种连接幼儿社会性发展和生活技能进步的创造力，是一种更加立体的全面的创造力教育方式。

随着时代的发展，对幼儿创造力和想象力的培养越来越受到人们的重视，而我们需要思考的是什么样的教育形式才能够保护并挖掘幼儿天然的艺术创造力和表现力。在教育戏剧的过程中，即兴表演是常态，抛开台词和剧情的束缚让幼儿自由发挥，学会独自面对发生的各种状况，去完成演绎。这样的方式可以最大限度地激发幼儿艺术创作的能力，使他们在无拘无束的场景中自由表达自己的感受以及加深对周围环境的认识，理解自己与他人、与世界的关系，从而提高幼儿的审美与表达能力，培养幼儿的自信心与价值感。"做中学"是幼儿学习的主要方式，教育戏剧为孩子创造力的发展提供了一个锻炼、体验与展现的场域，如在由《三只小猪》这个故事改编的教育戏剧工作坊中，内容取材于绘本《三只小猪的真实故事》，在工作坊中每个小朋友都会通过自己的想象表现和三只小猪共同生活在一起的各种动物的姿态。有的小朋友把小马扮演成了三只小猪的邻居；有的小朋友把大灰狼表现成温柔的狼，它是一只想和三只小猪做朋友的好狼；有的小朋友变成三只小猪生活的村庄中的村长来解决小猪们房屋倒塌的问题。由此可见，每个孩子将自己内心的想象真实地表达出来，创造出与众不同的角色特点，发展与众不同的故事脉络，在这个过程中孩子们的想法得到了尊重，个人价值得到了彰显，这是创造力发展的最基本的起点。

教育戏剧对幼儿想象力和创造力的影响是心理的、内化的，通过有趣且充满悬念的形式吸引幼儿主动去创造，在这样的故事情境中，教师也一改传统的教育方法和态度，用开放的态度对幼儿进行启发，并且更多地使用鼓励、表扬、肯定的正面反馈方式给予儿童积极的引导。在这样平等自由的师生互动氛围中，幼儿更愿意主动地与他人分享、交流和合作，也在潜移默化中发展了他们的想象力和创造力。

（三）教育戏剧帮助幼儿树立正确的价值观

21世纪的儿童面对的是一个瞬息万变、多元复杂的社会，科技迅速发展，人际关系格局突变。幼儿个体与世界的接触面越来越广，他们必须面对的情境也越来越多，越来越复杂。教育戏剧能帮助幼儿更好地认识世界、理解世界并树立正确的价值观和道德观。在戏剧中，故事展示了各种人类的情境，孩子们通过参与角色的选择，帮助角色拿主意，思考剧情中的两难，有助于形成他们自己的立场和观念。通过戏剧活动，孩子能超越时空、年纪、国界、文化的限制，去发现人类共通的联结，并提早了解自己即将面临的社会处境，做出价值判断。

不管什么形式的戏剧，都在展示和经历着人类社会的各种价值观念，即使在童话故事中，也是在暗喻和明喻着人类社会中的各类环境与关系。例如，童话故事《龟兔赛跑》不是真的在讲乌龟和兔子的事，而是展示人在竞争面前的态度和状态；《丑小鸭》也不是讲述鸭子的事情，而是表达在备受欺凌和质疑时人的勇气和梦想。孩子们需要扮演他们，并作为"处于某种社会境遇中的人或动物"来参与故事发展，提升他们深度理解与故事相关的、反映现实的价值判断，戏剧中人物的成功或失败皆提供了幼儿参与了解生活本相的一个机会。教育戏剧更是能让幼儿从多重的立场和观点去探视问题，每个人的经验都必须与他人产生互动的关系。因此，教育戏剧就成为个人与他人、与外在世界及知识连接的桥梁。透过戏剧的过程，可了解多样文化、多样生活、多样表达的内涵，开阔幼儿对自身价值、社会价值的认识和思考。

在许多的教育戏剧情境中，幼儿有机会用自己的想法和判断去做决定和行动。在行动后，幼儿能马上检核自己行动的后果，并连接因果的关系。因为是"假设"的情境，在选择上他们有更多的弹性；在心理上，也有更大的安全感。通过体验戏剧，幼儿经历了许多冲突与抉择；通过反复行动，儿童学习在不同的境遇中做决定。同时，在不断的冲突与转折中，他们也学习体会生活与生命的无常，并练习其中的应变之道。在现实生活中，若碰到类似的遭遇时，就能更从容地接受、了解且安抚自己心中的不安，并能冷静思考解决的方法。

二、教育戏剧与幼儿动作发展

幼儿阶段的儿童尤其喜欢通过肢体表达他们的感受和想法，肢体动作的不同表现都是人类强有力的感知外部世界和表达内心想法的重要方式，这是属于人类天性的本能。比如一个还未形成语言表达的婴儿，一出生就能运用身体动作来表达他的情绪、思想，也能运用动作与人互动。肢体的表达可以作为语言表达的引子，幼儿善于用肢体表达，也会让他们感到更安全和放松。随着慢慢长大，幼儿会在需要的时候为了解释自己的肢体表现不由自主地说出一些词语，有时大家会惊讶于他们居然知道这些词的意义。

戏剧中的肢体动作虽然涉及舞蹈元素，但更多是具有自发性的，幼儿更习惯于这种自然的方式。幼儿教师可以在戏剧情境中不断地鼓励这种自然的肢体活动，帮助幼儿通过身体动作来表达自己，创造出具有他们自己风格的动作，同时增强他们对身体的自信心并培养其空间意识。同时相对于语言表达，肢体表达也更能让他们获得满足感和成就感。幼儿更善于运用身体来表达自己最强烈的情绪，传达自己的需求及愿望。有时，他们嘴上可能没法非常细致地交代自己的需求，但是通过身体语言可以向成人传达自己的真实感受。教师可以观察他们的姿势和他们对身体各部位的使用来更好地

了解他们，也能更好地探查到幼儿心中那些他们暂时无法用语言表达出来的更抽象的想法。

在第一章中，我们就提到了游戏与教育戏剧的关系，知道游戏是幼儿的基本活动，幼儿在游戏中学习、在游戏中成长。游戏的主要运行是在思维与想象的驱使下，语言和动作的统一。1.5～2岁的幼儿会在游戏中假装做一些动作，比如端着水壶做假装喝水的动作，2岁以后学会了象征性游戏，如把手中的棍子想象成一把枪、坐在椅子上做出骑马的动作等，这都体现着游戏的运行过程，同时也是幼儿戏剧的最初表现。3岁之后，幼儿具有了初步的角色扮演的意识，如会在游戏中扮演爸爸妈妈的角色；随着年龄的增长以及生活经验的丰富，幼儿的角色扮演游戏会变得更规律、更规范、更具制度化。

在戏剧扮演中，幼儿也必须学会灵活地控制自己的身体，从而更真实、全面地表达自己内心的想法与感受，因为戏剧的核心就是通过肢体动作与语言进行表达和创造。在各种各样的戏剧活动中，幼儿尝试如何协调自己的肢体动作、如何在给定的空间自由活动，同时与同伴保持良好的空间关系以及身体动作的关系。在教育戏剧活动中，幼儿需要模拟各种动物、植物及客观事物，也要参与扮演人物声音、语言、行为，幼儿实际体验自己身体如何组合造型、如何在空间中移动，以及如何与他人维持身体动作的关系。通过反复的体验、模仿与创作，孩子们逐渐明晰动作的生成过程及关联，幼儿对自己身体的控制能力逐渐提升。同时儿童可以扮演不同的角色，按照不同人的特征做出不同的动作，也帮助他们理解人性。在相关的研究中，许多专家专门探索了戏剧与肢体动作的相关性，结果发现它们对幼儿的大小肌肉动作、手眼协调及感官知觉等有正面增强的效果。

另外，儿童会结合之前在生活中对人、物及其关系的观察，理解并支配和控制自己的身体来模仿和表现戏剧中的人物角色及其关系。通过模仿和表现会让孩子们对人物心理活动和人之间的社会关系有更加具象的理解，例如离别时人会做什么？相聚时人会做什么？饥饿时人会呈现什么样的状态？面临选择时人会呈现什么样的状态？只有真正地"做出动作"，才能更明确地让孩子们理解到人行为的涵义。

三、教育戏剧与幼儿语言发展

语言是人类区别于其他一切生物的重要工具，它使我们能够相互交流、相互沟通。幼儿运用语言来表达自己的想法、进行沟通与分享自己的想法。语言的生成与训练需要通过一定的环境刺激来获得。发展幼儿语言的关键是创设一个能使幼儿想说、敢说、喜欢说、有机会说并感到安全且得到积极回应的环境。幼儿在进入幼儿园之前就已经掌用简单的语言去交际的能力，但缺乏词汇量、逻辑性、连贯性，表达上有时候还不够完整，所以教师应创造更加复杂和逻辑性强的环境去激发幼儿的语言发展。

研究表明，通过教育戏剧的故事情境可以促进幼儿与同伴之间频繁的互动，幼儿参与戏剧时其词汇量、复述能力、叙事能力、逻辑表达、故事理解能力等方面均有所提高。语言对幼儿一生发展的重要作用是不言自明的，参与到戏剧中可以填补幼儿在日常生活和学习中使用不到的词汇和表述态度，因为幼儿平时获取的语言一般口语较多，但是在扮演的时候他们需要"郑重其事地"讲出角色要说的话，所以首先就要经过一个组织语言的过程。幼儿即兴地在具体的情境中组织、思考并重组创造口语和语句结构，这对其口语创作和综合符号表达能力有很大的鼓励作用。与此同时，幼儿也要扮演不同的人物，学会使用不同的职业语言和专业语言，需要在情境中去理解他人的角色（特别是理解教师扮演的角色）台词的意思，这可以全方位为幼儿创设积极的语言环境，能够在师幼互动、幼幼互动之间极大地丰富幼儿的词汇量，提高语言表达技能，锻炼他们了解社会复杂的语言环境，以及加强对不同情境中语言、语气的掌握，从而显著促进学前儿童语言智能的发展。

教育戏剧对儿童语言的发展可分为口语发展和读写发展两个方面。

（一）口语发展

像许多幼儿园语言领域活动一样，教育戏剧也非常重视幼儿口语的表达，但它并不将幼儿复述和演讲表现作为口语教学的目标，而是注重幼儿思维和语言的贯通。通过角色扮演中的即兴对话、针对情境的集体讨论、即兴的口语表达以及分享交流活动，幼儿不断地在实际的情境中使用语言，运用语言去表达自己的想法和观点，这种整体的"语言环境"正是训练幼儿语言理解能力的最佳方法。在词汇的部分，戏剧的活动能加深幼儿对文字的敏感度及印象，在教育戏剧中我们会设置一些情境，例如剧中人物发来一封信，我们一起来了解信中的内容；或是教师扮演剧中人物说出自己的烦恼，大家用自己的语言去鼓励他；或者幼儿扮演剧中人物表达自己的矛盾心理等。随着戏剧活动的开展，所有的文字都配合着语言的情境与人物的感情而表达出来，也许很多词语孩子们目前还不明白，但是结合戏剧中的情境，词汇和语言结构的用法就生动地呈现出来了，这种游戏化、情境式的学习方式也让孩子能获得对文字和语言的深层理解和深远记忆。除了理解教师扮演角色所传达的信息之外，幼儿自己在扮演各种人物时，为了让别人更清楚地了解自己的意思，幼儿会运用身体姿势和脸部表情进行沟通。渐渐地，他就能灵活地运用这些非语言的工具来传达信息，这些非语言工具的传达更能激发幼儿的思维、语言、肢体的协调发展。

（二）读写发展

在幼儿园阶段的幼儿不需要进行过多的读写练习，但是他们需要为未来的读写能力做好准备，众多研究表明戏剧活动能提升幼儿的阅读准备度。戏剧中常常会蕴涵各种象征性的符号，如语言的符号、动作的符号、物件的符号，孩子们经由亲身的参与对各类象征性符号的深层意义会有更深刻的体认，促进他们将来的读写发展。例如在由《巨人的花园》改编的教育戏剧中，巨人由于自己的自私和乖戾的脾气在自己的花园外面竖立一个警示牌，通常我们会让孩子们自己创作警示牌上的内容，画一些他们认为表示拒绝的符号。这样的创作不仅锻炼了幼儿绘画的创作技能，同时让他们理解什么样的符号表示拒绝的意义，让孩子们不仅看到符号，而且要看到每个符号所蕴含的意义。另一个例子是在由《龟兔赛跑》改编的教育戏剧中，幼儿需要自己创作故事中比赛获胜者的奖杯是怎么样的？这让孩子们明确我们需要怎样的符号去表明胜利的意义。读写准备的培养过程绝不仅仅是掌握一些技能和技巧，更不是仅仅学会认字和写字，读写萌发是一个复杂的、多方面的符号认知和转化的学习过程。在戏剧的情境中，幼儿必须自己重新组织、思考、诠释且表达对不同符号的认知和意义挖掘，体会符号（文字或图画）象征性的产生和传播的过程，培养幼儿自主读写。教师在戏剧中，鼓励儿童写下或画下自己的感想或创作，这对幼儿未来的阅读及写作能力的提升会有相当大的成效。

四、教育戏剧与幼儿情绪理解与表达

情绪表达属于儿童社会性发展的一个方面，但是由于它太重要了，需要更加明晰的解释，因此在这里单列出来进行阐述。

情绪是个体与生俱来的一种情感态度，随着年龄的增长与生活经验的积淀，幼儿的原始情绪会不断分化与丰富。幼儿阶段是人在成长过程中获得情绪理解能力、学会情绪表达和宣泄的关键时期。情绪理解能够帮助幼儿从他人的表情与行为中读懂他人的情绪，有助于儿童与他人建立良好的人际关系；情绪表达与宣泄，使幼儿认识并能够采取适宜的方式处理自己的情绪，有助于其良好性格的形成。

（一）培养幼儿的同理心

同理心即幼儿对他人情绪的敏感性，教育戏剧让幼儿融入剧情，甚至幼儿会在参与的过程中将自己真实地带入到某一角色，并且与角色同喜、同悲，充分体验角色带来的情感冲击。这个过程，幼儿不仅了解角色为什么会产生这种情绪，同时也借用故事中的情境帮助角色处理各种情绪的产生和解决，这让幼儿学习了不同情绪的处理技巧，而这些内化的、内潜的情绪处理能力会自觉或不自觉地影响到幼儿日常生活中真实的体验。

例如在《龟兔赛跑》改编的教育戏剧中，幼儿分别扮演准备比赛的乌龟爸爸和小乌龟，一部分孩子需要感受乌龟爸爸在比赛前的紧张情绪并扮演赛前焦虑的爸爸，另一部分孩子需要扮演小乌龟去开导和鼓励乌龟爸爸。在这个过程中，孩子们不仅要理解赛前紧张情绪的表现，也要学会如何缓解他人的赛前紧张情绪。孩子们需要在戏剧故事中与乌龟角色共情，激发幼儿对故事中角色的同理心，并将这种同理心延续应用到现实生活当中。

（二）丰富幼儿的情绪体验

教育戏剧是让幼儿真实体会丰富情感的有效载体，同时也是培养幼儿对喜怒哀乐各种情绪的辨别能力。幼儿在参与戏剧活动的过程中有时会将现场发生的事与现实混淆，于是会把角色注入自身的感知，体验不同的情绪，这在一定程度上有助于个人情感的丰富发展。在这个过程中，幼儿会在各种情绪的对比中表达出对美好事物的喜爱与追求，同时也会表达自己对憎恶的、不好的事物的负面情绪。幼儿在角色扮演中，可以自由自主地扮演许多日常生活中没有的角色情绪，体会角色的喜、怒、哀、乐等基本情绪，也能感知嫉妒、幸福、担心、害怕等复杂情绪。幼儿在假装自己是"他人"的过程中，会在具体的情境中体验更多日常生活中无法体验的各类角色的情绪情感。

（三）提供情绪表达的渠道

学会适宜的情绪表达是学前阶段幼儿社会性发展的重要内容，也是幼儿人际交往的基础。在教育戏剧活动中，幼儿会在剧中扮演各种各样的角色，思考各种角色所经历的情绪状态，理解他人的情绪，获得各种情绪的感性知识，活动的过程也锻炼了幼儿表达情绪、控制情绪的能力。除此之外，幼儿的自我控制能力较弱，而他们对戏剧故事的兴趣却能使他们甘愿自觉地遵守各种角色的要求，遵守戏剧中设定的各种规定，从而提升了情绪调控能力。

同时，他们在戏剧活动中可以自由地宣泄自己的情绪，如故事《野兽国》中的主角迈克斯由于被妈妈训斥而心情不好，躲进自己的房间，穿上狼人服装，幻想着自己进入了一个有各种野兽的森林，在森林里，他驯服了各种凶猛的野兽，并当上了野兽国的国王。故事中的主人公迈克斯不断地宣泄自己内心的负面情绪并且战胜它们，终于回到了妈妈的身边。在探索以这个素材改编的教育戏剧时，幼儿扮演迈克斯或野兽，他们展现着各种各样的动作与发泄式的语言，而这些动作和语言往往具有缓解幼儿紧张情绪、宣泄消极情绪的功能。在生活中部分幼儿可能有被家长训斥或批评的经历，那么孩子们在这一刻就借用扮演迈克斯角色抒发自己的情绪，并表达自己被训斥后的感受，这样表达的机会在现实生活中可能很少有机会获得。由此可见，教育戏剧不仅能促进幼儿的同理心，还能丰富他们的情感体验，提供情绪表达的渠道。如果经常让幼儿参加这样的活动，

就会促使他们学会如何处理情绪、冲突以及理性地解决问题，从而保持良好的情绪状态。在教育戏剧领域也出现了戏剧治疗的方法，更加有力地证明了戏剧对儿童，特别是特殊儿童的心理治疗价值。戏剧治疗有一个最大的优势，就是让儿童在假设的戏剧情境中反复体验，从而避免真实错误导致的各种消极影响，使情感得到释放和宣泄。

五、教育戏剧与幼儿社会性发展

儿童的社会性发展是指儿童从自然人逐渐成长为社会人的过程，其主要内容包括逐渐培育自我意识、明确社会角色、理解社会道德、学习社会技能、管理自我情绪和适应社会环境几个方面。

教育戏剧主要依托大量的社会性互动活动展开，强调儿童人际交往，蕴含促进儿童社会性发展的机会和条件。教育戏剧为每个幼儿提供全方位学习和成长的机会。在参与戏剧的过程中，幼儿参与团体的互动，学习信赖自己与同伴，并掌握通过合作解决故事中的两难境遇。由此，孩子们思考了自我价值、感受到了感觉情绪、理解了人际关系。同时，他们也进行独立思考、创意问题解决、价值判断等训练。接下来将从自我意识发展、社会意识培养、道德认知发展三个方面介绍教育戏剧在幼儿社会性发展方面的影响。

（一）自我意识发展

自我意识是一个人对自己的认识或观念的感知，明确自己在社会中的位置。学前儿童的自我意识具有可观察性特点，3～5岁的儿童自我描述时，大多数都回答他们的生理特征（如我头发很长、我几岁了等），但是很少使用心理特征（如我很快乐、我喜欢帮助别人等）。教育戏剧可以在戏剧的情境中逐渐激发孩子们的自我意识发展，让他们能够自主地判断自我的行为，明晰自我的定位。教育戏剧重在参与者即兴自发地创造，把人的主观能动性放在首位，它能不断地引领每个人去发掘自我的认知和能力，促使自己不断地成长，以实现自我。

在戏剧的扮演活动中，幼儿不仅可以体验角色的生命故事并加深对故事的理解，还可以跳出角色，通过故事角色的体验反观自己、发现自己、认识自己，发现自我与他人的区别，找寻到除了生理特征外的自己的心理特点，发展自我意识。例如在由《丑小鸭》改编的教育戏剧中，孩子们就体验着丑小鸭这个角色的自我觉醒之路，我们并不是指定某个幼儿成为丑小鸭去进行演出，而是所有班上的幼儿都扮演丑小鸭，大家一起体验丑小鸭在不同人生阶段或面临不同问题时如何决策。它在面对被群鸭嫌弃时应该怎么做，在野外独自生活它会怎么做，在面对留在温暖舒适的农场还是去经历寒冷的路途寻找天鹅湖时它应该如何选择，我们让孩子们分别在这几个场景中扮演、思考、解决，这不仅是丑小鸭的心路历程，也是孩子们自我意识建立的历程，幼儿扮演丑小鸭时的选择其实反映着他们真正的内心选择，从一开始的忐忑到后来的坚定，孩子们在体验戏剧的过程中逐渐意识到自我、自我与他人、自我与社会之间的关系。

除了在内容上感知自我意识的萌生，在体验戏剧的形式时也能帮助孩子认识自我，确立自信。当幼儿发现自己的声音、身体动作能创造出多元变化，自己的想法能实现并被别人接受与认同时，他们将获得自尊和自信。教育戏剧活动中极少出现只有标准答案的问题，在大家默认的虚拟情境下，任何天马行空的想法、任何在现实中不能满足的选择都可以被实现和满足，孩子们更容易获得他人的认可。同时，孩子们可以在戏剧的扮演中看到不一样的、具有无限潜能的自己，因此孩子们更能获得自己的认同，从而产生较强的成就感和胜任感，这有助于增强幼儿的个人自信。

（二）社会意识培养

理解社会规则与道德规范，学会人际交往是学前儿童社会行为发展的基础，也是幼儿园教学的重点。幼儿对规则的学习与理解不是直接教学的简单结果，他们需要在实际生活经验中逐渐认识规则的内涵及意义，学会控制自己，协调他人来遵守规则。教育戏剧基本以扮演和实作的形式来开展，常常戏剧活动成为了孩子们预演社会意识的"排练场"。故事中展开的剧情往往涉及社会生活中的惯例和规则，孩子们通过体验式扮演一边学习规则，一边理解规则，并深入懂得社会规则的重要性。例如进行交通主题的教育活动时，孩子们扮演过马路时人需要遵守怎样的规则；构建村庄场景时，孩子们扮演一个村庄中的人需要遵守的规则；当教师要求大家扮演不同的家庭时，孩子们扮演在一个家庭中需要遵守的规则。这些规则都是他们在生活中时刻要应对的。

同时，教育戏剧作为一个共同合作的学习形式，孩子们本身就要遵守协作、协商的规则。除了社会公共的规则之外，每个人也都有自己的规则，孩子们就是在相互协商和合作中发现别人特殊的规则，并学会尊重和适应他人的规则。进一步讲，学前儿童思维的典型特征是"自我中心"，即儿童仅依靠其自身的视角来感知世界，不能意识到他人可能具有不同的视角和观点。随着年龄的增长，学前儿童会逐步经历"去自我中心"的过程，开始把自己从客观世界中区别出来，把自己与他人区别开来，这个过程一直到学龄期开始才逐渐完成。心理学家常常用"角色扮演"或"观点采择"能力作为"去中心化"的测评指标。其中，观点采择是指幼儿同时考虑并协调自己与他人的观点、情感与看法的能力。这种能力是合作的基础，同时也是自我意识形成的因素，幼儿可以通过别人对自己的观点和行为的反应来认识自己。通过一些实验研究发现，社会性角色训练可以提高儿童理解他人观点、情感与看法的移情能力，教育戏剧对角色取代能力有实质的增进效果，且对提高角色取代能力的成效最好。幼儿在参与戏剧活动的过程中，难免会发生与同伴的"认知冲突"，他们需要反思自己和他人的观点，通过理解他人，经历修正或坚持自己

的观点，达到与他人和平相处的能力。在角色扮演中，当幼儿根据故事内容的需要去扮演某一角色时，必须将自己置身于故事情境中，不管是肢体、动作还是语言、思想，都需要按照角色的要求来进行。在这样的角色体验过程中，幼儿需要站在别人的角度思考和处理问题。当其跳出角色之后，会逐步学会克服"自我中心"的观点和思维的片面性。

在教育戏剧中，社会规则意识的建立也帮助幼儿们能够更好地人际交往。教育戏剧需要参与者之间更深度的合作和沟通，孩子们一起制定一个国家的运行规则、一起构建一座城堡、一起扮演生活在村中的村民，甚至有时是感性的深入互动，相互欣赏或仇恨。在这样的同伴交往中，个人与同伴的联系和归属感就逐渐建立了起来。因此，参与扮演、完成活动本身就是一个深入合作的过程，能发展儿童的各种社会性交往技巧。不过在过程中，幼儿也会遇到各种人际交往问题或社会问题。例如，在一个戏剧活动中，儿童之间可能会因为与同伴的经验、观点不同而产生冲突。为了维持活动，他们有时必须站在不同的角度来面对问题，并运用分享、轮流、接纳、沟通等更多的社会交往技巧来面对冲突、解决冲突。

另外，在教育戏剧中会涉及锻炼孩子们的亲社会行为。亲社会行为是指所有对他人有利的行为，例如与他人共患难，帮助或救援他人，合作，或简单地安慰他人等。亲社会行为的知觉是在决定是否要付出一定代价以帮助、分享或安慰他人的过程中，幼儿所做的思考和判断。我们之前提到过《龟兔赛跑》教育戏剧活动的例子中，孩子们需要扮演小乌龟的角色去用肢体和语言安慰处于赛前焦虑的爸爸。在另一个由《拔萝卜》改编的教育戏剧活动里，孩子们就要帮助老爷爷去拔萝卜，这不仅需要从语言上来安慰老爷爷，也要在行动中帮助孩子们思考拔出萝卜的方式并付出体力帮助爷爷拔萝卜，虽然情节是虚构的，但是课堂中的操作是真实的，在扮演拔萝卜时孩子们大汗淋漓，深刻感受到帮助他人的付出与快乐。在教育戏剧中，教师常常设计扮演一些弱者或者受伤的人来向孩子们寻求帮助，教师更关注激发孩子的共情能力，通过设计一个帮助的主人公或自己入戏成为需要帮助的人与孩子们进行互动来激发他们提供自己的帮助和想法。幼儿共情能力的发展在很大程度上能促进亲社会行为的成熟，也促使他们能够无私地关爱和帮助任何处于困境中的人。共情的唤醒最终能够成为利他行为的重要中介。教育戏剧中的诸多习式，如"墙上的角色""良心巷""思路追踪"（第三章第四节）等，目的均在于让参与者在角色中体验事件发展、情绪情感，深入探索角色的心理、态度、动机、思想等，可以直接唤起儿童的共情反应，有助于儿童亲社会行为的产生和发展。

（三）道德认知发展

道德是指帮助个体明辨是非并由此表现为相应行为的一系列原则、观念和社会规范。个体因为表现出合乎道德的行为感到自豪，而对违反道德的行为感到内疚。道德发展是学前儿童社会性发展的一个重要方面，其主要内容包括道德情感、道德认知和道德行为。为了促进道德发展，幼儿必须置身于足以引起自身认知失衡的个人或情境之中，也就是说，必须让幼儿现有道德观念和新的观点产生冲突，迫使他们重新去评价自己的观点。教育戏剧总是围绕着矛盾冲突和两难选择展开的，在"对话活动""两难思考"等活动中，戏剧能引发幼儿的道德认知和道德情感的挑战。

戏剧是关于矛盾冲突的，没有矛盾冲突的戏剧就不能被称为戏剧，幼儿在参与戏剧时需要体验并解决这些矛盾，这对幼儿的道德发展有着积极的促进作用。教育戏剧中的冲突情节模拟真实人生中可能遭遇的各种境况，幼儿通过角色扮演，运用想象、观察和经验，以自身肢体、动作、语言、道具来表达戏剧情境中角色的境遇。通过理解人物及人物的境遇帮助发展幼儿对现实生活中各种人生境遇的认识，包括对道德问题的认识，让幼儿自主地学习为人处世的技能、提高道德认知水平，让他们学会定位矛盾、理解矛盾、尝试解决。再如，围绕戏剧故事中的道德两难问题，可以引导幼儿进行"观点与角度"游戏。"观点与角度"游戏是围绕一个核心冲突事件，参与者在一条连接两极选择的隐性线上，以站立的位置表达他们的选择倾向。如果站在两极的中央位置，表示对该议题持开放态度；如果靠一边站，则表示倾向认同那一边的看法和观点。幼儿可以看到一个群体中对于同一事件各人的观点和角度，发现别人与自己观点的冲突，从而迫使儿童去重新思考和评价自己的观点。

总的来说，教育戏剧的功能其实就是促进幼儿的全面发展，它更强调幼儿作为"人"的能力，而不是单纯的知识和技能的掌握。幼儿的学习是一个整体性的学习过程，要注重领域之间、目标之间的相互渗透和整合，促进幼儿身心全面协调发展，不应片面追求某一方面或几方面的发展。教育戏剧正是巧妙地通过戏剧人物和戏剧情境来影响幼儿、感染幼儿，使幼儿在参与戏剧的过程中自然而然地理解自我、自我与他人、自我与世界的关系，获得生活技能和情感经验，建立适应社会的良好人格品质，使幼儿的素质与能力得到综合提升，促进幼儿社会性发展。

教育戏剧融合教育性、艺术性、知识性、人文性、启发性、感染性的特点无疑使其成为培养儿童综合能力的有效途径，使其成为幼儿园培养幼儿学习品质、生活习惯与良好品格的必要选择，从而使幼儿越来越自信，越来越勇敢，帮助他们更积极、更从容地融入社会生活。

第二节　学前儿童教育戏剧的目标

学前儿童教育戏剧在幼儿园进行实施就必须符合幼儿园课程的目标框架。幼儿园课

程的目标框架主要指幼儿园课程目标的纵向结构,即课程实施在课程总体目标的指导下,对不同年龄段、不同时间段幼儿在认知、能力、情感方面要达到的发展要求。幼儿园课程目标的设计囊括了宏观、中观与微观的课程目标,要体现课程目标设计的层次性。因此,作为幼儿园课程的学前儿童教育戏剧的目标框架也应涵盖课程总体目标、分维目标、年龄阶段目标、单元(主题)目标四大板块,如图 2-1 所示。

课程总体目标 → 分维目标 → 年龄阶段目标 → 单元(主题)目标

图 2-1 学前儿童教育戏剧目标框架

一、学前儿童教育戏剧的总体目标

(1)支持每个儿童广泛了解真实社会生活,增强其人际交流与分工合作能力,更好地认识和理解周围世界。

(2)支持每个儿童在各类戏剧活动中主动深度学习,引导其自我认知和自信表达,逐步提升其想象力、思考力和创造力。

(3)顺应每个儿童的戏剧天性,循序提升儿童戏剧经验建构规律,尊重每个儿童的模仿、造型、控制和情感等戏剧表达能力,角色、情节和场景等戏剧创作能力,以及定位、交流、互动、协同等戏剧演绎能力,引导其整合生活与艺术经验,着力培养其综合艺术审美素养。

(4)重视每个儿童的人格成长和个性发展,引导其通过各类戏剧活动体验初步发现周围世界的真善美现象,逐步形成正确的价值观。

二、学前儿童教育戏剧的分维目标

(一)知识目标

(1)理解戏剧建构需要不同的角色。

(2)知道戏剧故事起、承、转、合的发展历程。

(3)明白戏剧故事发生的时间背景和空间环境。

(4)了解戏剧故事的中心思想。

(5)知道戏剧中的规则。

（6）知道戏剧故事相关的知识。

（二）能力目标

（1）能够想象与描述角色的外貌、行为特征、心理活动等。
（2）能够积极创编戏剧情节，合理解决戏剧冲突。
（3）尝试对戏剧探索过程中的事件做出自己的价值判断和思考。
（4）能够运用肢体、表情、语言和声音进行创造性表达。
（5）尝试运用模仿、想象、描述的方式进行自主探索。
（6）能够运用道具、材料和现实物品等资源辅助戏剧故事创作。
（7）能够运用鲜明的动作、清楚的声音，让其他角色或观众理解。
（8）能够正确理解人物情感，并通过扮演同理与共情。
（9）能够遵循戏剧课堂的规则，并和谐地与教师及其他幼儿友好互动。
（10）能够进行小组间或多人间合作性表达或扮演互动。
（11）能够根据自己的任务与同伴进行分工合作。

（三）情感态度目标

（1）对戏剧活动感兴趣。
（2）在活动中积极表现自己。
（3）有一定的戏剧意识，能专注于戏剧活动。
（4）养成遵守戏剧课堂规则的习惯。
（5）能感受、体验、共情角色的情感，并激发对角色的同理心和情感共鸣。

三、学前儿童教育戏剧的年龄阶段目标

年龄阶段目标是指幼儿园小、中、大班三个年龄阶段各自的学前儿童教育戏剧目标。三个年龄阶段的目标在总体目标和分维目标的统摄下，既具有各自发展的阶段性又具有相互之间的衔接性，如表 2-1 至表 2-3 所示。

表 2-1 学前儿童教育戏剧年龄阶段目标（小班）

	认知目标
小班（戏剧游戏）	1. 理解戏剧游戏的内容。 2. 知道戏剧游戏的规则。 3. 了解戏剧游戏发生的时间背景和空间环境。 4. 明确自己在戏剧游戏中需要做的事情。

	能力目标
小班 （戏剧 游戏）	1. 能够简单想象扮演游戏中角色的外貌和行为特征。 2. 能够认真地、完整地参与戏剧活动。 3. 能够调动五官感受参与戏剧游戏。 4. 能用动作、声音、语言模仿熟悉的人、动物的典型形态或行为，能模仿植物或其他事物。 5. 能用动作、声音、语言进行创造性展示。 6. 能即兴作为角色或自己进行表达。 7. 能在游戏的要求下进行小组合作或者简单的情节创编。 8. 能够根据戏剧游戏的要求自主地进行想象。 9. 创造一些符号和图画。
	情感目标
	1. 快乐地参与戏剧游戏。 2. 能够投入地参与戏剧游戏。 3. 愿意开放地表达自己。 4. 能在教师的引导下明确自己参与的流程。 5. 能够体验并表现戏剧游戏中涉及的情感。

表 2-2　学前儿童教育戏剧年龄阶段目标（中班）

	认知目标
中班 （戏剧工 作坊）	1. 知道戏剧故事中有哪些角色及其不同特征。 2. 知道戏剧故事起、承、转、合的发展历程。 3. 明白戏剧故事发生的时间背景和空间环境。 4. 知道教师所扮演的人物是谁、他出现的目的是什么。 5. 了解戏剧故事的中心思想。 6. 知道戏剧工作坊中的规则。 7. 知道戏剧故事相关的知识。 8. 知道戏剧故事中的核心矛盾或主要冲突。
	能力目标
	1. 能够想象、描述并扮演戏剧故事中出现的人物的典型外貌和行为特征。 2. 能够想象描述并参与情节的发生与发展，理解戏剧冲突，并尝试思考解决戏剧冲突的办法。 3. 能够对戏剧事件做出自己的判断，并有初步的解释。 4. 尝试用肢体、表情、语言和声音模仿常见的人和动物的形态和动作，能模仿植物或其他事物，并突出特点。 5. 能用动作、声音、语言进行创造性展示，既可完成单人展示，也可进行小组展示。 6. 能即兴作为角色或自己进行表达，并与同伴进行讨论和商议。 7. 扮演时，动作伸展到位，声音较清楚，能够让其他人理解。 8. 能够大胆表达自己的想法，耐心倾听同伴的想法，积极参与讨论，友好地与同伴协商各种想法。 9. 能够理解教师所扮演的人物并与之互动，完成教师给出的任务。 10. 能够按要求创作符号和图画。

	情感目标
中班 （戏剧工 作坊）	1. 快乐地、放松地参与戏剧活动。 2. 敢于在集体面前表现自己，坚定自己的选择。 3. 在体验的过程中激发对角色的同理心和情感共鸣。 4. 能够遵守戏剧课堂规则，与教师和其他幼儿合作融洽。 5. 能够较为深入地体验和理解角色较复杂的情感，并简单地表现角色的情感。

表 2-3　学前儿童教育戏剧年龄阶段目标（大班）

	认知目标
大班 （戏剧主 题活动）	1. 知道戏剧故事中有哪些角色及其不同特征及人物关系。 2. 知道戏剧故事起、承、转、合的发展历程。 3. 明白戏剧故事发生的多个场景，明确不同场景的时间背景和空间环境的不同以及存在的意义。 4. 知道教师所扮演的人物是谁、他出现的目的是什么，理解角色的境遇。 5. 知道使用服装、道具可以使自己更符合角色特点，并选择合适的材料进行创造性的装扮。 6. 了解戏剧故事的中心思想，并能知晓其对应现实生活的隐喻。 7. 知道戏剧工作坊中的规则。 8. 知道戏剧故事相关的知识。 9. 知道戏剧故事中的核心矛盾或主要冲突。 10. 明白戏剧主题活动的规则及主题之间的关联。
	能力目标
	1. 能够想象、描述并扮演戏剧故事中出现的人物的典型外貌、行为特征、心理活动等各种可能。 2. 能够想象、描述并参与情节的发生、发展、高潮与结局，创编完整的情节，积极参与戏剧冲突的讨论，寻求戏剧冲突的解决办法。 3. 能够对戏剧主题做出合理的判断，并有逻辑性强的解释。 4. 尝试用肢体、表情、语言和声音模仿常见的人和动物的形态和动作，能模仿植物或其他事物，并突出特点。 5. 能够用肢体、表情、语言和声音描绘角色的动态过程，较为细腻地把握动作、表情的细节，且突出角色特征。 6. 能用动作、声音、语言及辅助材料进行创造性展示，能够自主想象并通过具象或抽象的手段将其表现出来，并尝试创造象征意义，既可完成单人展示，也可进行小组展示。 7. 能即兴作为角色或自己进行表达，并自发地发起讨论和商议，通过讨论和商议解决问题。 8. 扮演时，动作伸展到位，声音较清楚，能够让其他人理解。 9. 能够大胆表达自己的想法，耐心倾听同伴的想法，积极参与讨论，友好地与同伴协商各种想法。 10. 能按自己的意愿编创要扮演的内容，并努力与同伴合作完成戏剧活动，进行小组创编并展示。 11. 能够理解教师所扮演的人物并与之互动，完成教师给出的任务。 12. 能够按要求创作符号和图画，并向大家解读自己的设计和成果。

	情感目标
大班 （戏剧主题活动）	1. 快乐地、放松地参与戏剧活动，产生主动创作戏剧的愿望。 2. 敢于在集体面前表现自己，坚定自己的选择，大方而自信。 3. 能明确自己和同伴的合作原则，并勇于承担责任。 4. 在体验的过程中激发对角色的同理心和情感共鸣。 5. 能够遵守戏剧课堂规则，与教师和其他幼儿合作融洽。 6. 能够较为深入地体验和理解角色较复杂的情感，并在理解的基础上表现角色复杂的情感及情感变化。

四、学前儿童教育戏剧的单元（主题）目标

单元（主题）目标是针对各年龄段目标的再分解，主要根据儿童年龄段目标与戏剧的具体故事内容来确定，单元（主题）目标的实现主要以一个戏剧活动形式为主线，根据戏剧内容的发展逐一丰富相关的活动，共同完成某一目标。例如一系列的戏剧游戏要具有一定的游戏目标；一个教育戏剧工作坊要具有一定的工作坊目标；一个教育戏剧主题活动要有一个主题目标，同时每个主题之下的各个工作坊要分别有一个单元目标。

单元目标也要按照认知目标、能力目标、情感目标的思路去设定，但在教案中不一定分开来呈现。每一个单元（主题）的设计都需要参照总体目标、分维目标和年龄阶段目标来设定，并在实施过程中达成目标。由于教育戏剧活动的素材不一样，其单元目标的设定也非常不同，具体请见第六章的教育戏剧活动案例分享。

课后讨论题

1. 教育戏剧干预学前儿童发展的理论原理是什么？
2. 学前儿童教育戏剧五个方面的基本功能是什么？
3. 学前儿童教育戏剧的总体目标及分维目标如何设定？
4. 学前儿童教育戏剧的年龄阶段目标及单元目标如何设定？

师德师风典范人物介绍——陈鹤琴

陈鹤琴1892年出生于浙江上虞百官镇茅家弄一个没落商人家庭。早年丧父，依靠母亲替人洗衣维持家用，但是，母亲是个知书达理之人，并没因农家困难而剥夺了孩子受教育的权力。他8岁时被母亲送入私塾学习国学，14岁时，在姐夫的资助下考入杭州蕙兰中学。中学毕业后，先后考入上海圣约翰大学及北京清华学堂高等科。1914年夏，22岁的陈鹤琴从清华毕业后，又考取公费留学美国，就读于约翰斯·霍普金斯大学。1917年秋，入哥伦比亚大学，师从杜威，专攻教育学和心理学。1918年，获哥伦比亚大学教育硕士学位，转入心理学系，准备博士论文。当时，正值南京高等师范学校教务主任郭秉文在美国物色教员，陈鹤琴应邀回国任教。1919年9月，在南京高等师范学

校教育科任心理学、儿童教育学教授，从此与儿童教育结下了一生的不解之缘。

当时的儿童教育，在中国还是一片荒漠。这位师从杜威的教育学硕士归国后，虽然身为教授，但是，他却放下身段，身体力行，要为中国的幼儿教育闯出一条适合中国国情的路子来。1923年秋，陈鹤琴在自家寓所里创办了中国首个幼教试验基地——南京鼓楼幼稚园。自此，他家的客厅成了12个流浪儿的课堂。他架起小黑板，摆上小板凳，让女儿当小先生，教流浪儿识字、唱歌；他和孩子们一起做识字游戏；他在音乐声中走到台前，表演自己最拿手的"小兵丁"，一边唱着，一边以手杖作枪，举枪、瞄准、射击……他是第一个将游戏引进课堂的中国教育家。1927年2月，陈鹤琴又与陶行知、张宗麟等一同发起成立中国最早的儿童教育团体——幼稚教育研究会，创办《幼稚教育》并任主编，发表《我们的主张》，提出适合中国国情的15条办园主张。3月，受邀担任晓庄师范第二院（幼稚师范院）院长兼指导员；随即，与张宗麟等一道创办中国最早的乡村幼稚园——燕子矶幼稚园。陈鹤琴先后在南京创办了5个实验学校和幼稚园，又最先在高校开设儿童心理学。有人背后议论："堂堂大学教授，搞娃娃教育有什么出息？"陈鹤琴却说："我就是要从小孩教起。"陈鹤琴从事的幼教事业是全面的、整体的，从托儿所、婴儿院开始入手，到幼儿园和小学；在师资培养方面创办了中等幼师和高等幼师专校。他创立了中国化的幼儿教育和幼儿师范教育的完整体系。

陈鹤琴为了配合幼儿教育与儿童教育的需要，还创办了儿童玩具、教具厂，根据儿童心理的发展程度制作了多种形式的玩具和教具。为了丰富儿童的知识，他编辑出版了不少儿童课外读物。他所编辑的儿童读物根据儿童的心理特点，语言活泼、图文并茂。在教学实践中，他提倡"活教育"。"活教育"思想是陈鹤琴先生于1940年在江西省立实验幼稚师范学校时提出的。这些理论包括目的论、课程论和方法论，以及17条教学原则和13条训育原则。它既是陈鹤琴长期教育实践的概括和总结，又有着深厚的理论基础，是中西文化与教育思想融合的产物。陈鹤琴认为，幼儿教育不能光靠学校一边热，还得有家长积极、正确的参与，才能取到事半功倍之效。陈鹤琴十分重视家庭教育中父母的重要作用，他认为，儿童早期所接受的家庭教育关系着人一生的发展，具有积极的奠基作用。他对父母提出的要求是：父母要尊重儿童的人格；父母步调要一致；父母要给儿童以真正的爱。为此，他还专门为广大家长撰写了《家庭教育》一书。"我爱儿童，儿童也爱我。"中国现代幼儿教育事业的奠基人陈鹤琴先生在1982年临终前曾写下这九个字。时隔40多年，每当谈起中国的儿童教育，我们仍不能忘却陈鹤琴先生的重要贡献。

陈鹤琴"活教育"的17条教育原则

1．凡是儿童自己能够做的，应当让他自己做。
2．凡是儿童自己能够想的，应当让他自己想。
3．你要儿童怎样做，就应当教儿童怎样学。
4．鼓励儿童去发现他自己的世界。

5．积极的鼓励胜于消极的制裁。

6．大自然大社会是我们的活教材。

7．比较教学法。

8．用比赛的方法来增进学习的效率。

9．积极的暗示胜于消极的命令。

10．替代教学法。

11．注意环境、利用环境。

12．分组学习，共同研究。

13．教学游戏化。

14．教学故事化。

15．教师教教师。

16．儿童教儿童。

17．精密观察。

这17条教育原则突出了以儿童为学习主体的思想及一个"活"字、一个"做"字，使儿童处于主动学习的地位。

第三章
学前儿童教育戏剧的形式

本章导读：

本章主要介绍学前儿童教育戏剧活动的三种主要形式：教育戏剧游戏、教育戏剧工作坊、教育戏剧主题活动的基本内涵和基本功能，着重介绍教育戏剧活动创编的基本元素——戏剧习式的分类及使用方法，为之后的教育戏剧案例理解奠定理论基础。

读者需要根据幼儿园不同的教学环境与空间，结合学前儿童不同层次的年龄特点和认知发展规律明确每种教育戏剧形式的内容和实施方式，并能明确教育戏剧的基本元素——戏剧习式的使用原则和实施技巧。

知识点

- 学前儿童教育戏剧游戏的概念及实施要点。
- 学前儿童教育戏剧工作坊的概念及实施要点。
- 学前儿童教育戏剧主题活动的概念及实施要点。
- 教育戏剧习式的概念、分类、实施步骤。

学前儿童教育戏剧活动指导

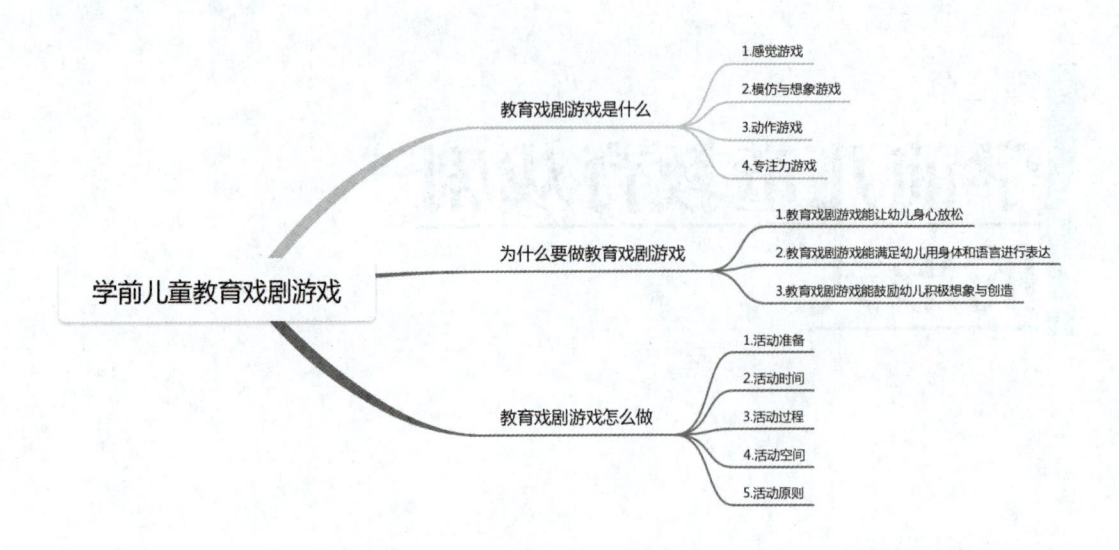

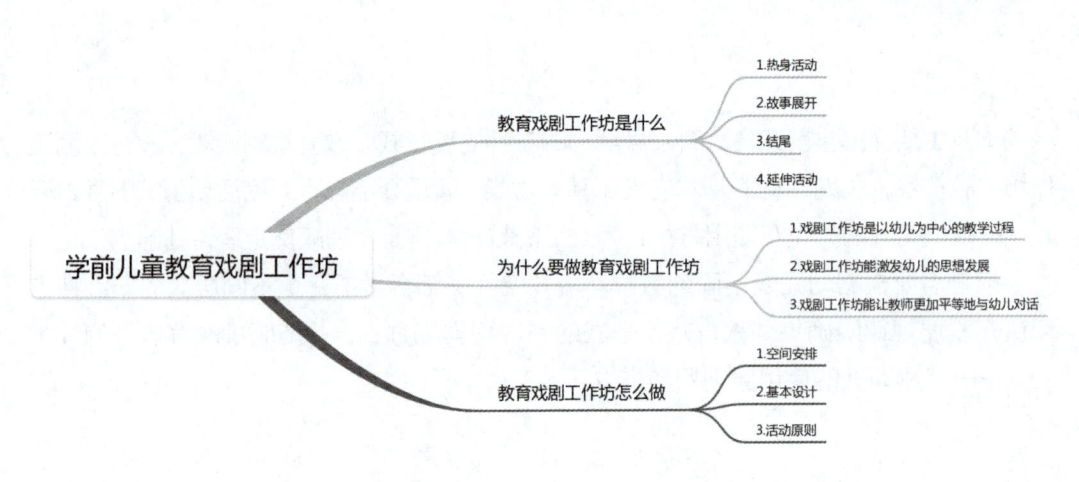

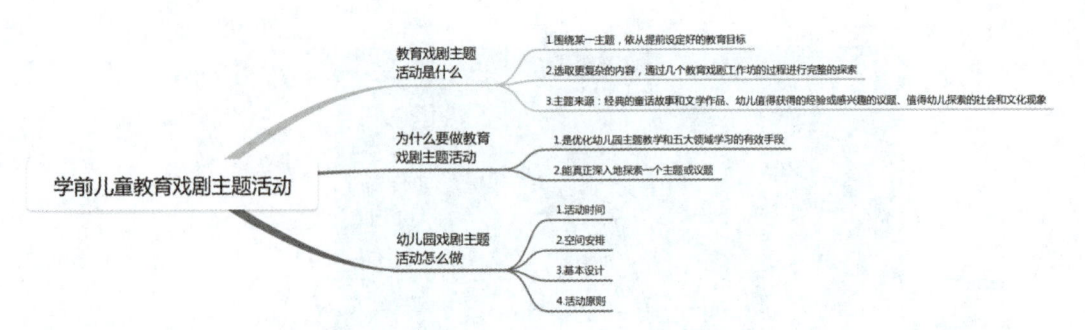

学前儿童教育戏剧游戏

- 教育戏剧游戏是什么
  - 1. 感觉游戏
  - 2. 模仿与想象游戏
  - 3. 动作游戏
  - 4. 专注力游戏
- 为什么要做教育戏剧游戏
  - 1. 教育戏剧游戏能让幼儿身心放松
  - 2. 教育戏剧游戏能满足幼儿用身体和语言进行表达
  - 3. 教育戏剧游戏能鼓励幼儿积极想象与创造
- 教育戏剧游戏怎么做
  - 1. 活动准备
  - 2. 活动时间
  - 3. 活动过程
  - 4. 活动空间
  - 5. 活动原则

学前儿童教育戏剧工作坊

- 教育戏剧工作坊是什么
  - 1. 热身活动
  - 2. 故事展开
  - 3. 结尾
  - 4. 延伸活动
- 为什么要做教育戏剧工作坊
  - 1. 戏剧工作坊是以幼儿为中心的教学过程
  - 2. 戏剧工作坊能激发幼儿的思想发展
  - 3. 戏剧工作坊能让教师更加平等地与幼儿对话
- 教育戏剧工作坊怎么做
  - 1. 空间安排
  - 2. 基本设计
  - 3. 活动原则

学前儿童教育戏剧主题活动

- 教育戏剧主题活动是什么
  - 1. 围绕某一主题，依从提前设定好的教育目标
  - 2. 选取更复杂的内容，通过几个教育戏剧工作坊的过程进行完整的探索
  - 3. 主题来源：经典的童话故事和文学作品、幼儿偶得获得的经验或感兴趣的议题、值得幼儿探索的社会和文化现象
- 为什么要做教育戏剧主题活动
  - 1. 是优化幼儿园主题教学和五大领域学习的有效手段
  - 2. 能真正深入地探索一个主题或议题
- 幼儿园戏剧主题活动怎么做
  - 1. 活动时间
  - 2. 空间安排
  - 3. 基本设计
  - 4. 活动原则

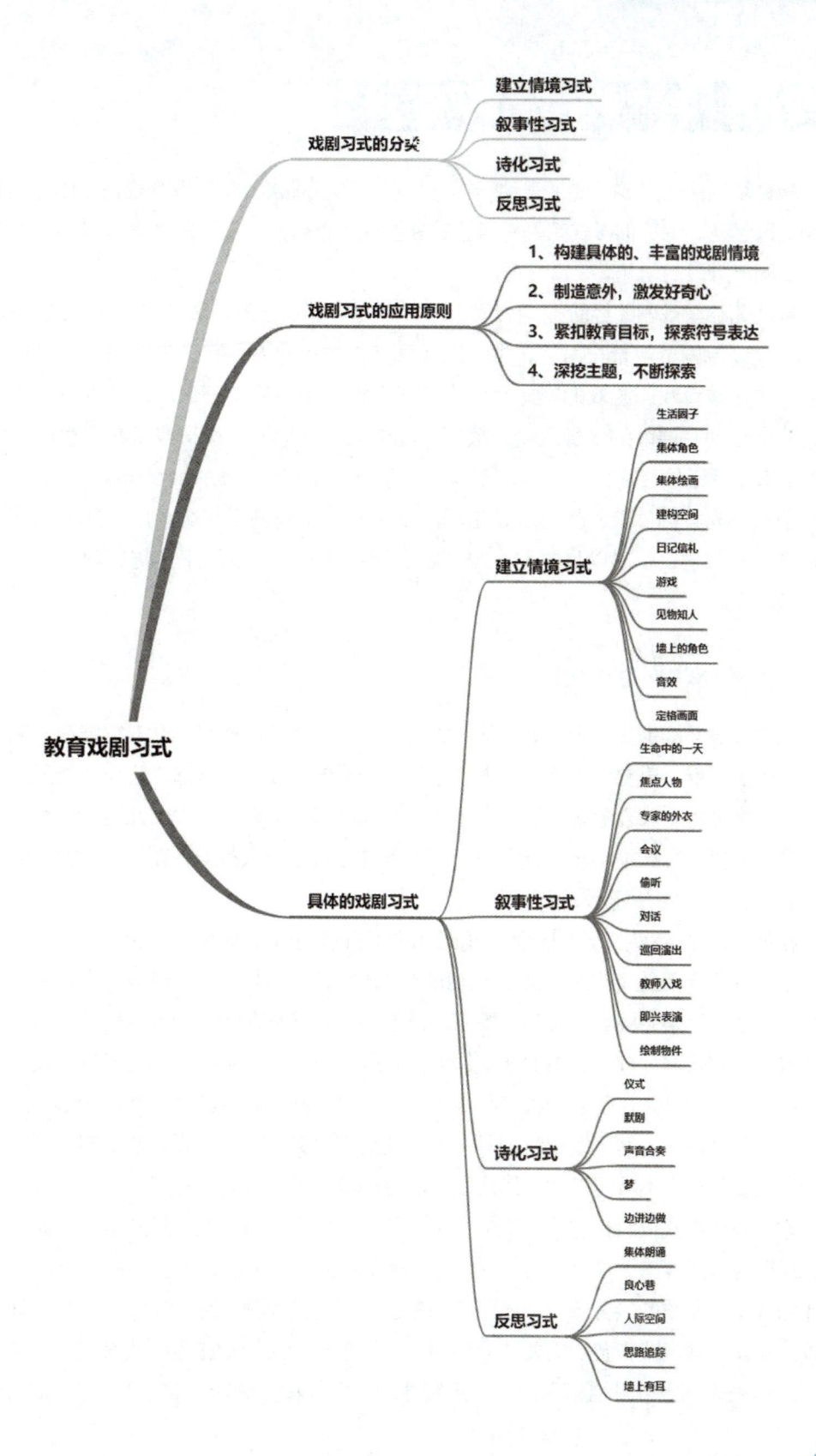

第三章 学前儿童教育戏剧的形式

- 教育戏剧习式
  - 戏剧习式的分类
    - 建立情境习式
    - 叙事性习式
    - 诗化习式
    - 反思习式
  - 戏剧习式的应用原则
    - 1、构建具体的、丰富的戏剧情境
    - 2、制造意外，激发好奇心
    - 3、紧扣教育目标，探索符号表达
    - 4、深挖主题，不断探索
  - 具体的戏剧习式
    - 建立情境习式
      - 生活圈子
      - 集体角色
      - 集体绘画
      - 建构空间
      - 日记信札
      - 游戏
      - 见物知人
      - 墙上的角色
      - 音效
      - 定格画面
    - 叙事性习式
      - 生命中的一天
      - 焦点人物
      - 专家的外衣
      - 会议
      - 偷听
      - 对话
      - 巡回演出
      - 教师入戏
      - 即兴表演
      - 绘制物件
    - 诗化习式
      - 仪式
      - 默剧
      - 声音合奏
      - 梦
      - 边讲边做
    - 反思习式
      - 集体朗诵
      - 良心巷
      - 人际空间
      - 思路追踪
      - 墙上有耳

51

第一节　学前儿童教育戏剧游戏

　　教育戏剧活动主要呈现了三种形式，分别是教育戏剧游戏、教育戏剧工作坊和教育戏剧主题活动。每一种形式都具有自己的独立性和整合性，不同的教育戏剧活动方式适用于不同年龄段的幼儿。

　　从幼儿参与戏剧的经验建构规律出发，结合学前儿童的年龄特点及认知发展规律，提倡小班以戏剧游戏参与为主、中班以戏剧工作坊体验为主、大班以主题戏剧连续性探索为主。教育戏剧游戏的实施有较大的灵活性，中班和大班也可以将教育戏剧游戏作为戏剧活动开展前的热身活动，根据幼儿园的教学环境，教育戏剧游戏也可以穿插在领域教学活动中使用。教育戏剧工作坊则可以安排独立的时间（约60分钟/次）完成一个故事内容的体验，教育戏剧主题活动由一个个戏剧工作坊组成，并围绕同一主题进行展开教学，可以以月主题、季主题进行每周一次的戏剧工作坊探索活动及延伸的领域活动。

一、教育戏剧游戏是什么

　　教育戏剧游戏是一种全面发挥幼儿智力和能力的戏剧性游戏活动，它能充分调动幼儿的身体、思维、感觉、经验和艺术创造能力去模仿、理解、创造、想象、沟通、合作与展示。教师作为戏剧游戏的规则讲述者、引导者和参与者，引领幼儿进入一种模仿现实的虚构情境中，鼓励幼儿充分调动自己的各种感官感受去参与，在愉悦、放松的环境中达到肢体与心灵的和谐发展。

　　在教育戏剧游戏中，幼儿沉浸于玩耍和扮演的快乐中，假装做一些事情，它为幼儿提供了一种完全不受其他人干预或纠正的戏剧体验机会。教育戏剧游戏允许孩子们尝试假装成为别人，学会倾听、协商、提出自己的想法，并能在团队中解决问题，培养以勇于表现、合作合群为基础的重要社交能力。教师也可以通过观察他们进行教育戏剧游戏的过程，更好地了解孩子们的特点和身心发展水平。教育戏剧游戏的特点和形式决定了其规则性和开放性，幼儿既要学习其中的游戏规则，又要学会在规则的框架下创作，既要专注又要放松，不断促进幼儿的认知、情感和能力各个方面的发展。

　　教育戏剧游戏按照其规则训练幼儿不同方面的能力，每个教育戏剧游戏相对比较独立，用时比较短（一个游戏5~8分钟），操作起来比较灵活，不仅可以独立使用，也可作为戏剧工作坊的热身部分，还可运用在幼儿园的其他教学活动当中。针对小班年龄阶段的幼儿，教育戏剧游戏需要独立使用，根据小班幼儿的专注力持续时间短、注重肢体和动作表达、逻辑思维和语言表达系统性弱、合作和协商能力缺乏等特点，故事性、

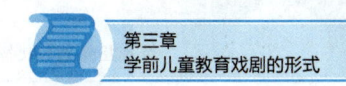

逻辑性强的戏剧工作坊和戏剧主题活动不适用于小班幼儿。对于热爱自由想象、尽情玩耍的小班幼儿来说，趣味性和创造性强的戏剧游戏给予他们一个自由、放松的表达与展示空间。同时，教育戏剧游戏也可作为其他教育戏剧活动开始的破冰和热身环节，能让幼儿放松地进入戏剧的情境，让他们消除对扮演的紧张感和对环境的不安全感，能更好地稳定他们的情绪，从容地进入戏剧体验。教育戏剧游戏也可用于其他教育戏剧活动的结尾环节，帮助幼儿调整情绪，从戏剧活动的探索中逐渐平静地回到日常生活。另外，教育戏剧游戏可以在幼儿园领域活动中使用，可以增添日常教学活动的趣味性和创造性，丰富日常教学的内容和形式。

针对幼儿戏剧经验建构的要求和不同的教学需求，教育戏剧游戏主要分为以下四个种类。

（一）感觉游戏

感觉游戏是在规定的游戏情境里，通过调动幼儿的视觉、听觉、触觉、嗅觉等感官知觉去感受和感知，注重幼儿对自己感官感受的认识，也通过感受力练习放松幼儿的情绪、破除幼儿的紧张、舒缓幼儿的不安全感。日常生活中，幼儿相对缺少固定的时间和环境去感知周围的世界，缺少静心聆听自己感觉的意识。例如，在游戏中尝试听到生活中的一些声音或想象听到某些自然界中的声音，做相应的动作；尝试回忆或想象食物的味道，并做吃这一食物的动作；尝试通过闻、触摸来猜测所拿到的是什么东西，并用肢体动作表现自己所拿到的物品。感觉游戏就是给予幼儿一个安静感知的机会，让他们静下来、慢下来，从而以更加原始的状态体会自己和周围世界。

感觉游戏在课堂教学中也起到安定幼儿、稳定幼儿过于兴奋的情绪、集中幼儿思维感觉的作用，特别是在正式进入戏剧情境之前，可以以感觉游戏来放松肢体和集中精神；在课堂接近尾声时，可以用具有仪式感的感觉游戏总结感受、平稳下课。

（二）模仿与想象游戏

模仿与想象是每个幼儿都具备的经验，但并不是每个幼儿都会很好地运用自己的模仿能力和丰富的想象能力。模仿与想象游戏是在一定的游戏框架下，对幼儿的模仿能力和想象能力进行系统的激发，积极引导他们调动身体的模仿和思维的想象。

模仿游戏是借助幼儿的肢体、表情、声音对客观现实生活中的人和物的形态与动作进行模仿，借助他们已有的经验和先前的观察把脑海中对某事某物某人的印象表现出来，重点突出特点。模仿游戏不仅可以锻炼幼儿的对事物、人物的描述能力，更是培养叙述性表达和逻辑性表达的前提。

想象游戏是充分调动幼儿的创造性表达，把他们对某种事物或经验的感知进行内外

化的转换，激发新想法和新经验的生成。想象本身是人类特有的内在心理机能，想象游戏强调了幼儿心理世界的直觉、感受、观点和思考，并把这种内心世界的内容通过游戏的方式呈现出来，幼儿经历从想象到知觉到表达的过程，逐渐丰富自己的心理世界。

（三）动作游戏

肢体动作的表达是人与生俱来的能力，在未掌握语言的婴儿时期，人就可以用各种肢体动作表达自己的情绪、意见和情感。幼儿时期的孩童也习惯用动作来表达自己和建立社交。

动作游戏是借用肢体动作来塑造各种各样的具象和抽象的造型，目的在于充分调动幼儿的肢体协调能力和身心合一的表现能力。肢体动作的游戏培养幼儿能够对自己的身体有更全面的认识，也能更灵活地操控自己的身体，有效地运用身体技能表现各种不同的事物和概念。之前提到的感觉游戏、模仿游戏、想象游戏也都蕴含动作的操作，但动作游戏更加强调幼儿对具体动作细节的认识和描绘，例如推、搬、提、拉等动作的细致表现。动作游戏更加关注对日常生活中流程性动作的观察和认识，常运用无实物的表现方式让幼儿回顾和模仿生活中的动作，即使没有实际的物品，幼儿是否能对生活中常见的动作和工作流程进行模仿与呈现也为之后体验完整戏剧故事、理解人物行动奠定了基础。

（四）专注力游戏

专注力是指让幼儿将自己的注意力专注于一个任务或目标。专注一般有两个方面：专注于自己的身体感受和思想、专注于整个团体的力量。

专注力游戏是利用一定的游戏规则，让幼儿能够把精神和注意力集中在教师要求的某一个方面上，训练幼儿的反应能力和精神控制力，让他们能够更加集中和专心地去完成某件事情，也能更加专注于自己的想法，培养自我意识。专注力游戏对于团队合作也有很好的作用，刚进入戏剧课堂的幼儿很容易缺乏团体意识，教师运用专注力游戏来帮助幼儿专注地合作，集中于集体的利益，培养齐心协力、合同协作的能力，这为以后专心参与更复杂的戏剧情境探索和集体创编提供了前期训练。

二、为什么要做教育戏剧游戏

游戏是幼儿的本性，在一开始接触戏剧时，从戏剧游戏入手符合幼儿戏剧经验建构的规律，也能让他们更放松和投入地参与之后的戏剧活动。教育戏剧游戏除了具有游戏的一般特性和价值之外，它为幼儿提供了更加情景化的参与模式，建立充满想象力和开放性的表达机会，给予他们系统化的、贴近自身心理感受的、教育性更强的玩耍方式。

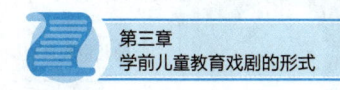

（一）教育戏剧游戏能让幼儿身心放松

如果幼儿以放松、舒适的状态参与戏剧活动，那么幼儿就能更好地充分展开想象和思考，也可以使幼儿很快进入戏剧的情境。

（二）教育戏剧游戏能满足幼儿用身体和语言进行表达

我们知道，儿童有一百种语言，戏剧表达也是其中的一种语言，即身心合一的表达。幼儿喜欢并擅长这种以模仿、假装和想象为核心的表达方式，但是我们的教育环境与社会环境往往对这种表达是忽视和排斥的。因此，戏剧中身体调动经验，经验调动思维，思维再指导身体的这种内外化相互转换的表达方式是促进幼儿全面发展的有效途径。

（三）教育戏剧游戏能鼓励幼儿积极想象与创造

想象虽然是天马行空的，但想象力的培养确实需要一定的框架和机制。教育戏剧游戏中的虚拟情境和游戏结构让幼儿以充分发挥想象力和创造力的方式进行学习，其中设计有象征、比喻和生成性的角色与游戏设定，给予幼儿可以开放想象去自由表达和演绎的机会。

三、教育戏剧游戏怎么做

教师可以根据幼儿园课堂的实际情况自主选择各种类型的教育戏剧游戏。本书第六章提供了许多教育戏剧游戏的案例，可以结合实际情况进行运用，下面提出了一些具体的课堂实施要求。

（一）活动准备

教师需要提前熟悉戏剧游戏的规则，明确戏剧游戏所需要的辅助材料，清楚戏剧游戏的环境安排，选择游戏所需要的场地，并提前准备好戏剧情境需要的细节内容，例如哪些东西需要盖起来、哪些桌柜需要移动等。

（二）活动时间

针对小班幼儿独立进行的戏剧游戏时间可适当灵活，但一般在20分钟以内，每个种类选取一种游戏进行；作为教育戏剧工作坊的破冰环节和放松环节使用的戏剧游戏应控制在5~8分钟以内，重点运用感觉游戏和专注力游戏。

（三）活动过程

（1）教师需要清晰地讲述游戏规则，可先试玩一次，在玩中明确规则。

（2）幼儿开始参与时可能过于激动，在规则不明确时课堂较为混乱，教师可多次暂

停从头开始以确定戏剧游戏的玩耍规则。

（3）教师可以根据本班幼儿的兴趣改变其中的角色和玩法，但仍要符合教育目标。

（4）如果本班幼儿能力差异比较大，教师需要鼓励参与效果好的幼儿带动能力较弱的幼儿，或者教师站在能力弱的幼儿身边进行辅助。

（四）活动空间

教育戏剧游戏的空间是十分灵活的，可以结合游戏的环境要求加以调整。

（1）幼儿位置：幼儿一般围成圆圈、半圆或者自由零散地站或坐在教室的空间中。如果需要座位，这些座位可以在桌子旁，也可以是围成的圆形。

（2）一般的教室：在一般教室内，幼儿集体面前需要有适当空间，幼儿可组成一大组或分组在这一空间进行教育戏剧游戏。

（3）多功能厅等空的教室：这类场所空间大，但是需要划定可用空间范围，否则儿童会随时到处乱跑，容易发生危险，也不利于教师的管理，分散幼儿的专注力；对于户外空间，一般不赞成使用，户外的干扰因素太多，不便于儿童投入到戏剧假想状态中。

（五）活动原则

教育戏剧游戏需要遵循"Yes And"的原则。在儿童不愿意参与的情况下，教师一般不强制，只是耐心等待、观察和给予适度的支持，在合适的时机积极地鼓励幼儿参与，让幼儿感受到在戏剧游戏中的安全和满足。此外，对于儿童不太"到位"的身体表达，教师不做出"好"或"不好"的评价，更为重要的是引导儿童相互之间的观察、模仿与评价，即建立同伴之间的学习。

另外，在实施中还要特别注意专注问题，教师也需要百分之百地投入，教师的描述和引导不能虚假或敷衍，只有教师和儿童都处于专注的状态，才能创造更好的戏剧氛围。

第二节 学前儿童教育戏剧工作坊

一、教育戏剧工作坊是什么

教育戏剧工作坊是根据一定的教育目标提前设计好的戏剧结构，教师带领幼儿围绕特定故事发展线索共同参与戏剧的角色、情节和情境的创作，并在参与过程中经过相互对话、共同思考、合作调查与分析一起推动戏剧故事内容的发展，并以实际行动来促成整个戏剧过程的体验。

教育戏剧工作坊中，教师按照教学方案使用一定的戏剧技巧与策略引导幼儿对故事的角色境遇、核心事件及事件发生环境等进行想象与即兴创作，并在协商讨论中共同解决戏剧冲突，从而不断丰富与发展事先设定好的故事框架。教育戏剧工作坊一般可以安排独立的时间（约60分钟／次）完成一个故事内容的体验，通常不与其他教学活动合并，故事内容需要按照起、承、转、合的戏剧规律展开，整个工作坊包括热身活动、故事展开、结尾和延伸活动四个流程。

（一）热身活动

热身活动一般可以从教育戏剧游戏中进行选择，主要起到让幼儿舒展肢体、放松心情、集中专注力、建立安全感的作用。戏剧游戏的选择也要与即将发生的故事剧情相联系，不能脱离剧情单纯地做游戏。教师在选择戏剧游戏时，也可根据故事素材的需要对戏剧游戏进行贴近剧情的改编，其主要目标是引起幼儿的探索兴趣，激发他们对接下来发生的戏剧故事的好奇。除了运用教育戏剧游戏外，教师也可通过观看视频、展示图像等方式进行导入，以问答的方式调动幼儿已有的经验，激发幼儿对工作坊故事的探索欲望和好奇心。

（二）故事展开

故事展开是戏剧工作坊的主体部分。在教师的开放性引导下，幼儿开始对故事中发生的事情进行理解、扮演、讨论和思考。其中通过设定角色塑造和情节创作来让孩子们逐步建构故事、理解故事、思考故事。

故事展开主要在教师的引导下逐步开展对角色的身份、思想、境遇的理解，并尝试在理解的基础上对角色的行动、语言、心理活动等进行模仿和塑造，在认同所扮角色的同时挖掘角色的内心，引起共情和同理。同时，教师也需要通过"教师入戏"的方式帮助幼儿理解角色和故事发展，并作为角色与幼儿互动来推动探索进程。

除了理解和演绎人物以外，幼儿要在教师的带领下对故事的情节和环境进行探索和建构。故事的情节和环境涉及幼儿对现实生活的观察和理解，这对幼儿的经验输出和积累也是非常重要的。故事的情节和环境包含故事中发生的冲突和矛盾，也包括对故事中社会背景和自然环境的建构。教师引导幼儿运用多种艺术表现手法对戏剧中的场景、故事情节、角色关系进行想象和创作，并对戏剧冲突进行批判性的思考。

（三）结尾

结尾主要展现的是戏剧中矛盾冲突的解决，让幼儿以自我的真实身份回顾故事发展的过程，分享自己的感受和体验。在结尾部分，教师还需要带领幼儿进一步进行整体反思，其中包括对主题的整体反思、对角色的整体反思和对自己参与戏剧经历的整体反思。

（四）延伸活动

延伸活动主要是教师在结尾之后可以进行一些扩展知识的了解或者进一步引导幼儿思考。教师可以结合幼儿园领域教学的要求和目标进行延伸性学习，也可联系其他学习形式进行补充学习，例如以手工制作、观看视频、生活调查、家长互动等方式进行继续学习。

二、为什么要做教育戏剧工作坊

（一）教育戏剧工作坊是以幼儿为中心的教学过程

和儿童舞台戏剧演出不同，教育戏剧工作坊没有固定的脚本，在教师提前设定好的框架线索内，幼儿可以自由想象、自愿参与、自主选择角色，大胆创编故事发展的情境、情节。戏剧工作坊提供了师幼共同"合作戏剧"的空间，让幼儿真正实现了思考、扮演、表达、创作的自主权，任何新奇的想法和迸发的观点在这里都可以被看见、被鼓励。幼儿在戏剧工作坊中可以张扬自己"假装"扮演的本能，获得戏剧创作的乐趣，提高学习的积极性和主动性。

（二）教育戏剧工作坊激发幼儿的思想发展

教育戏剧游戏更加注重幼儿的感受和参与的愉悦感，而教育戏剧工作坊更注重幼儿在参与时的思想发展。戏剧工作坊中设计环环相扣的剧情本身就需要幼儿集中注意力去理解和思考，不仅仅是简单的肢体展示和语言表达。每个戏剧工作坊活动的设计都连接了一定的思想主题，如自我意识、身份接纳、个体孤独、分离焦虑等。幼儿在参与戏剧的过程中，不是无思想的行动，而是需要在思考后行动，在行动中思考。当幼儿在扮演角色时，孩子们需要思考人物的境遇是怎样的，并帮助人物解决他的困境；当面对一定的剧情冲突时，参与幼儿更需要去积极地思考如何解决冲突，这就促进了孩子们的思想发展。

（三）教育戏剧工作坊能让教师更加平等地与幼儿对话

在儿童舞台戏剧中，为了达到演出效果，只有能力强、表现力佳的幼儿才会得到教师的重视，才能站在舞台的中心位置展示自己，而那些能力较弱的幼儿常常得不到重视，这并不是一个"以幼儿为中心"的师幼互动过程。戏剧工作坊的参与原则是人人平等、共同合作，幼儿基于戏剧探索产生的话语、行动和决定都有机会向大家展示，并获得教师和其他人的重视。戏剧工作坊中的幼儿没有能力的强弱之分，每个人都有自由表达思想的权力和机会。

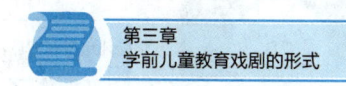

三、教育戏剧工作坊怎么做

教育戏剧工作坊是在幼儿园的课堂上进行，一般以班级为单位参与，不能人数过多，基本维持在 20～30 人为最佳，人数多的可以分成两组分开参与。活动时间建议为一周一次，以便维持教师和幼儿对戏剧工作坊活动的新鲜感。教师可以根据幼儿园课堂的实际情况自主选择各种类型的教育戏剧工作坊。本书第六章提供了许多教育戏剧工作坊的案例，可以结合实际情况进行运用。对于戏剧工作坊中的引导语和环境安排，教师也可以灵活调整，以适合本班幼儿的能力、特点和教学的需要，下面提出了一些具体的课堂实施要求。

（一）空间安排

教育戏剧工作坊建议设在一个空间大小适宜、相对安静的封闭区域，如一间空教室、大小适宜的多功能教室等，不建议在户外进行，那样不利于幼儿的安全和教师管理。活动场地应尽量简单化，避免过多无关刺激分散幼儿活动时的注意力；道具需要提前准备好，由教师决定是否需要提前被遮挡起来。活动室内可适当放置一些常见的桌椅板凳，为幼儿的想象和创作提供必要的道具支持。教育戏剧工作坊空间安排的要求基本和教育戏剧游戏的要求一致，可参考教育戏剧游戏的空间安排。

（二）基本设计

在工作坊实施前，教师结合幼儿的年龄特点、认知发展水平、戏剧经验建构需要对戏剧工作坊的教育目标进行设定，并根据教育目标结合幼儿的兴趣和实际经验选择合适的戏剧故事，再将戏剧故事创编成符合戏剧逻辑、有充足戏剧张力、充满戏剧情感、有丰富戏剧手段的戏剧情节，再将戏剧故事情节设计成符合戏剧经验建构规律和幼儿认知发展水平的教学方案，并运用戏剧习式设计好其中的每一个故事探索环节和隐喻象征意象，最后根据教学方案做好相应的环境与道具设计的准备，下面是具体设计流程。

设定目标	选择素材	设计情节	撰写方案	辅助道具
教师结合幼儿的年龄特点、认知发展水平、戏剧建构经验需要对戏剧工作坊的教育目标进行设定。	根据教育目标，结合幼儿的兴趣及经验，结合幼儿人数和教学空间，选择合适的故事及其他素材。	依托戏剧习式，设计符合戏剧逻辑、充足戏剧张力、充满戏剧情感、丰富戏剧手段的戏剧情节。	设计符合课堂教学实施的教学方案，运用戏剧习式设计好其中的每一步探索环节和参与互动。	根据教学方案做好相应的环境设计与道具制作的准备，并提前演练几遍以确保其使用的有效性。

教育戏剧工作坊根据素材和故事中心设定呈现不同的参与形式，它没有一个特别固定的开始、展开和结束的结构，这要看教师的创编构思和教育目标。根据剧情需要，有的教师设计从教师入戏开始，有的教师从所有幼儿参与的集体扮演开始，有的教师从集体绘画开始。随着故事剧情的展开，每一个环节使用什么样的戏剧策略和习式也根据教师的创造力和编创想法而呈现不同的设计。因此，教师需要充分发挥自己的戏剧创编能力去构建故事、展开故事和设定矛盾冲突，但其中有一个非常重要的原则就是一切以幼儿为中心，设计的每一个环节必须紧扣该工作坊的教育目标和故事中心。

但根据创编经验，一般来说教育戏剧工作坊基本分为热身活动、故事展开、结尾、延伸活动四个部分。热身活动、结尾（尾声）和延伸活动内容比较固定，是为幼儿设定的参与戏剧和结束戏剧的情感缓冲区，中间故事展开的部分比较灵活，需要教师根据教育目标构建探索框架和教学步骤。

下表展示了一些在教育戏剧工作坊设计时需要注意的原则，这样的顺序不是固定的，但是为教师在设计时提供了一些思路。

在教育戏剧工作坊设计时需要注意的原则

目标		工作坊目标应该简单明确，并且能够反映课程的内容和目的。
准备材料		材料的内容是在上课过程中需要使用的东西。可以考虑音乐、书籍、服装和道具。活动结束后可以再增加项目，并及时地将对材料做出的任何调整记录下来，确保下一次教课的时候能够使用所需要的材料。
热身游戏		将你的热身练习和工作坊内容进行联系。例如，热身的内容可以包括感知感觉、想象力、舒展肢体、放松心情、专注力等游戏。每一节戏剧课都是独一无二的，热身练习的数量和类型会根据课程内容的不同而变化。
故事展开	导入	导入是你开启故事的一种方式，也可联系幼儿已有的知识和理解来引出故事。列出你要问孩子们的问题，来评估他们对故事内容的理解。例如"你知道__吗？""你能告诉我一些关于__的事情吗？""关于__有哪些信息是我们已经知道的？"你可以向孩子们展示一些图片、道具或其他材料，以此来引起他们的兴趣，激发他们的好奇心。
	即兴体验	这是工作坊的核心形式。在这一部分你可以通过戏剧、肢体动作、角色、即兴语言描述等方式来探索戏剧故事，也可运用许多其他的戏剧技巧来探索工作坊中心。即兴体验环节更加注重孩子们创造的主动性，教师要学会放权，尊重幼儿的即兴表现。
	小组合作	以小组为单位的讨论与协商为孩子们提供了一个自主探索的机会，让他们得以在安全、无压力的环境中思考和探讨。对于孩子们来说，在这个过程中他们可以去实践自己的想法或观察同龄人的行为，并且不必向教师展示。这是一个探索的部分，孩子们可以在这一部分中练习他们将在后面的学习中需要用到的技能。
	故事探索	故事探索过程中教师的引导是非常重要的，也许在你的教学计划中不会一直使用完整的故事，孩子们的探索也不一定会按照你事先设定好的进行，这都是可以接受的。教师作为一个介于故事和现实之间的人，有时是引导者，有时是角色，你看似知道一些事，但也不会太多，尽量让孩子们把它呈现出来（具体教师的操作原则在下一章详述）。

故事展开	表演与展示	在工作坊中会有一些表演与展示的机会，这些机会穿插在每个情节段落中，而不一定在故事展开的最后，教师可以作为自己或角色进行组织，部分展示成果可以让参与的幼儿相互观看，不需要邀请外来的人员（例如家长或观众）进行观看。 • 选择一：将班级成员分为几个小组，让他们自己选择展示场地，轮流进行展示，或者大家一起构建一个场景。 • 选择二：大家围成半圆坐好，一组一组上来展示。
结尾		工作坊的结束部分是孩子们重要的反思和深思过程，教师可以选择一些游戏和讨论来进行反思。如果选择游戏，你可以选择进行一些放松的活动来恢复课堂的平静和秩序，你也可以选择重温一些热身练习。如果选择讨论，幼儿以自我的真实身份完整地回顾故事发展的过程，分享自己的感受与体验，并进行整体性的反思。设计中也不一定总是需要以一个练习或游戏来结束，有一些工作坊会在故事展开后戛然而止，留给幼儿一个开放性的结局或延续思考的空间。
延伸活动		延伸活动是对戏剧故事的内容和中心思想的补充和延续性探索。找一个合适的方式，先创建几个小组（3~6人），利用即兴创作去延伸主题，并促进他们对故事中发生的事进行延伸探讨，教师也可以借助讲述分享与故事相关的知识或让孩子们进行手工制作或绘画等形式。延伸活动有助于将话题扩展到课程的其他领域，可以通过艺术、技艺、科学、读写、计算、参观游览、远足、烹饪、室内和室外活动来进行拓展。

（三）活动原则

（1）鼓励幼儿主动参与，并充分体验戏剧探索的乐趣，不需要刻意追求结果的呈现，过程比结果更重要。

（2）努力倾听每个幼儿的想法，仔细观察每个幼儿的做法。用平等的态度和行为管理课堂，如在课堂上遇到问题，教师可以停下来和幼儿一起商议课堂上遇到的困难并讨论如何解决，共同维护课堂的顺利进行。

（3）教师不是课堂中的权威，而是戏剧的参与者，教师也需要投入地与幼儿一起，只有教师的投入才能帮助幼儿更好地专注于戏剧的发展。

（4）教师应从容地扮演角色、引导剧情，学会运用音乐、绘画和道具制作等手段来辅助自己的扮演或集体的扮演。初学的教师一开始在进行"教师入戏"时会感到紧张，这需要经验的积累，教师扮演时不需要刻意注重自己的表演效果，而是把需要的信息通过自己的表演传递给幼儿即可。

（5）教师在扮演时一定要稳住，有时幼儿会吵闹，大部分时间可能是你的设计并没有抓住重点，扮演内容也不能吸引幼儿，教师需要课下进行反思。

（6）教师需要熟练掌握一定的戏剧技巧和策略，熟悉戏剧习式，学会设置悬念和冲突，营造令幼儿感兴趣的故事氛围。

（7）戏剧工作坊主要由戏剧习式构成，除了参考第四节有关戏剧习式的实施方式外，还可以根据本班实际情况大胆创造新的戏剧教学策略。

（8）幼儿在戏剧表达上有了丰富的想象和表现能力，教师需要判断幼儿的表现或扮演是否过于偏离自己的教学框架，并及时引导幼儿回归戏剧探索过程。

第三节 学前儿童教育戏剧主题活动

一、教育戏剧主题活动是什么

教育戏剧主题活动是指围绕某一主题，依从提前设定好的教育目标，师幼共同对更深入和完整的中心主题进行挖掘和探讨，并能让幼儿更系统地对故事所投射出来的社会意义进行思考。如果说，教育戏剧工作坊是一种单次完成的戏剧探索活动，那么教育戏剧主题活动是教师带领幼儿进行的具有连贯性、递进式的一系列戏剧工作坊活动的组合。

教育戏剧主题活动的主题选取更复杂的内容，通过几个教育戏剧工作坊进行完整的探索。挪威戏剧教育家卡丽·赫格斯塔特表示，任何故事和儿童文学都可以成为教育戏剧主题活动的素材，而素材要服务于儿童的戏剧中心的探索，戏剧的中心要与儿童的内心需求相连接。并且，教育戏剧主题活动的素材也要引起教师的情感和审美兴趣，如果教师不热爱这个主题素材，那么他在创作的时候也缺少激情与思考。

一般来说，教育戏剧主题的来源概括为三个方面：一是经典的童话故事和文学作品；二是幼儿值得获得的经验或感兴趣的议题；三是值得幼儿探索的社会和文化现象。其中，经典的童话故事和文学作品是戏剧主题的主要来源，特别是将有想象空间的故事和儿歌作为素材；将幼儿值得获得的经验或感兴趣的议题作为主题，可以联系幼儿的实际生活和情感状况，例如分离焦虑、欺凌和自我意识等，这些都是幼儿园小朋友社会性发展中需要探索的重要主题；选用值得探索的社会和文化现象作为主题，意在鼓励幼儿以戏剧的方式认识现实中的社会与文化现象，从幼儿生活的时代和文化生活中寻找适合的情境，提高幼儿的社会和文化意识。

由于不同年龄阶段幼儿的相关生活经验和戏剧经验的丰富程度不同，刚接触教育戏剧时可以以经典的童话故事和文学作品作为主题来源，之后则开拓其他艺术形式作为来源，甚至是自然现象和社会话题等，这样才会给幼儿提供更多的艺术创造空间。

二、为什么要做教育戏剧主题活动

根据当前幼儿园主题课程的普遍性以及幼儿认知和社会性发展的要求，教育戏剧主题活动可以单独成为一门幼儿园的独立课程，也可与当前的幼儿园课程有效和谐地整合起来。

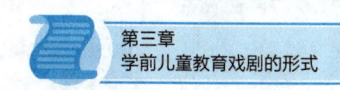

（一）教育戏剧主题活动是优化幼儿园主题教学和五大领域学习的有效手段

一方面，教育戏剧主题活动由一个主题统整，这个主题来自艺术作品或幼儿所关注的经验兴趣和社会现象，而这些都和幼儿园主题课程中的主题具有相同的性质。另一方面，在时间安排上，戏剧主题通常需要 3～4 周的时间完成一个主题的教学，具有相当的独立性和完整性，可作为独立主题来深入实施。但是，教育戏剧主题活动虽然可以统整五大领域的教学，但并不能替代幼儿园五大领域的学习，它可以作为一种经验和形式优化幼儿园已有的主题教学和五大领域教学活动。

（二）教育戏剧主题活动能真正深入地探索一个主题或议题

教育戏剧主题活动中的一系列工作坊不是割裂的，而是通过主题相互联系，并使得幼儿的经验彼此产生关联，构成了一个完整的幼儿经验建构体系，这不是一个单独的戏剧活动就能完成的。

教育戏剧主题活动围绕主题建构一系列的戏剧活动，多角度诠释一个主题故事，创造了更加复杂的故事情节，幼儿逐步推进戏剧剧情去探索，在不同的角度上思考戏剧中明喻和暗喻的社会事件，能让幼儿全面了解社会生活的复杂性和多样性，并能更深入地、时间充足地去扮演、探究，并获得感悟。幼儿体验不同片段，扮演不同的角色，转换不同的视角，站在不同角度上来思考戏剧故事中涉及的矛盾和问题，这样的方式可以让孩子们形成具有复杂性的、意义丰富的深刻理解，而不是表层理解。

三、幼儿园戏剧主题活动怎么做

（一）活动时间

教育戏剧主题活动在幼儿园课程中的安排上要做到时间充足、探索细致，它适用于大班阶段的孩子，也适用于具有戏剧经验的中班阶段的孩子。各个年龄班每个学期可以安排 1～2 个戏剧主题活动，每个主题实施一个月时间，每周一次，每次一个小时到一个半小时。鉴于教育戏剧是一种比较自由和探索式的戏剧教学，所以时间长一点也没有关系，教师会根据情节的要求调节孩子们集中专注力和分散讨论的时间。

（二）空间安排

主题活动的环境布置与幼儿园主题课程在环境布置方面的要求一致，也和戏剧工作坊空间安排的要求一样，但是主题活动的上课空间尽量保持场地不变，因为有些第一个工作坊建构好的场景可能第二个、第三个工作坊还要继续使用。同时，由于教育戏剧不像舞台戏剧那样有实在的道具和舞美装饰，很多场景都是通过简单的道具和孩子们的想

象而成的，在同一个场域能帮助儿童回忆起之前想象的内容和细节，不至于到了第三个工作坊时由于场地的变换使孩子们对新空间有新鲜感或陌生感，之前在戏剧中通过想象和象征建立起来的空间关系和空间知觉被破坏了。

如果在条件允许的情况下，尽量不要在孩子们日常生活的教室进行戏剧课，那样他们会缺少仪式感和神秘感。即使在孩子们日常生活的教室里，教师也可以通过调节教室的明暗、音乐和音效或者简单的道具布置来增加陌生感和神秘感，让孩子们更加相信这是一个"森林"而不是教室。

（三）基本设计

教育戏剧主题活动的组织实施是由若干个工作坊进行的，基本围绕一个主题，由四个工作坊组成。在设计和实施戏剧主题活动前，必须明确主题的范围和意义，可由几名教师一起探讨设计，细致领会主题活动设计的思路、重点和难点，并选取对应的故事素材或分主题。

根据一个主题，四次课可以有不同的架构方式，基本上分为两种：一种是主题下有很多分主题，每个分主题都在体现中心主题，例如主题是"交通安全"，那么分主题可以是"步行出行安全""汽车出行安全""火车出行安全""飞机出行安全"，每个主题可以由一个小故事来体现，也可以由一个主人公"小明"来贯穿；另一种是主题通过一个故事来反映，每一个分主题就讲述故事的一部分，每个部分的故事又都体现这个主题，例如以"自我意识"为主题，改编安徒生童话《丑小鸭》作为素材，那么分主题的故事可以是"丑小鸭在鸭子村受到欺负""丑小鸭离开鸭子村的决定""丑小鸭寻找天鹅湖的旅程""丑小鸭找到了天鹅湖"。每一个部分的故事都要以发展孩子们的自我意识为主要教育目标，每个工作坊的设计按照上一节教育工作坊的设计流程进行创编。

```
PART 01        PART 02        PART 03        PART 04
分主题一        分主题二        分主题三        分主题四       主题
（工作坊一）    （工作坊二）    （工作坊三）    （工作坊四）
```

（四）活动原则

教育戏剧主题活动因其复杂的故事情节和连续性的实践，需要教师投入更多的精力去编创和实施，有时需要两位教师共同创作和参与。因为我国幼儿园师幼比例普遍低，一到两位教师既要扮演角色，又要教学，还要控制课堂，局面难免有些"混乱"，甚至在教师看来有些"失控"。而且一个戏剧主题活动要经过四次的会面和合作，师幼之间、幼幼之间也需要一些协商和合作的契约，以保持持续递进的熟悉与合作。

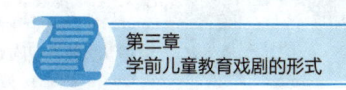

教师和幼儿可以提前商量好一个"规则或契约",例如一个静止的咒语、一个手势、一个提示音效。从第一节课开始就应该建立起这个基本的规则,当教师发出让大家安静的指令时,孩子们必须学会停下来,观看和聆听。教师尽量选择符合戏剧情境的"安静指令",或者借用角色来管理课堂。比如运用咒语"比不里吧不哩,定!",或者说"我是森林保安我需要大家怎样做"或一段击掌的节奏,而不是"别说话了,快来听我说"等指挥性语言。教师也可以规定当大家聚集起来听故事时需要怎样的指令,当大家散开扮演时需要什么指令,当大家完成集体创作时需要什么指令。

教师明白"规则和契约"的接纳不会是顺利的,可能需要一段时间才能让幼儿学会遵守戏剧课堂的规则和契约,甚至一直到第四节课,孩子们依然还在适应"规则和契约"。教师要有足够的耐心接纳这种"混乱",明确戏剧课堂就是允许适度的"失控",不要一味地寻求安静整齐,因为安静整齐可能是缺乏创造力的表现。

另外,在教学时要不断回顾之前和展望之后的故事,让孩子们对这四次课有一个整体的概念,这样才能让他们有更连贯的记忆和深入的思考,最终才能体现主题的意义。

第四节 教育戏剧习式

教育戏剧习式是教育戏剧活动编创的基础,教育戏剧游戏、教育戏剧工作坊和教育戏剧主题活动的编创都离不开戏剧习式。教育戏剧习式是一系列具有连贯性和层次感的、能指向故事中心的、蕴涵深刻涵义的策略和程式,它的目的是在行动中推动故事的发展、多元探索人物的思想、深刻挖掘中心的意义,从而使教师在和幼儿活动的过程中,促进幼儿在故事的境遇里进行想象、行动、解决、选择等与教育目标相一致的行为,同时保护幼儿在戏剧故事中的思辨和创造。

教育戏剧活动的组织和创编既要充分运用戏剧所具有的卷入感,更要选择恰当的活动方式以凸显教育主题,并将活动与学习目标有机、紧密地结合在一起。因此,充分了解戏剧习式的内容和用法对幼儿教师来说至关重要,因为戏剧习式是教育戏剧活动创编的基本工具。

一、戏剧习式的分类

教育戏剧专家乔纳森·尼德兰斯和唐尼·古德将教育戏剧中惯常使用的策略进行了归纳,形成了一些"戏剧习式",按其应用分为下述四类。

(一)建立情境习式

此类习式一般应用在一个教育戏剧活动故事展开的开端部分,主要用于创建戏剧活动所依托的戏剧情境，为剧情发展提供更为丰富的结构。戏剧习式以构建时间、空间、角色以及更为具象的光线、声效等氛围为主要内容，帮助幼儿通过更为形象的、直观的方式理解故事发生的背景，深入明确戏剧故事的情境。在建立情境活动中，一方面，教师引导幼儿汲取生活中的经验来建构空间，如布置房间、家具摆放等方式与戏剧故事中的情境相连接；另一方面，教师可采用开放性提问和绘画等手段引导幼儿进入戏剧情境，建构即将展开的故事发生的空间环境和社会背景。

（二）叙事性习式

此类习式主要应用在戏剧活动设计的展开部分，旨在强调戏剧活动所依托的戏剧中心，围绕故事中心和教育目标进行叙事性发展，主要展现故事中的关键时刻和场景的产生原因，增强参与者的好奇心，启发幼儿以语言和行动回应假设，参与情节推动。叙事性习式在戏剧活动中起到承前启后的作用，其中"教师入戏"是教育戏剧活动中最常见和重要的习式。

叙事性习式遵循生活逻辑，通过运用一些社会生活中常见的仪式、活动或工作流程来辅助故事探索，引导幼儿分别扮演其中的不同社会角色，以求更真实地模拟现实生活和生活逻辑，在更贴近现实生活的形式中探索戏剧。

（三）诗化习式

此类习式主要穿插于故事探索的过程当中，或者应用在接近结尾、提炼意义的部分。诗化习式旨在超越戏剧活动所依托的戏剧叙事，在理性的讨论和思考的基础上，赋予作品象征性、符号性的表达。诗化习式主要通过意向性、形式感强的表现手法，超越现实主义的故事内容，创造出抽象的、新奇的、突兀的表现，以鼓励对循规蹈矩思维方式的突破并获得个人表达的自由。诗化习式多以情感体验和激发共情为目标，利用仪式感强、象征性强的形式激发幼儿与故事建立联结。

（四）反思习式

此类习式主要穿插于故事探索的过程当中，或者应用在结尾以及之后的延伸部分。反思习式旨在强调幼儿作为体验者、参与者的反思行为，它给幼儿回忆、思考和总结戏剧故事过程的时间。大部分反思活动需要幼儿共同讨论并分享反思，它要求幼儿脱离戏剧故事，以客观的、理性的视角对戏剧活动、角色等进行反思，从而体会戏剧的中心思想及其更深层的意义。

二、戏剧习式的应用原则

根据戏剧习式的内容和特点及其在实践中的应用经验，在具体操作、运用中应遵循下述几个原则。

（一）构建具体、丰富的戏剧情境

戏剧习式的应用能巧妙、有效地将幼儿聚集在一起，营造安全的戏剧探索环境，并运用戏剧习式固定的结构框定幼儿，使其专注于戏剧的内容。戏剧习式汲取社会与文化经验，能进一步促进幼儿与戏剧情境之间的联系。

（二）制造意外，激发好奇心

戏剧习式是"制造意外"与"激发想象力"的有效工具，其特殊的设定能与教育目标相结合，在戏剧活动中激发幼儿的好奇心，培养其探索的兴趣。戏剧习式的应用应符合教育戏剧起承转合的戏剧进程，在每一个环节中都提供一个想象力的切口，让幼儿利用想象的空间进行创造和演绎。

（三）紧扣教育目标，探索符号表达

戏剧习式的运用应时刻紧扣教育目标，因此，教师应当精心设计戏剧流程，抓住关键的教育点，并选择相适应的戏剧习式、策略，引导儿童进行符号创作与表达，从而得到戏剧经验和生活经验。

（四）深挖主题，不断探讨

戏剧习式的使用不是拼凑，而是根据故事或主题的需要进行艺术化的创编，其应用需要完全融入剧情，每一个习式都应与故事的中心思想相连接。教育戏剧活动本身就是一面镜子，反映人、社会与历史的现状，教师应当选择不同的习式，启发幼儿对戏剧主题、角色处境以及可能联结的社会现象进行探讨和反思，在这一过程中避免直接的、单一的拼凑形式，这需要教师自身的创编能力和创造力。

三、具体的戏剧习式

（一）建立情境习式

用途：这类习式让幼儿能创作戏剧情境且投入其中。戏剧中的情境包括环境、人物处境、角色具体细节等，这些内容将提供资料，发展戏剧动作。

意义：建立情境习式需要通过设定时间、地点、人物来构建故事的整体环境；也可

通过教室内的空间、光线、音乐、声效来制造气氛。戏剧情境的创造需要让幼儿留意情境里的限制和机会，为作品寻找与创作相关的具象和抽象的环境设定。

举例：

习式一： 生活圈子	基本内容：一张大纸，分为五个部分，中间画个圆圈，里面写上戏剧人物的名字和年龄。圈外分成四个部分，代表该人物的生活面貌及生活中会接触到的人。这四个部分分别写上住所、爱好、工作、亲人，分别想象与之相关的一个人物并让幼儿扮演这个人物。这个四个方面也可以根据剧情需求而调整。 住所：小明的邻居　　爱好：小明的球友 小明 工作：小明的同学　　亲人：小明的妈妈 延伸活动：把幼儿分成四个小组，每组负责一个部分，分别制作一段简短对话，每一个部分寻找一个相关角色，与主角对话。 提示：如果一开始编创对话比较难，教师根据四个部分的内容给孩子拟好一个对话，共四个对话交给四个组，并在教师的引导下让幼儿自己创想说话人的身份和语气。
习式二： 集体角色	基本内容： 1. 一组幼儿或者所有幼儿同时扮演一个角色，例如小红帽。选择一个幼儿担任这个人物站在前面，背对所有同学，任何参与者都可以上来站在这个人物（这个幼儿）背后说出人物想说的话或自己认为人物会说的话。 2. 所有参与者同时扮演同一类身份的人物，例如村里的人、一群参加比赛的小动物等。 延伸活动：所有人物除了一起回答问题，可以一起完成人物需要完成的行动或者一起参与探险。 提示：教师需要注意是否所有幼儿都明白人物的设定并相信情境，可以适当预演。
习式三： 集体绘画	基本内容：在教师引导下与幼儿一起创作一幅图画，代表故事中的一个地方或人物的日常活动，可以是插图、相片、地图、画像、海报、明信片、藏宝图等。 延伸活动：在画图的过程中讲述跟故事有关的剧情。 提示：教师不要求和不评价幼儿的绘画技巧，让他们可以自由创作。
习式四： 建构空间	基本内容：运用物体、家具、布料、日常用品等辅助工具，把戏剧中的一个地点仔细而具体地装饰出来。 延伸活动：教师除了用物质材料将"现场"还原外，还可以用自己的描述去建构空间。 提示：教师需要时刻提醒同学不要随意跨过已建构的墙面和物体，要从门外入，从门里出。
习式五： 日记信札	基本内容： 1. 幼儿以角色或者自己的身份撰写（绘画）一段文字（图画），评价和发展剧情。 2. 教师撰写埋藏悬念和戏剧张力的信件或者是信息，在剧情需要时呈现给幼儿。 提示：年龄较小的孩子若无法书写，可以引导留下符号或图画。教师撰写的信件也不宜过难。教师需要将撰写的内容朗读给幼儿，注意人物的性格和语气。

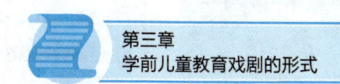

习式六：游戏	基本内容：传统游戏经过改编可以成为符合剧情的游戏。经过改编的游戏可以融合进剧情里，增加戏剧的紧张感。 提示：在实施游戏的过程中，需要紧扣故事情境，而不是单纯地玩游戏。
习式七：见物知人	基本内容： 1. 幼儿精心挑选个人物品，将之组合以创造一个人物，这些物品需要表现角色的性格、特征、心理。 2. 教师挑选一个或几个重要的物件，跟幼儿说这是主要人物的物品或者是重点场景的重要物品，从而引出相关的剧情和悬念。 延伸活动：可以让幼儿自己制作属于人物的物品，或者可以让幼儿将重要的物品放在之前搭建的空间里。 提示：任何物件的使用都要与戏剧故事相联系，思考是否有象征意义或展现戏剧张力与悬念。
习式八：墙上的角色	基本情况：幼儿集体在墙上贴上一张1米×1米的白纸，以画图的形式描绘一个关键性的重要角色，并一直将其保留在墙上，在戏剧发展过程中，参考或者修改墙上的角色描述。 延伸活动： 1. 幼儿可以在人物轮廓以内写外人对人物的看法，在人物轮廓以外写人物的秘密、内心活动或不外显的一面。 2. 可以让幼儿轮流扮演墙上的角色。 提示：教师需要充分让幼儿自己探索及描绘角色。
习式九：音效	基本内容：在剧情进行时引入音乐、声音、声响等音效。 提示：使用的音效一定要与剧情相配合，起到对比、渲染或者帮助幼儿更深刻地体验的作用。
习式十：定格画面	基本内容：幼儿分组用身体建构成一个定格的画面，以表达一个时刻、意念或主题。幼儿可以自己讨论后进行定格；或者选几个人当被雕塑人，其他幼儿去雕塑他们成为定格塑像。 延伸活动：定格画面可以有不同的层次，比如一个人在不同状态下的形态、在不同人眼中的样子。 提示：定格画面要求幼儿五官和表情都要定格，教师给予指令要明确。如果幼儿出现笑场和害羞的情况，教师可让幼儿抖抖全身或做几次深呼吸以放松，再进行定格画面的表现。

（二）叙事性习式

用途：这类习式把焦点放在戏剧进程中的重要事件或场面上，即发展、探索故事情节的关键事件或场面，让幼儿透过戏剧活动大胆假设，小心求证，以个人、小组的形式，通过语言和符合情境的行为推进情节。

意义：这类习式取自生活中的社会习式，如会议、法庭活动、采访、文化仪式等，在这些习惯和习俗面前，我们会制约自己的行为和角色。我们要提取自己（教师）和幼儿从生活中观察到的经验和体会融入剧情。

举例：

习式一：生命中的一天	基本内容：以时间顺序为线路，从角色的某一个时刻或最重要的节点追溯角色的过去，可以找出人物日常生活的轨迹。可以引导幼儿分组用定格画面展示重要事件。 延伸活动：对一个人物或一个集体进行普遍规律和行为的探索，比如村子里人一天的生活，早上、中午、晚上所做的事情，用定格画面展示。 提示：查看角色在某种困境或决策时刻的背后究竟有什么推动因素，强调内心冲突和张力如何影响事态发展。如果幼儿一开始比较迷茫，教师可以给一些暗示和引导，但不要直接给出正确答案。
习式二：焦点人物	基本内容：幼儿以自己或角色的身份质询或采访一个剧中人物，戏剧人物最好是由幼儿扮演，并以角色的口吻和角度回答即兴的问题。教师拿一把椅子放在面对幼儿的空间，其他幼儿面对椅子坐好，被采访的人物在坐下的时候即刻变成剧中人物。 延伸活动：采访者也可以带有不同的身份，整个情境也可以是一种特殊的设置，例如电视台采访、法庭质询、村民大会等。 提示：如果一开始幼儿还不能坐上椅子即兴表现角色，教师可以先坐在椅子上成为角色。
习式三：专家的外衣	基本内容：幼儿扮演专业知识的专家，如历史学家、社会工作者、市长、医生、建筑师等，在情境中运用自己的专业技能尝试解决问题。 延伸活动：教师应让幼儿在课下对要承担的职业有一定的了解，并预习上课内容中会涉及的相关知识。 提示：教师要注意，毕竟幼儿不是真的专家，在情境中即使幼儿有做得不对和违背常理的地方，教师可以用提问的形式去引导，避免直接否定。
习式四：会议	基本内容：幼儿以集体角色的身份参与一个会议，会议上要讨论一个与剧情相关的矛盾和选择。在会议上教师引导获取新资讯、策划行动、集体决策、讨论解决问题的策略。 延伸活动：教师可以入戏进行引导，例如教师扮演村长，幼儿扮演村民，村里发生了大事，村长要集结村民进行商讨。 提示：教师要随时观察参加会议的每一个人的倾向态度，包括一直没说话的幼儿的状态。
习式五：偷听	基本内容：制作一段本来不应被听到的对话为处境添加张力或资料。偷听的人可能不认识说话的人，但是一定是被对话所牵制的人。 提示：教师可以给幼儿创作好一小段对话，选出几位幼儿到一边排练一下，剩下的同学是偷听到这段对话的人，教师可以和剩下的幼儿进行一个小活动，让他们浸入角色。如果幼儿年龄较小没有办法编排，那么教师需要提前录制好一段对话，或自己即兴表演来让所有幼儿"偷听到"，并在偷听后谈一谈自己的感受。
习式六：对话	基本内容：幼儿两个人一组制作一段重要人物之间的对话，这段对话可以是通过电话（不当面）或者面对面进行的，教师给予一个对话的情境，对话的内容是即兴的。 延伸活动：对话的人物可以本身就有矛盾或者是特殊关系，也可以创造两段形成对比的对话，例如20年前的对话、20年后的对话。
习式七：巡回演出	基本内容：教师把幼儿分为几个小组，每组都跟戏剧中的事情或主角有关联。各组决定自己的角色和身处的地点。教师入戏扮演主角，不按照特定次序进入各组，稍作即兴互动然后离开，不需要演出的组别自行扮演自己的角色并等到教师入戏的角色与自己互动。

习式七：巡回演出	延伸活动：任何一个故事片段都可以这样探索。故事一定是围绕主角或描述主角展开旅程，并跟其他角色发展关系。可以进一步把幼儿分成四个小组，每组负责一个部分，分别制作一段简短的对话；或者在每个部分中找一个相关角色，与主角对话。这些场景都是在之前的活动中已为大家所接受的场景。 提示：这个活动可以提供机会让幼儿看到一个角色在不同的公开或私人场合里表现自己，加深对人物的叙事性理解。
习式八：教师入戏	基本内容：教师扮演一个由戏剧情境提供的适当角色，在戏剧中掌握戏剧的可能性和学习机会。教师作为角色引导幼儿发展和创编故事剧情，教师以假设性扮演为主导，向幼儿扮演的角色提问其动机、反应、对故事的走向进行讨论。 教师入戏可以引发兴趣、控制戏剧发展、邀请参与、注入张力、挑战想法、提供选择等，为幼儿制造入戏交流的机会。教师扮演角色并不是在表演，而是通过戏剧性的互动达到教学目的。教师入戏是一个非常重要的习式，几乎每一个戏剧活动都会需要教师入戏来辅助故事探索。教师入戏主要有以下三种形式： ① 教师扮演角色的动作，让幼儿观察角色动作来获得信息并产生对戏剧人物的深入理解。 ② 教师扮演角色讲述一段独白，让幼儿聆听和理解角色语言来获得信息并产生对戏剧人物的深入理解。 ③ 教师扮演角色与幼儿进行互动，幼儿可以作为自己或某种集体角色与教师对话，在获得信息并在深入理解角色的基础上与教师扮演的角色进行辩论、说服、鼓励和开导等包括语言和肢体的互动。 提示：在教师入戏时，要时刻想到儿童在干什么，是什么角色。充分抓住机会让幼儿卸下自己的身份，换上新的角色，体验不同关系的人际处境（具体教师入戏时的要求和师生关系在下一章详细展示）。
习式九：即兴表演	基本内容：将故事中的某些部分以即兴演绎的方式展示出来。教师作为讲述者、引导者或某个角色进行引导，参与者跟随着教师的引导以"假装"的方式体验故事中的这个部分。教师需要在情境中设置一些困难让幼儿进行解决。 提示：孩子的年龄越小，任务的明确性、具体性和肢体性就越发重要。在这样的集体即兴表演中，孩子的注意力有时候容易分散，表演就无法进行下去，教师需要加强任务的紧迫感并丰富情境，让幼儿更加投入。但有些情况会让幼儿特别兴奋，导致场面失控。
习式十：绘制物件	基本内容：参与者以小组为单位创造或制作与故事相关的一个物件，并一起挖掘物件的作用。物件要在故事中有延续性使用，并进行意义的挖掘。 提示：物件不能单纯的只是进行制作，而是要与故事剧情相融合。

（三）诗化习式

用途：运用这类习式，可让幼儿超越戏剧的故事情节或故意跨出现实主义的叙事手法，以求增加对戏剧形式的意义，并允许幼儿探讨及表现作品中的主要符号和意象。

意义：这类习式为故事进行升华，在象征层面演绎意义，增加感情的投入，引起共情。

举例：

习式一：仪式	基本内容：幼儿分组设计一些特别事件来标记、判断或庆祝有文化、历史意义的事情。教师可以模仿一切日常生活中的仪式去运用在自己的戏剧发展中，例如婚礼、葬礼、纪念日、宴请、法庭、庆祝集会、宣誓仪式等。 提示：该活动帮助幼儿相信剧情，让幼儿通过扮演某种身份的人用宣誓等仪式来浸入情境。教师可以将一切传统仪式进行变形处理，但是最重要的是创造一个氛围，让幼儿"重视""承认"这个虚拟仪式的真实性。
习式二：默剧	基本内容：默剧活动强调运用动作、位置和身体反应来呈现故事，而不用语言描述或对话。展示默剧的时候，即使运用语言也是少量的、起到提示作用的。 提示：幼儿第一次尝试可能不知道怎么做，教师可让幼儿练习或者教师带领做集体活动。
习式三：声音合奏	基本内容：用幼儿自己的声音去创作情境中需要的背景音效，从而来制造气氛，教师需要利用录音机去录下来，再在戏剧进行的过程中播放出来。例如森林的情境，幼儿可以分成小组用声音扮演生活在森林里的不同动物的声音。 延伸活动：根据剧情，教师可以带领幼儿进行不同情境的创编。声音可以有对比效果，例如两组同学可以扮演相对抗的两种声音：小红帽的歌声和大灰狼的叫声等。 提示：需要在教师的带领下让幼儿进行充分的排练再进行录制。
习式四：梦	基本内容：让幼儿平躺在地上，教师通过语言描述创造梦境的感觉，要求幼儿闭上眼睛，可以搭配音乐以加深感受。 延伸活动：根据剧情，教师可以带领幼儿进行不同情境的梦，也可以展现不同人在不同时刻的梦。 提示：需要在教师的带领下，让幼儿进行充分的排练再进行表演。幼儿可以相互展示。
习式五：边讲边做	基本内容：教师在一旁做旁白，运用叙述的语言以描述幼儿需要呈现的剧情，幼儿一边听一边做。 延伸活动：这个活动可以与幼儿的生活经验相连接，在此基础上尽量选择一些生活中难以应对的事情，让孩子们进行生活"预习"。 提示：运用这个习式时旁白的速度尽量要慢，从而鼓励深入和集中地理解人的行动，减慢速度的动作让人能够较冷静地以抽离的角度去观看事件。

（四）反思习式

用途：当幼儿有需要从活动中抽身，正视活动所展现的意义或题材，或者对戏剧进行反思、评论时，这类习式便派上了用场。它们提供了策略让幼儿表达角色的所思所想，对角色做出心理评价，从而明白角色行为的意义。

意义：反思习式对幼儿来说是比较难的一种方式，因为这种习式不仅要求参与者全情投入，还需要有严谨的态度和敏锐的触觉。幼儿要捕捉反思性的语言和动作，以表达对戏剧的主观反应。

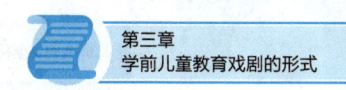

举例：

习式一：集体朗诵	基本内容：幼儿将一篇有启发性的文字演绎成一段集体朗诵，利用各种合适的声音，如歌声、重复音、重音等。可以选择和剧情相关的儿歌、童谣、吟诵诗等。 提示：教师主导设计朗诵，设计时需要注意必须以作出评论或延伸文本的意义为目的，而不仅仅是跟随文本原来的停顿而复述。
习式二：良心巷	基本内容：戏剧中的一个角色正面临人生的重要关头，例如面临进退两难的局面必须要解决问题。教师或一名幼儿扮演角色在排成两行的幼儿中走过，而两边的幼儿就提出的困境给出自己的意见和看法。 提示：两侧的幼儿可以没有身份，从自己的角度去发表意见；也可以承担一些身份。
习式三：人际空间	基本内容：幼儿推选代表扮演戏剧中的人物，并将角色放在适当的位置，以空间距离来反映他们之间的关系。 延伸活动： 1. 在戏剧进行的过程中，教师可以多次回顾这个活动，从而让幼儿体会随着戏剧进程人物关系是否有所改变。 2. 幼儿甚至可以为角色之间的距离命名：爱、尊敬、内疚、出卖、愤怒等。 3. 教师让幼儿通过站在不同的位置上来表现对一个观点或选择的态度。 提示：教师要尊重幼儿的安排。
习式四：思路追踪	基本内容：为了让幼儿反思某角色的行为并看到这个人怎样里外不一，幼儿要把人物在某个时刻的思想公开。这个活动经常和定格画面搭配进行，幼儿做好定格画面后，教师走到其旁边把手放在幼儿扮演的角色肩膀上，幼儿需要立刻用角色的口吻说出自己的心里话，这些心里话是角色的真实想法或不能为外人说的心思。 提示：这个习式追踪的是心里话、秘密或恐惧，也可以将心里话和表面话进行对比。
习式五：墙上有耳	基本内容：幼儿围着一个人物或者定格画面排出四堵人墙，代表该房间的四堵墙壁。幼儿扮演墙壁，运用曾经在戏中出现过的对白或者自己的想法制造回旋重复的声音。中间的人物或定格画面可以由幼儿扮演也可以由教师扮演，四面扮演墙的幼儿需要对中间的人物做出评价。 提示：声音不需要提前排练，但是需要有一致性，教师需要规定声音的类型，是语言还是音效。

以上介绍了不同类别的戏剧习式，教师可以选择不同的习式进行工作坊和主题活动的设计。戏剧习式就像画家调色板上的颜料，不能只是简单地将戏剧习式罗列在一起，要具有一定的戏剧性、逻辑性和叙事性。教师也不一定拘泥于以上介绍的习式，也可自行创编戏剧活动方式，积极融入游戏或幼儿园其他有趣的教学形式，并形成自己的戏剧习式。

课后讨论题

1. 学前儿童教育戏剧游戏是什么？为什么做？怎么做？
2. 学前儿童教育戏剧工作坊是什么？为什么做？怎么做？
3. 学前儿童教育戏剧主题活动是什么？为什么做？怎么做？

4. 教育戏剧习式的分类及应用原则。

5. 请对每种戏剧习式类型进行举例并详述其使用方法。

师德师风典范人物介绍——张雪门

张雪门是我国著名的学前教育专家。20世纪三四十年代，我国幼教界涌现出了两位泰斗级人物，人称"南陈北张"，"南陈"是南京的陈鹤琴，"北张"即北京的张雪门。1842年，在"五口通商"后，宁波有了越来越多的外国人。外国人通过教会势力先后在宁波城乡开办了不少幼稚园和中小学。出生于1891年的张雪门是地道的宁波人，从小熟读四书五经，国学根底颇深。但承载他成长的头二十年并不是一个美好的年代——鸦片战争之后，中国沦为半殖民地半封建社会，而此时中国的幼儿园教育，在"西学为用"的洋文化盛行的观念下，基本走上了"复制粘贴"国外所谓的先进教学模式的道路。放眼当时的中国，仿效日本办理的蒙养院，是为造就士大夫服务的；教会办的幼稚园，是为奴化教育而服务的。正是这些民族和社会现状，刺激青年张雪门开始思考：教育的本质不是为了儿童的成长和民族强盛吗？1912年，张雪门受邀出任鄞县（现鄞州区）私立星荫学校（现宁波市海曙中心小学前身）校长。张雪门由此成为我国历史上第一位男性幼儿园教师，开始了贯穿一生的实践和研究。星荫幼稚园成为张雪门投身幼教事业的第一块试验田。他完全摒弃了蒙养院和教会幼稚园的教学方式，强调释放幼儿天性，提出著名的"儿童本位"思想。他认为幼稚园就是要让孩子会玩、能玩，增进儿童身体的健康与快乐，从游戏中获得交换知识技能等学识，长大后才能拥有适应社会的能力。

张雪门的"儿童本位"思想的核心，是利用生活环境中日常所见所闻的事物为教学材料，按时令的变化，从儿童的动机和需要出发设计和编制课程。他为此进行了大量的社会调研，并明确提出：幼稚园的课程就是"给三岁到六岁的孩子所能够做而且欢喜做的经验的预备"，主张把技能、知识、兴趣、道德、体力、风俗礼节的种种经验都包括在课程里，为幼儿适应生长提供有价值的材料。张雪门对行为课程的提倡，可谓开时代之先，他认为幼稚园"首先应注意的是实际行为，凡扫地、抹桌、熬糖、炒米花以及养鸡、养蚕、种玉米和各种小花，能够实际行动的，都应让他们（儿童）实际去行动"。1931年"九一八"事变后，作为幼儿教育工作者的张雪门，发现幼稚园里的儿童竞相模仿侵略者在中国的残暴行为，这使他进一步意识到民族的危机本质上是教育的危机。这样的切肤之痛，使得张雪门终其一生都在为教育之初心不懈努力。他希望通过幼儿教育拯救中国，因为幼儿教育是一切教育的基础，儿童才是改变世界的未来主人。他认为只有做好这一源头性工作，才能真正"铲除我民族的劣根性，唤起我民族的自信心"。这是张雪门作为一个教育家真正的抱负。

1946年赴台湾后，张雪门一度被日本奴化的台湾教育深深刺痛，并下定决心要彻

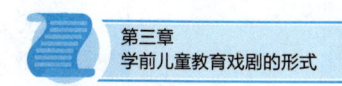

底改变这一现状。于是，他一边创办育幼院，一边培养幼教师资，把之前积累的教学和研究经验不断进行复制和创新，最终使得台湾幼儿教育呈现一片蓬勃。他本人也被台湾教育界后辈尊为"幼教泰斗，万世名师"。晚年的张雪门，患上眼疾，一只眼睛失明，另一只眼睛只剩下微弱的视力，这使他不得不结束了育幼院的工作。1960年，他又突患脑病导致半身不遂。即便如此，他也没有完全放弃幼教工作，演讲、授课、著述，一样也没有落下，《幼稚教育》《幼稚园课程活动中心》《幼稚园行为课程》等十几本专著都是在眼睛几乎失明、手脚失灵、耳朵失聪、身体状况极度糟糕的情况下完成的。

据不完全统计，他一生的著述达三四十部，发表相关论文三百余篇，总计逾200万字。唯发自内心的热忱无以阻挡，一代大师几十年如一日的亲身实践，最终都转化成指导和鞭策后来人的鲜活教科书。

张雪门的学前教育思想：

（1）基本教育思想：儿童身心发展与社会环境相统一。张雪门先生认为，儿童身心的发展与环境有着密不可分的关系，儿童身心并不能自己单独发展，全靠对周围环境的反应。

（2）幼稚园课程。张雪门先生指出，课程的范围是很大的，包括技能、知识、兴趣、道德、体力、风俗、礼节及种种经验。

（3）幼稚园教材教育方法。幼稚园的教材应取材于儿童的生活，而且要适应社会生活，能充实儿童的生活，培养儿童在脑力上劳心，手脑并用，热爱劳动，有互相合作及有自理能力。

（4）幼稚园教学法。张雪门对于如何进行幼稚园的教学，主要有三点意见：一是教、学、做合一；二是教材与教法融为一体；三是自由自动教学。

第四章
教育戏剧中的教师角色和师幼关系

本章导读：

本章针对学前儿童教育戏剧中非常重要的教师角色和师幼关系进行详述，明确了教育戏剧课堂中教师需要承担演员、角色、引导者、合作者、参与者的身份，并分析如何打破传统课堂实行的"以教师为中心"的教学理念，成就教育戏剧所倡导的"以幼儿为中心"的教学理念，共建平等的师幼关系。

读者需要明确教师在教育戏剧课堂中的不同身份和职责，并将教师自身技能融会贯通进行戏剧教学，深刻理解"以幼儿为中心"的课堂要求，建立平等互信的师幼互动学习关系。

知识点
- 教师作为戏剧活动的演员。
- 教师作为戏剧活动的角色。
- 教师作为戏剧活动的引导者。
- 教师作为戏剧活动的参与者和合作者。
- 教师入戏的角色类型与基本原则。
- 戏剧课堂契约的建立。

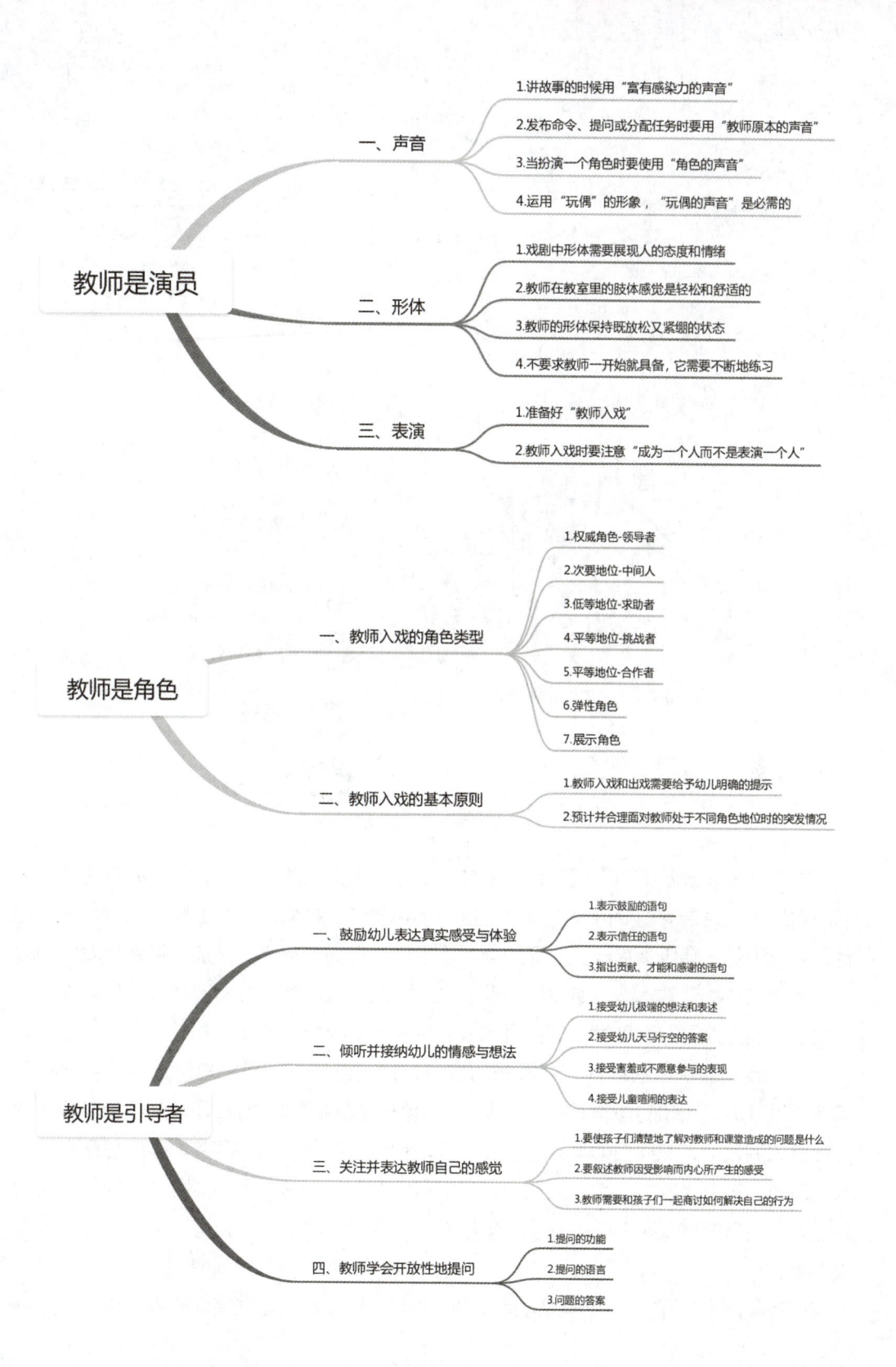

第四章 教育戏剧中的教师角色和师幼关系

教师是演员

一、声音
1. 讲故事的时候用"富有感染力的声音"
2. 发布命令、提问或分配任务时要用"教师原本的声音"
3. 当扮演一个角色时要使用"角色的声音"
4. 运用"玩偶"的形象，"玩偶的声音"是必需的

二、形体
1. 戏剧中形体需要展现人的态度和情绪
2. 教师在教室里的肢体感觉是轻松和舒适的
3. 教师的形体保持既放松又紧绷的状态
4. 不要求教师一开始就具备，它需要不断地练习

三、表演
1. 准备好"教师入戏"
2. 教师入戏时要注意"成为一个人而不是表演一个人"

教师是角色

一、教师入戏的角色类型
1. 权威角色-领导者
2. 次要地位-中间人
3. 低等地位-求助者
4. 平等地位-挑战者
5. 平等地位-合作者
6. 弹性角色
7. 展示角色

二、教师入戏的基本原则
1. 教师入戏和出戏需要给予幼儿明确的提示
2. 预计并合理面对教师处于不同角色地位时的突发情况

教师是引导者

一、鼓励幼儿表达真实感受与体验
1. 表示鼓励的语句
2. 表示信任的语句
3. 指出贡献、才能和感谢的语句

二、倾听并接纳幼儿的情感与想法
1. 接受幼儿极端的想法和表述
2. 接受幼儿天马行空的答案
3. 接受害羞或不愿意参与的表现
4. 接受儿童喧闹的表达

三、关注并表达教师自己的感觉
1. 要使孩子们清楚地了解对教师和课堂造成的问题是什么
2. 要叙述教师因受影响而内心所产生的感受
3. 教师需要和孩子们一起商讨如何解决自己的行为

四、教师学会开放性地提问
1. 提问的功能
2. 提问的语言
3. 问题的答案

学前儿童教育戏剧活动指导

```
教师是参与者和合作者
├── 一、什么是戏剧学习的契约
│   ├── 1. 教师和幼儿共同商定的
│   ├── 2. 学习契约的建构是一个长期的过程
│   └── 3. 根据需要可对定规则进行必要的修改和完善
└── 二、教师如何建立戏剧课堂的契约
    ├── 1. 我们的目标是一起去仔细观察戏剧中所发生的事件的意义
    ├── 2. 我们一起启动并善用我们已知的人类经验
    ├── 3. 我们要对自己的决定和选择感到自信
    ├── 4. 在戏剧进行中，我们要相互尊重
    └── 5. 在戏剧进行中，必须建立不同于以往的师生关系
```

01 权威角色-领导者
02 次要地位-中间人
03 低等地位-求助者
04 平等地位-挑战者
05 平等地位-合作者
06 弹性角色
07 展示角色

教师入戏的角色类型

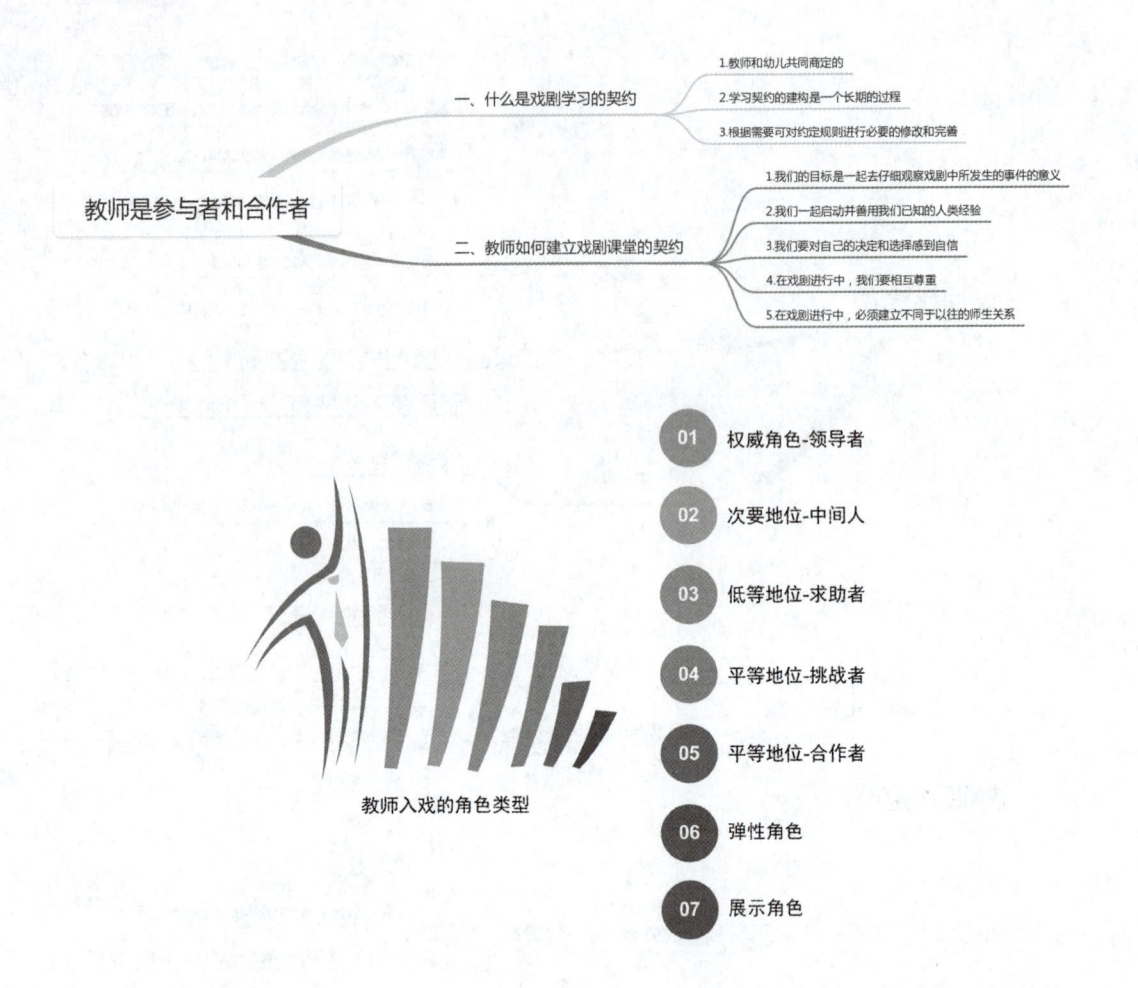

党的二十大报告第一次把教育、科技、人才三大战略摆在一起，推动教育高质量发展成为二十大报告的重要内容。而高质量的学前教育，是幼儿人生的起点教育、根基教育，对促进幼儿健康幸福成长、提升全民族素质具有重要意义。学前儿童教育戏剧的教师角色建立在推动教师高质量发展的理念之上，教育戏剧教师要本着师德师风为先、幼儿为本、能力为重和终身学习的新时代教师发展基本要求。

教育戏剧课堂中的教师拥有很多的身份，他既是演员，又是角色，还是教学的引导者，更是课堂活动的参与者和合作者。运用教育戏剧的教学方法在幼儿园和早教课堂进行有效的教学，需要教师具备更全面的技能和综合素养，比如具备丰富的想象力和艺术创造力、运用戏剧方法教学的能力，具备良好的课堂管理与组织能力、良好的行为管理能力，教师要尊重孩子的差异性、创造性、灵活性和热情，要耐心、幽默、善于观察和沟通。

在戏剧探索过程中，教师经常面对的问题是怎样和幼儿建立良好的关系和契约。良

好的师幼关系是幼儿完成戏剧参与、体验和探索的前提。那么如何才能做到与幼儿建立良好的关系并达成戏剧课堂契约呢？总的来说，教师需要适当真诚地鼓励、接受及了解幼儿对戏剧的感觉和想法、学会表达教师自己的感觉、接受幼儿的模仿行为和创造行为。针对影响教学因素的部分，教师必须考虑幼儿的分组、时间的安排、空间的运用、题材的选择及道具和媒材的准备等问题。

多元开放的师幼关系一直是教育戏剧的核心特征之一，它打破了传统戏剧教育中只关注"戏剧表演"的成人戏剧套路，也挑战了传统课堂中"以教师为中心"的教学方式。本章从下述几个方面进行教育戏剧中教师角色和师幼关系的阐述。

第一节 教师是演员

教师进行教育戏剧活动，首先需要具备一定的表演能力，但教师学习表演技巧的目的不是成为舞台剧演员，而是更好地引领幼儿去摹仿和表现以及引导幼儿展现自己的创造力和表现力，从而能让幼儿更自如地在戏剧化的互动中完成自我认知和探索客观世界。在教学中，我们关注训练教师的表演能力，从简单的游戏性表演训练到戏剧活动的创编，旨在培养教师的想象力和肢体表现力，从而能在课堂上营造出有益教学的环境和气氛。如果要让幼儿能够在戏剧中自由地创造和表达，首先教师要具备自由创作和表达的能力。教师应能熟练地运用声音、肢体进行个人的表演展示，并具备戏剧创作能力、口语表达能力和团体合作能力，也要对戏剧主题和素材有浓厚的兴趣和理解。幼儿教师的技能主要展现在下述几个方面。

一、声音

教师在课堂上灵活运用多种"声音"是非常重要的，这将有助于营造活跃的课堂气氛，可以与孩子们清晰地沟通，感知不同角色的特征，指导他们在每节课的不同时段需要做什么，还要让孩子们学会辨认各种声音的意义。教师需要掌握不同的声音：讲故事的、朗诵的、权威的、表演的、玩偶的等，以便将戏剧方法的效果最大化。

（1）讲故事的时候用"富有感染力的声音"来营造戏剧的紧张感、兴奋感和神秘感，抓住孩子们的注意力。这时要用缓慢的、略带神秘感的腔调，好像你在告诉孩子们一件其他人都不知道的特别的事情。这会让孩子们觉得自己很重要、很受重视，这样他们对故事的专注力就更加集中。教师在讲述的时候，声音要有变化，脸上的表情要丰富，身体不能僵硬，随着讲述时不时地靠近孩子们或者把他们聚集起来，营造一种悬念的气氛，邀请孩子们投入进来。

（2）朗诵诗歌、童谣或歌曲时要用"朗诵的声音"以体现韵律、美感、节奏和形象。可以用柔和一点的声音，帮助孩子们体会到朗诵内容里面描述的信息和图画。最好是站立着，配以强有力的肢体语言，这有助于你发音的清晰度与力度，使孩子们更能明白教师讲述内容的含义。

（3）发布命令、提问或分配任务时要用"教师原本的声音"，这是真实的、清晰的、郑重其事的并带有鼓励和热情的腔调，孩子们可以明确无误地了解老师的意思。清晰而坚定的表述有助于确保孩子们明白正在发生的事情、老师在问什么、老师需要他们做什么、什么时候开始、什么时候结束等。教师在课堂上应有充足的自信，才能更好地进行戏剧教学。

（4）当扮演一个角色时要使用"角色的声音"，这要根据你所扮演的角色而定，但教师并不是专业的演员，表演不可过于夸张和做作。教师在扮演角色的时候，需要把握声音的分寸，用粗壮的声音或夸张的肢体语言来展现巨人、巫婆、坏人等可能会让孩子产生不安全感。孩子们有时可能会暂时混淆虚幻和真实的世界，这种做法可能会吓着或过度刺激孩子们，这就偏离了我们教育的本质，侧重了表演而非教学。"角色的声音"也需要教师用层次丰富的语言进行，根据人物需要稍微轻柔些、悲伤些、焦虑些、兴奋些或着急些，尽量不要太具有表演性地呈现。比如，一个大恐龙遇见不认识的人可能会紧张，它需要孩子们的帮助，想学会怎么结交朋友。这时老师应该用一种沉静但紧张的口气来有效地表现这个角色。教师在表演动物的时候要表现得拟人化，不能装可爱、扮卡通，而是用一个接近于平常生活中的"人的声音"来表现角色的情绪、态度和想法，而不是用尽浑身解数去夸张地表演或搞笑。在角色塑造上也不要有惯性思维，小兔子的声音就是嗲嗲的、大灰狼的声音就是凶狠的，要根据角色境遇设身处地去设计声音。

（5）如果你在课堂上运用一些"玩偶"的形象，那么"玩偶的声音"是必需的。不过"玩偶的声音"也应该与老师自己的声音类似，但为了有效地表现玩偶的情感状态，需要添加一些兴奋、紧张、平静或悲伤的情绪。有一点很重要，老师不要去模仿动画片或学某些动画人物的声音，因为这会让孩子们过度兴奋而导致这节课朝着表演方向发展而忽略了教学意义。当老师"表演"得太好时，孩子们就会往后一靠欣赏起"表演"来了，而不会对玩偶呈现出来的问题进行思考和学习。他们更会跟着动画片的"脚本"走，而不是运用自己的想象力和创造力来解决问题。

二、形体

教师的形体表现力也是非常重要的，这样能在"教师入戏"的时候呈现更好的互动效果，并能灵动地带领孩子们打开肢体、创意表达。但是，对幼儿教师的形体要求不会像舞蹈和专业表演那样需要一个夸张的、技术性高的、脱离现实的艺术要求。

（1）戏剧中形体需要展现人的态度和情绪。教育戏剧活动需要教师能从对"人"动作的理解出发，要求能更放松、更具有创造性地表现肢体，并学会用动作来表现人物的态度、情感和选择。这需要教师不仅能够放松身心，同时需要有一定的对"人"动作的生活观察经验，并准确呈现人类生活经验的动作来让幼儿解读。这样才能更自如地进行教学，同时也能通过扮演角色来引导幼儿模仿并进入角色体验。

（2）教师在教室里的肢体感觉是轻松和舒适的。教师可以在教室里来回走动，不要总站在一个地方进行教学。如果可以，你和孩子们脱掉鞋子会感觉舒适，并能够做好准备去和孩子们一起扮演。不论是站在教室的一角还是教室的中心，可以蹲下来、坐下来或者边走边讲，让孩子们时刻都能看到你的位置变化。最重要的是教师首先要做好心理和身体上的准备去开放自己的身体，这样幼儿才会感到安全和舒适。

（3）教师的形体保持既放松又紧绷的状态。教师在课堂上不要一直笔挺地站着，而是穿着休闲，能随时蹲下来、坐下来和孩子们互动，便于随时披上道具成为角色，但也不可以过于放松。课堂上教师的精神和身体也要处于紧绷的状态，时刻张开自己的感官探查孩子们的反应，在活动中能够随时展现动作。在教学中教师可以使用不同的动作力度和表达方式，可以跑，可以静止，也可以表现偷偷摸摸的样子，尝试使用有力度的动作、停顿和各种姿势来创造课堂的趣味性。

（4）形体的经验不要求教师一开始就具备，它需要不断的练习，产生一定教学和表演经验之后再练习。教师可以记录并反思课堂中的表演和互动过程，为下一次的上课积累经验。在教学过程中一定要注意形体的变化，要做到张弛有度，如果你一直用夸张的肢体来吸引孩子们的注意力，那么教学可能会使你感到疲惫，课堂中教师的言行举止一定要使幼儿和你自己都感到舒服。透过教师的形体让孩子们感受到你的整体教学是有情感的，你能够全身心投入课堂。

三、表演

幼儿教学在教学过程中肯定需要进行不同程度的表演，特别是在进行"教师入戏"的时候，但表演不是为了单纯让孩子们欣赏，而是为了让孩子们读懂教师传达出来关于戏剧的信息或人物符号的隐喻。为了引导幼儿体验式、沉浸式地入戏，并探索故事中发生的事情，教师需要用表演来做引导。当教师表演人物时他的责任是通过表演的动作、语言和表情来传递一些信息，让孩子通过观察去理解人物的境遇，挖掘故事的深层意义。幼儿教师在课堂中的表演主要有下述两个方面。

（1）准备好"教师入戏"。教师需要假装自己是某一个角色：国王、公交司机、服

务员、警察或海盗船长。对部分教师来说，角色扮演可能都很容易，但是有些教师可能会觉得角色扮演让他们产生了些许的不适。你可以通过穿戴一些服装或配饰（例如帽子、披肩、眼镜）来帮助你进入角色。从小片段开始试着先和一小部分孩子一起练习，然后逐渐扩大小组的规模，直到你有自信心在全班面前进行角色扮演。深呼吸，露出微笑，然后开始表演，你会发现孩子们的反应非常积极。就像对待任何事情一样，熟能生巧。

（2）教师入戏时要注意"成为一个人而不是表演一个人"。教师在入戏时，需要用人的态度和情感去塑造这个角色，让自己深刻地理解这个人物，成为角色，而不是单纯夸张地、表演性地去表演一个角色。不管教师入戏成什么角色，都要展现一个接近于平常生活中的"人"，运用人说话的声音语气、人的动作和人的感受来表现角色的情绪、态度和想法。同时在角色塑造上要思考角色的多面性，不要有惯性思维，比如小兔子就是蹦蹦跳跳的，大老虎就是伸着两个爪子吼叫着。要充分考虑人性的复杂，要根据角色境遇设身处地去进行入戏表演。

第二节　教师是角色

在教育戏剧活动中，"教师入戏"是非常常见的一种手段，它以教师扮演戏剧故事中的一个人物来引导和协助参与者发展与呈现戏剧的想象情境，通过角色身份来激发孩子们对人物境遇和人生意义的感悟。

一、教师入戏的角色类型

教师的每次"教师入戏"，由于教师扮演角色的社会身份和情感态度不同，在教学中会起到不同的引导作用。

（一）权威角色－领导者

权威角色是教师扮演的角色是权利的掌控者，他所掌握的力量控制着将要发生的事情，例如国王、博士、村长和指挥官等。教师扮演权威角色时，他和孩子们的关系和传统课堂上的教学关系类似，幼儿也比较容易服从这种角色，课堂的互动相对稳定，但幼儿自主的空间较少。教师入戏权威角色可以完全操纵戏剧的发展方向，比如教师扮演的"狗警长"可以决定森林里发生的事情，他比孩子们要知道更多关于森林里的事情，他决定着大家什么时候巡逻、什么时候回家等。这样的角色可以帮助缺乏戏剧经验的幼儿在相对安全的以教师为主导的环境中探索戏剧。

权威角色不仅是正面的形象，还有反面的形象，比如老猫、狐狸、阴险的大臣等坏

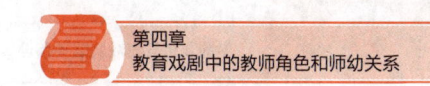

人形象，他们和幼儿是对立的，幼儿需要反抗教师扮演的权威角色来延续戏剧。这样的角色更加激发幼儿作为一个团体的责任感，让他们以团体的意识来抵抗反面权威角色，维护集体利益。

（二）次要地位－中间人

中间人的形象次于权威角色，他可能是权威角色的助手或是传话人。教师扮演中间人要表现得缺少掌控权，在与孩子们互动的时候缺少决定力，需要随时假装向自己背后的权威人物禀告。这样的角色给教师很大的灵活性，既可以放权也可以掌权。中间人的角色是虚拟的权威者和幼儿之间沟通的桥梁，是双方消息的来源，既可以掌控活动场面又可以去掉权威角色带来的刻板印象，给予幼儿一种客观中立的立场，吸引幼儿积极参与。在与中间人角色互动时，孩子们需要自己做一些决定并与之协商和沟通，教师可以表现得犹豫不决，给予孩子们决策的机会。例如教师扮演国王的大臣来和孩子们扮演的村民商讨国家新政，孩子们扮演的村民反对新政，作为大臣的教师既要表示自己没有权力决定是否会更改新政，也要站在村民的立场上说话。

教师扮演此类角色时，权威角色也可以让幼儿承担，鼓励幼儿站在权威角色的角度看待问题，引导幼儿自己决定戏剧的发展，教师仍然起到辅助作用，给予幼儿扮演权威角色的支持。

（三）低等地位－求助者

求助者的角色是教师扮演求助于幼儿的地位最低的角色，比如害怕过河的小马、被老猫抓住的小老鼠、不知所措的丑小鸭，一改以往教师帮助幼儿的惯例。教师在扮演时要让孩子们觉得自己需要帮助并相信他们一定能帮助自己，责任、决策和领导力都在孩子手中。教师扮演求助者的角色激发了幼儿同情弱者、友好帮助的能力，给予幼儿帮助他人解决问题、设身处地为他人考虑的机会。幼儿往往对这种需要帮助的情形感同身受，在帮助无助者的同时孩子们也提升了自身的地位和信心。

教师扮演无助者将课堂权力完全交给幼儿，需要注意的是角色虽然地位低下，但是也不能被孩子们完全左右，为了达到教学目标，教师作为求助者也是可以说"我做不到这一点""我不要"等的。教师不能因为扮演的效果而偏离故事主线和教学目标。

（四）平等地位－挑战者

教师扮演故事中的反抗者、抗议者、不同意见代表等。教师往往借用这种对立者的角色或立场，站在幼儿的对立面，迫使幼儿思考和解决所面对的问题。运用对立的角色或立场来挑战幼儿，适时增加戏剧的张力，也迫使孩子们面对问题和解决问题，刺激他们的深度思考。教师扮演挑战者要尽可能地和孩子们扮演的角色外在一个平等的地位，

这样能让孩子们放松警惕，敢于挑战，而不是害怕教师的权威，害怕受到批评和惩罚。

（五）平等地位－合作者

课堂上幼儿经常集体扮演群体角色，比如森林中一起比赛的动物、被女巫困住的孩子们、海盗船上的水手们。教师也扮演其中的一员时，要让孩子们感受到教师和自己是平等的地位。教师通过和幼儿共同扮演能让他们更加投入到戏剧活动中，更能感受集体的力量，这是对幼儿的信任和解放。同时，也可借用合作者的角色来帮助幼儿扮演故事情境，可以辅助团体的展示，积极与幼儿扮演的其他角色互动，并随时观察表演中出现的问题，及时通过自己的角色予以帮助和指导。

（六）弹性角色

教师可自创角色，在剧情或团体需要时临时插入以协助参与者澄清、决定、整理或结束某些重要的行动。教师也常利用一些故事中的边缘角色来处理课堂常规被破坏的情况，例如裁判员、保安、仙女、猫头鹰等具有权威并象征规则的角色。弹性角色具有组织课堂、衔接故事情节和调节课堂气氛的功能。

（七）展示角色

教师根据剧情和教学目标扮演戏剧故事中的主要人物并聚集孩子们观看，一般这样的角色表演不与幼儿互动，而是教师通过扮演角色的肢体动作或语言台词来传递戏剧中的信息和象征符号，并让孩子通过观察自己的表演去理解人物的境遇、提炼符号的意义。教师扮演角色时，幼儿以观众视角安静地观看，但教师的表演不是单纯为了让孩子们欣赏，而是为了让孩子们读懂教师传递出关于人物的信息或戏剧符号的隐喻，其目标是引导幼儿在观看之后体验式、沉浸式地入戏并深入思考故事中发生的事情，教师需要用表演来做引导。

"教师入戏"作为有效的戏剧化教学工具，可以控制戏剧进行的步调和张力，让教师和幼儿一直身处戏剧的节奏之中，在不打破戏剧情境的基础上支持鼓励幼儿的探索，保持与幼儿沟通的畅通，让儿童在角色扮演中感到安全，并且能表达他们的态度和观点。"教师入戏"通过扮演角色使教师的权威被打破，让教师需要幼儿的帮助，确保幼儿更具有掌控力和主动权，保证"以幼儿为中心"的教学过程。

二、教师入戏的基本原则

教师入戏作为一种戏剧教学手段，对于幼儿教师来说充满挑战，因为戏剧的艺术性、情感性和开放性，角色的设定、扮演和转换非常需要教师有较强的表演能力、角色塑造能力、故事创编能力和课堂掌控能力。教师在入戏时注意下述几种情况。

（一）教师入戏和出戏需要给予幼儿明确的提示

教师入戏时，要明确用语言进行提示，如"当老师戴上这个王冠的时候我就变成国王了"或"当我摘下这个头饰时我就不再是丑小鸭"。教师在准备扮演角色时，需要先让教室安静下来并要求孩子们的注意力都在自己身上，然后用缓慢的动作戴上道具或者穿上服装变成角色。在整个教师入戏的过程中，教师的扮演不管是动作还是声音都需要与平时的动作和声音不一样，要更加的缓慢或者快速，让幼儿感受到"异常"，这样孩子们才能明确教师在扮演。

教师可以采用声音变调、头饰、道具、服装、动作表现等不同特征来装扮自己，与幼儿建立相互之间的理解或共识。比如，教师戴上灰色围巾就是大灰狼；用威严的声音说话就是国王；戴上帽子就是爸爸，脱下帽子就是教师；蹲下就是受伤的小鸭子，站起身来就是教师。也可在教室里划定特定的区域并告诉幼儿"当我走进这个区域时我就变成了某个角色"。

（二）预估并合理面对教师处于不同角色地位时的突发情况

在教师入戏时，由于大部分时间课堂是由幼儿掌控的，尤其是在教师扮演求助者的时候，可能会出现一些突发事件，教师会感觉"完全失控了"，这时就需要教师及时调整。教师可以暂停，缓慢地摘下道具，走出角色，用平静、温柔的教师态度与孩子们讨论刚才的突发事件，然后再次确认孩子们的关注并进入角色。注意"教师入戏"中的暂停一定要缓慢，并确定孩子们明白现在是教师在说话，不是角色在说话。

还有一种情况，就是当教师在扮演的时候，有幼儿完全不相信教师的扮演，而是一直在大笑，或不断地叫你老师，或有些幼儿不愿服从命令，这可能会让教师感到沮丧并不知所措。教师要知道幼儿一开始不相信是很正常的，幼儿觉得搞笑也是情有可原的，只有教师保证自己扮演时的投入和不受干扰，孩子们才会真正地关注教师，教师可以先忽略孩子们的不相信，给予他们一点时间沉浸下来。如果孩子们一直比较吵闹，教师可以通过角色要求孩子。比如教师扮演的老鼠妈妈带着小老鼠们偷吃食物，有的小老鼠总是不听老鼠妈妈的建议，发出很大的声音，那么老鼠妈妈可以和其他小老鼠协商，并提醒发出很大声音的小老鼠不能外出偷食物，因为声响会引来老猫。教师一定要在入戏时坚持自己的扮演，不受幼儿的影响，要始终自信地、坚定地、投入地扮演角色，并自然地用角色掌控课堂，直到完成"教师入戏"的任务。

第三节　教师是引导者

在教育戏剧的课堂上，教师最重要的工作是引导、启发、帮助和保护幼儿参与戏剧活动，把幼儿放在学习的中心，起到"脚手架"的作用。曾经，教师作为知识的掌握者，常常把儿童看成是"无知者"，教学的主要任务就是把知识传递给幼儿。从新世纪开始，教育界一致呼吁教师应成为儿童学习的"观察者""协助者""推动者"和"引导者"，提倡教师和儿童之间应该建立平等、合作、共同成长的关系。

教育戏剧鼓励孩子们去尝试、面对挑战，以个体或集体的形式去和教师一起解决问题。这种支持性的、以完成任务为目的的学习方式鼓励孩子们从多个视角来看待事物并得以坚持。教育戏剧以培养孩子的社交、情感和心理韧性为目标，并对挑战持一种积极乐观的态度。教育戏剧与那种把孩子约束在单向输出的灌输式教育中的方法相反，孩子们从惧怕挑战和挫折到勇敢迎接挑战和困难。单向输出的灌输式教育会使孩子们认为他们仅擅长某些事物，所以理所应当地害怕超出他们的舒适地带的任务，害怕去尝试，害怕挑战自己以前没经历过的事。为了更好地引导、启发、帮助和保护，教师需要在课堂中做到下述几点。

一、鼓励幼儿表达真实的感受与体验

教育戏剧活动需要营造一种安全、信任的氛围，让全体儿童能够在这种氛围中表达自己的创意和想法，发现自己最真实的感受与体验，凸显自我存在的价值。由于学前儿童的逻辑思维能力和表达能力较弱，孩子们在课堂上往往有一些不合逻辑、词不达意、天马行空的想法和表现。教师应当理解儿童的这些想法和表现，呈现接纳鼓励的姿态，让幼儿切实感受到来自教师的认可和肯定，以增强幼儿的自信心，让他们逐渐学会接纳、尊重自己和他人的想法、感受和行为。表示接纳和鼓励的词语也不能过于笼统，例如"你真棒""你真好"的语句比较空洞，幼儿更喜欢具体地表述确定的表扬。

（一）表示鼓励的语句

"你们的想法让我看到了故事的另一种可能性。"
"你们的创造真的很不一样。"
"让我们一起来用定格画面扮演森林中的动物，我相信大家一定都能做到的！"

（二）表示信任的语句

"咱们一定会找到好办法的！"

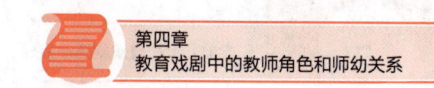

"我们一起来按照大家想的办法做吧。"
"我们就依靠你了。你来做这个决定吧。"

（三）指出贡献、才能和感谢的语句

"你们真是太棒了，居然可以用身体摆出这么多有创意的物品！"
"谢谢，大家一起构建的熊太太的旅店太漂亮了，让我们一起走进去看看会发生什么吧！"
"感谢你贡献的想法，不然我们真的不知道该怎么办了。"

二、倾听并接纳幼儿的情感与想法

教师应主动倾听学前儿童的表达，让他们感知被信任，确信"老师知道我在说什么""老师知道我为什么这样说""老师理解我"。尤其是在幼儿表达的情感和想法不合乎常理甚至带有一些负面情绪的时候，教师更应该主动接纳并积极引导幼儿的所说和所想。

（一）接受幼儿极端的想法和表述

幼儿常常会有极端的想法和表述，这些想法在成人看来是非常不合时宜的，但是由于孩子们想法单纯且表述能力不足，常常说出令人惊讶的语言。教师应多通过提问的方式了解孩子们的真实想法并给予他们引导。教师应明白有的时候孩子们的表达并不是他真正的意思，教师不能严厉地批评与制止，而是花一些时间和大家一起讨论一下这些事情的可能性。例如，幼儿说："国王会用大炮把村庄里的人都杀死。"教师提问："国王为什么要这么做？""村庄里有多少人？他们做了什么事会让国王这么生气？""除了用大炮轰炸，国王还可以做什么其他事来制止村民做的事吗？"

（二）接受幼儿天马行空的答案

幼儿最擅长搞笑或者说一些"屎尿屁"相关的话题，这在课堂上也常常会出现。教师不要因为孩子们的玩笑而生气，生气反而强调了他们的行为。首先选择忽视这些玩笑，然后用表情给他一个微笑或眼神让他知道我们该回到故事当中。

除了玩笑，孩子还会说出很多不着边际的事情。比如教师提问："和三只小猪一起生活在森林里的还有哪些动物？"幼儿："有钢铁侠、蜘蛛侠，还有大怪兽。"在遇到这种情况时，教师不要去否定幼儿，而是把大家聚集起来通过提问的方式讨论"钢铁侠、蜘蛛侠和大怪兽"出现在森林里的可能性，大家一起讨论会让孩子们把注意力的重点落在"森林有什么"上，逐渐移除他脑海里的"钢铁侠、蜘蛛侠"，让孩子们之间的共同讨论来影响他，而不是教师的纠正。孩子们有这样的回答说明他还没有被课堂上发生的戏剧内容

吸引，所以教师应该想办法用戏剧的方法吸引他沉浸进来而不是去纠正他的玩笑。

（三）接受害羞或不愿意参与的表现

教育戏剧的课堂中让幼儿展现的机会比较多，这对习惯于传统课堂中坐在"小凳子"上的幼儿来说是缺乏安全感的。有些幼儿在一开始很难做到打开想象、放松身体、自由表达。面对从未接触过的孩子，教师需要耐心地观察每一个孩子的情况，对于害羞的孩子不要过于主动地去邀请他或者督促他表演，而是先分配给他一些不用说话的任务，或者允许他做一些辅助的工作，让他先逐步地熟悉戏剧课堂的形式。每一个不愿意表现的孩子都需要一定的时间来适应，而且适应的时间不等，有的需要十分钟，有的需要一节课，有的需要几节课。教师要能够接纳孩子的不同表现，尊重孩子的感受，并给这样的幼儿更多思考和准备的机会。教师也可以在"教师入戏"中增强与他的互动，让他感觉到这是角色在邀请而不是教师在逼迫。即使他不会给你回应也没有关系，只要教师找到一个和他合适的距离，能让他感到安全即可。如果有的孩子连参与都不愿意的话，我们可以让他先坐在教室的一旁观察，相信戏剧的剧情会吸引他逐渐靠近的。

（四）接受儿童喧闹的表达

戏剧是很喧闹的，做好孩子们可能会同时说话的准备。特别是正当教师在进行"教师入戏"时，没有办法一边扮演角色，一边组织纪律。因此，需要教师学会借用角色的口吻来组织纪律，例如当你在扮演一个奄奄一息的小鸭子的时候，孩子们都围过来在你的身边七嘴八舌，在外人看来这样的课堂是很混乱的，教师可以借用角色的口吻说："孩子们，你们太吵了，我都睡不着了。"或者说"这里是森林，声音太大的话会把野兽引来的。"学会用角色的规则吸引孩子的注意力是教师表演中非常重要的一个环节。你也可以使用一种乐器（铃铛或鼓）或者用拍手来组织他们。但一般来说，每节课都有孩子走动或齐声说话的时候，所以请做好心理准备。如果孩子们太乱，教师可以选取故事中的一个"指挥者"或"管理员"的角色告知孩子们规则，但一定不要在入戏时突然成为教师批评或者组织孩子们。

可能会出现某几个孩子一直表达自己的观点而不给予其他人说话的机会的情况，教师也需要平衡，确保每个孩子回答问题的机会是均等的。教师可以利用魔法棒和发言棒等道具帮助孩子们指导发言的顺序，只有拿到发言棒才可以发言，并明确倾听他人是非常重要的。在课堂中既要鼓励发言的孩子，也要鼓励聆听的孩子。

三、关注并表达教师自己的感觉

教育戏剧活动是教师和幼儿共同开展的活动，每一个参与者都有真实准确地表达自

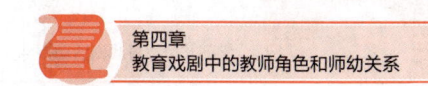

己感觉的权力。教育戏剧的课堂是平等的课堂，这种平等不仅是对幼儿的平等，也是对教师的平等。教师也应准确表达自己的感觉，尤其是让幼儿知道他们的哪些行为影响了教师和其他参与者的情绪和感受，甚至影响了活动的顺利进行。教育戏剧专家林玫君在她的研究中明确了教师在课堂上和幼儿沟通的原则，如下：

（1）要使孩子们清楚地了解对教师和课堂造成的问题是什么。教师必须清晰地描述幼儿的哪些行为是如何让教师产生了怎样的烦恼的，教师要描述后果，某个孩子或者大家的行为具体影响了课堂的哪些方面，要用平静、明确的语言，不能运用激烈的情绪。

（2）要叙述教师因受影响而内心所产生的感受。教师要"描述行为造成的后果给你的感受"。一般可以用下列公式嵌入："当你……（描述行为），结果造成……（描述行为后果），我感到……（描述情感或感受）"或"当你……（描述行为），我感到……（描述情感或感受），因为……（描述行为后果）"。采用这样的句式结构往往会在活动中收到意想不到的效果。例如在戏剧活动中，有些幼儿会不合时宜地大声说话或说个不停，影响了活动的进行，教师说："当你因为无法等待而和旁边的小朋友大声说话的时候，我感觉很不舒服，因为我都听不到前面的小朋友在说什么了！"如果教师能够表达出自己的感受，幼儿会很快安静下来。

（3）教师需要和孩子们一起商讨如何解决自己的行为。教师可以让幼儿自己说出如何做才是令人接纳的，不要指责幼儿，而是和他们共同探讨，让他们自己拿出修改方案来。

四、教师学会开放性提问

教育戏剧活动中教师的提问是非常重要的教学行为，提问不仅是引导、沟通、连结幼儿的有效方式，也是发展故事、构建故事的主要手段。教育戏剧中的提问是开放性、引导性的提问，一般教师并不设定一个正确答案，而是运用提问的方式刺激孩子们思考与解决。

（一）提问的功能

开放性提问是指提出问题并不拘泥于一个答案，而是运用问题引出被提问者的观点和态度。开放性提问的问题范围比较广、概括性强，给予回答者充分自由表达的空间。开放式问题常常运用"什么""怎么""为什么"等词作为提问句，其回答也不能仅以"是"或"否"来回答。这样的问题是引出对方表达的一种方式，使对方能更多地讲出有关情况、想法、感受等。

虽然开放性提问比较自由，但是也需要精心设计，才能成为戏剧老师最有用的工具之一。在活动一开始，教师可以利用提问来建立戏剧的情境；活动展开时，教师可以利用提问把幼儿融入到戏剧里，深化他们的思考；在活动后期，教师可以利用提问激发

思考和总结经验。

教育戏剧是以探索的形式展开故事，孩子们一开始并不知道故事的全貌，而是随着教师的讲述和提问慢慢地了解。教育戏剧故事中的内容和探究人类经验的各个层面息息相关，教师总是会问：如果……会发生什么事？如果……会变成怎样？如果……我们要怎么做？在这样……的状况下，它代表着什么？为了进一步了解故事的内容及意义，教师会用更多可以解决并具有结构的问题引导幼儿，而这些经过设计的问题，目的就是要聚焦、理清孩子们的思考。

教师既要给予幼儿信息，也要允许教师从孩子那里引出信息，这可以为孩子们提供一个分享知识与理解的机会，还可以强化所学的知识，允许他们与已学的知识建立联系并在此基础上进行扩展。这可以提高他们回忆与思考的能力，当幼儿被要求把所记得的信息说给老师、同伴、小组或全班同学听时，这样的记忆效果会更好。如果孩子们仅靠老师提供现成的知识，而不是自己积极投入并在新旧知识中"玩耍"的话，孩子的发展就会受到制约，这都是通过开放性提问实现的。

戏剧作为一个学习媒介，它的魅力就在于戏剧本身的互动性与实际体验的特质，这都和教育戏剧中的开放性、结构化的提问方式有关。在教育戏剧中，教师的问题来自于我们对周遭环境或陌生环境的好奇，孩子们乐于找寻一些他们可以感受到的、有可能被自己实现的东西，他们比较不喜欢经由老师直接说出或其他教条化的知识传授方式。学习在戏剧中更加有乐趣，是因为提出的问题不以一种被动的方式获得。

（二）提问的语言

在教育戏剧活动中，对戏剧情境的建构、故事内容的丰富、人物形象的分析、主旨中心的思考都是教师通过开放性提问来完成的。这些问题应该是自由开放的问题，而不是封闭性的问题。所以怎样的语言才是一个开放性的提问，下面就来展示一些提问句型。

我们要怎么解决它？

你是怎么看待这件事的，你觉得它为什么会发生？

你看到了什么？

为了进入森林，我们要准备什么？

我想不出来，有人有其他想法吗？

刚才发生了这样的事，那么接下来会发生什么事？

他为什么要这样？

还有没有其他可能性？

运用开放性的语言提问可以避免孩子们用教师预期的答案回答，避免用问题局限孩子们的思维。

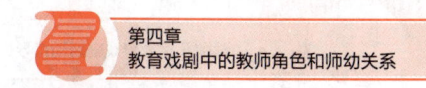

（三）问题的答案

当教师开始进行开放性提问时，会收到更加丰富的答案。这些答案是相当不同的，而且具有个人的特色。孩子们的回答有时会毫不相干，有些会比较难理解，有些则天马行空，但这都呈现出不同程度的思考。教师必须要随时准备好对这些答案做出评价。面对毫不相干的回答，教师可以重复告知孩子所处的剧情，让他明确我们现在正在干什么，并给予他重新思考的机会；面对比较难理解的答案，教师可以进一步进行提问，搞清楚孩子的回答是不是和他特定的生活经验有关；面对天马行空的答案，教师首先进行鼓励，可以先不予评价，但是要持续观察他是不是已经脱离戏剧的剧情。

第四节 教师是参与者和合作者

在教育戏剧的课堂上，教师是平等的参与者和合作者，教师并不比孩子们高一等，教师也是学习过程中的一员。只有认识到这一点才能构建良好的师幼关系，营造融洽的课堂气氛。良好的师幼关系应该是一种互相尊重、彼此平等、信任互助的工作协作关系、学习互助关系和生活伙伴关系。在这样的师幼关系中，教师放下身段走到幼儿中去，向幼儿学习，而幼儿也愿意接受教师的领导，围绕大家共同感兴趣的议题和任务去努力创造和谐的团队合作气氛。积极、开放、和谐的合作氛围有利于师幼之间的沟通、交流和协作，有利于建立彼此之间的信任，从而建立师幼之间的默契和归属感，推动每一个幼儿积极主动地完成戏剧活动任务，并在与同伴的合作中获得成长。

课堂上，教师的积极参与对孩子有着重要的影响。教师的参与营造一种集体合作的文化氛围，从而引发深层次的学习，而非仅是"走形式"的表面学习。教师的参与在很大程度上增进了师生感情并形成一种学习至上的环境，每个孩子，包括教师都乐于全身心地投入。因为如果没有这种个人的投入和知识的连接，是无法实现创造与革新的。要想达到最佳的教学效果，教师就必须在课堂上"积极表现出"一种对学习的渴望和好奇，与孩子们一起参与各项活动。

有些教师在一开始实践教育戏剧是缺乏经验的，经常会出现两种极端的情形：一种是教师权威控制的活动进程；另一种是教师自由放任的活动进程。这两种方式都不是有效的合作方式。为了克服这两种极端情形的出现，教师需要掌握和灵活运用一些合作的学习契约，有效平衡儿童自由创意与戏剧秩序维护的内在矛盾关系。

一、什么是戏剧学习的契约

英国华威大学教授乔纳森·尼兰德斯指出，"戏剧学习契约是师生之间的默契，也可以是师生间公开讨论和协商下的共同约定"。我国学者认为，幼儿园戏剧活动应该让

教师和儿童共同建构一定的活动契约，来规范教师和幼儿的合作行为。戏剧活动契约应遵循"以契约精神为指导，以培养幼儿公民意识、践行民主主义教育为目的，通过平等协商方法建构的服务于戏剧主题活动的规则、规定"。

教育戏剧活动的学习契约是教师和幼儿共同商定的，在戏剧活动全部过程中共同遵守的要求、约定和规则。学习契约的建构是一个长期的过程，也是一个逐渐养成的过程。教师应当明确戏剧活动中学习契约建构的重要性，并有意识地在和幼儿开展活动之初就共同关注和实施契约建构。根据戏剧活动实施情况，教师和幼儿通常还需要对之前的约定规则进行必要的修改和完善。此外，应借助一定的手段帮助幼儿逐渐习得和养成遵守学习契约的习惯。

二、教师如何建立戏剧课堂的契约

教育戏剧是一种学习方法，也是一种教学方法，它需要一种平等的、共创的、相互促进的、类似于伙伴的师幼关系。教师与幼儿在虚拟与现实交互的情境中共同经历、共同体验、共同成长。教师贡献和幼儿贡献都是值得被重视的，教师和幼儿合作的学习契约需要遵循下述几个方面。

1. 我们的目标是一起去仔细观察戏剧中所发生的事件的意义

（1）我们一起探索有哪些重要的事。

（2）我们说话前要仔细思考。

（3）充实每个人所说过的、所做过的事。

（4）我们除了肢体上的活动，也需要心理层面上的沟通。

（5）戏剧必须让大家感兴趣，我们都要感到开心。

2. 我们一起启动并善用我们已知的人类经验

（1）教师并不是什么都知道，而是和幼儿一起怀抱着兴趣来探索新的领域。

（2）没有人应该被约束、控制和批判，每个人都有自己的才能和个性。

（3）我们的问题不需要标准答案，我的观点是最重要的。

（4）每个人的经验对课堂来说都是有价值的。

（5）将大家个别的知识结合起来变成团体的共识，需要相互仔细聆听，也需要耐心和专注，同时需要长时间的讨论。

（6）每个人看世界的角度不同，因此要尊重他人的看法。

3. 我们要对自己的决定和选择感到自信

（1）如果教师愿意将孩子视为独特的个体，我们也必须用同样的标准来尊重教师。

（2）若课堂运作进行较为吃力时，必须适度地表达我们的担心，而不是表现出一副

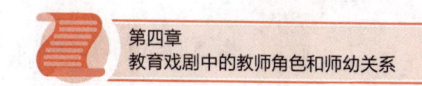

事不关己的态度，要积极地讨论。

（3）我们的合作不能被讽刺和搞笑破坏。

（4）我们必须一起决定什么是可行的。

4. 在戏剧进行中，我们要相互尊重

（1）为了戏剧，每个人都要放下成见和偏见，选择自己扮演的机会。

（2）我们必须尽全力彼此帮助来克服困难。

（3）我们要能够描述什么是成功的，什么是失败的，成功和失败不仅是教师的责任，更是大家的责任。

（4）我们的贡献必须被教师尊重。

5. 在戏剧进行中，必须建立不同于以往的师生关系

（1）没有师幼信任，戏剧无法运作。

（2）教师的教学或许不能和孩子们借由想象的学习方式相提并论。

（3）孩子们需要承担做决定并实行决定的责任，而不是教师帮幼儿做决定。

（4）一位让戏剧顺利进行的教师，比规矩和权威的教师要来得重要。

（5）经由提问而产生的学习比学习记忆中的知识更重要。

（6）教师利用戏剧经验来帮助幼儿发展一切的可能性。

教师作为戏剧的参与者和合作者意味着在课堂上幼儿应承担更多的活动任务和责任，并且相信幼儿具备完备考量和价值判断的能力去解决戏剧故事中的冲突和困难，"做"或"一起做"是课堂学习的最佳途径，例如一堂一个小时的戏剧工作坊需要有30~40分钟是幼儿和教师一起探索设定好的任务，而且这些任务不仅是绘画、动作模仿、口语复述，而是真正能够与社会中出现的问题相连接的任务。在由故事《龟兔赛跑》改编成的一个教育戏剧工作坊中，教师创编一个任务是让孩子们考虑并扮演在比赛前乌龟是如何在家里进行训练的，几个小朋友分成小组扮演不同的角色，有的扮演训练中的乌龟，有的扮演乌龟的教练，有的扮演乌龟的粉丝，有的扮演偷看乌龟训练的兔子等。在这个戏剧活动中，教师把故事展开并创造很多值得探索的切口，让孩子们可以主动地进行想象和创编，教师作为参与者也在其中扮演角色，并共同决定故事应该往哪个方向发展。

"以幼儿为中心"的课堂是需要教师重新认识自己和自己的位置的，教师不再是教学上的权威者，也不是生活上的照料者，而是课堂中的另一个孩子。因此，教育戏剧要求教师要学会放手，运用放松积极的教学态度，让孩子们在民主的氛围中获得真诚的表扬，共建平等和谐的师幼关系。

百年大计，教育为本；教育大计，教师为本；师德师风，为师之本。深化新时代学前教育教师队伍建设，落实教育戏剧全面发展教师技能的突出作用，以教育戏剧教学法

促进师德师风建设，把提高教师的思想政治素质和职业道德水平及终生学习能力摆在教育戏剧教学法学习的首要位置，对于推动教师成为幼儿健康成长的引路者、自身技能全面提升的践行者、爱岗爱生爱园的模范者意义重大。

课后讨论题

1. 教师在课堂上作为演员的基本能力和技巧。
2. "教师入戏"时扮演角色的基本类型和基本原则。
3. 教师在课堂上作为引导者的基本能力和技巧。
4. 在戏剧中，为共建平等和谐的师幼关系，师生合作的学习契约有哪些方面？

师德师风典范人物介绍——陶行知

陶行知（1891年10月18日—1946年7月25日），原名陶文濬，安徽省歙县人，中国人民教育家、思想家，伟大的民主主义战士，爱国者，中国人民救国会和中国民主同盟的主要领导人之一。陶行知出生在安徽歙县农村的一个贫穷家庭里，从小在亲人朋友的资助下一路勤勉上学读书，23岁以第一名的成绩从金陵大学文科毕业，随后被校方推荐去美国留学，26岁获得美国伊利诺伊大学政治学硕士学位和哥伦比亚大学教育学博士学位后归国。陶先生14岁立下志向："我是中国人，要为中国做贡献！"完成学业义无反顾回国的先生在归国的海轮上想："我归国后，要使全中国的人都受到教育。"陶行知将教师当作自己毕生的事业，他说："你若把你的生命放在学生的生命里，把你和你的学生的生命放在大众的生命里，这才算是尽了教师的天职。"他一辈子都在执着而坚定地实践自己的教育理念。那时国家贫困到难以想象的程度，全国有两亿文盲，七千万儿童无法接受教育。陶行知深知这个国家病根在教育，这个国家的出路也在教育，从而确立起毕生努力的方向。他脱下西装，走出象牙塔，放弃大学教授的优渥待遇，开始着手推广普及平民教育。1926年12月，陶行知发表《中国乡村教育改造宣言书》，表示要"招募一百万基金，征集一百万位同志，创办一百万个学校，改造一百万个乡村"。他要帮助那些最普通的中国人识字，要使个个乡村都得到光，合起来形成中国的伟大的光。

1927年，陶行知移居南京近郊，在这个极为落后的普通农村里，陶行知创办了晓庄试验乡村师范。从此，陶行知走出了一条彻底改造旧教育的道路，创立了属于中国的新式教育，推动了一场席卷全中国的乡村教育运动。他布衣草履，挑粪种地，睡进牛棚，与师生一起开荒生产，自己劳动，自己修建校舍。他说流自己的汗，才能吃自己的饭，自己的事得自己干。他鼓励学生"和牛马羊鸡犬豕做朋友；对稻粱菽麦稷黍下功夫"，去艰苦的乡村和偏远的地区为农民办教育，做农民的知心朋友。他非常重视农村的教育，

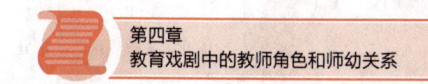

甚至还创办了中国第一个乡村幼稚园，学文化从娃娃抓起。他一生倡导"追求真理，人民第一；爱满天下，教育为公"，他关注那些最普通的中国人，年迈的老人、底层的佣人、帮工、街头打杂者、货场的脚力、拉洋包车的师傅们都是他教授知识的对象。

1939年7月，陶行知又在重庆北碚创办育才学校，招收有特殊才能的战争难童。育才学校实施劳动生活、健康生活、政治教育和文化教育。学校的戏剧组、音乐组多次在重庆演出，美术组还在重庆举办多次画展，通过多种艺术形式宣传抗日救国和民主运动。周恩来、邓颖超曾专程访问育才学校，周恩来为孩子们题词"一代胜似一代"。

陶行知生命最后的十年是跟着共产党走的十年。周恩来称赞他"一直跟着毛泽东同志为代表的党的正确路线走，是一个无保留追随党的党外布尔什维克"。在他生命最后的100天里，他依然为争取民族解放而奔走呼号、举旗呐喊，光演讲就达一百多场。1946年7月25日，陶行知在上海终因积劳成疾突发脑溢血辞世。延安、重庆、上海以及美国纽约等多地为他举行了纪念活动。

陶行知的教育思想

一、生活教育理论是陶行知先生的教育思想核心，包括三个基本观点：生活即教育、社会即学校、教学做合一

1．生活即教育

以社会生活以及在此基础上产生的经验为中心，主张用生活来教育，以社会生活为教育的素材，主张要给儿童过儿童的生活，受儿童的教育。儿童教育应当供给儿童在生活上的需要。凡是一切呆板拘滞不合理足以束缚儿童生活的，我们都完全烧掉了。

2．社会即学校

社会是生活教育理论的场所。教育的材料、教育的方法、教育的工具、教育的环境都来自社会。

他主张社会本身就是一所大学校，教育要依靠社会的力量，应济社会的需要。

3．教学做合一

以生活为中心——怎样做就怎样学，怎样学就怎样教，所有的问题都是从生活中发出来的，从生活中发出来的困难和疑问才是实际的问题，用这种实际的问题来求解才是实际的学问。

二、师德思想

陶行知先生不但以自己一生的教育实践树立起高尚师德的典范，而且对师德也很有研究。

1．教师对教育事业要有赤诚心

2．教师要热爱学生，爱满天下

3．教师要友爱同事，团结合作

4．教师要以身作则，为人师表

三、教育的方法——"六大解放"

1．解放儿童的头脑，让他们能够去想，去思考

2．解放儿童的双手，让他们去做，去干

3．解放儿童的眼睛，让他们去观察，去看事实

4．解放儿童的嘴巴，使他们有足够的言论自由

5．解放儿童的空间，让儿童从鸟笼式的学校里走出来

6．解放儿童的时间，使儿童做支配时间的主人

第五章
教育戏剧活动的评价

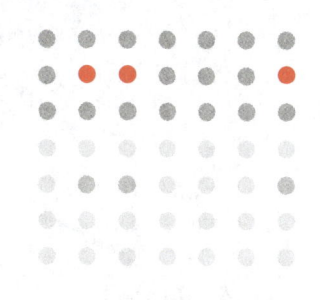

本章导读：

本章主要介绍学前儿童教育戏剧的总体评价原则和具体评价方式，针对教育戏剧游戏、教育戏剧工作坊和教育戏剧主题活动的不同实践方式进行不同方式的具体评价。

读者首先需要明确教育戏剧活动的评价原则，在此基础上掌握不同教育戏剧活动形式的评价内容及主要指标，并学会结合学前儿童教育学及心理学的知识进行综合评价。

知识点

- 教育戏剧活动的总体评价原则。
- 教育戏剧活动的具体评价工具。
- 教育戏剧游戏的评价。
- 教育戏剧工作坊的评价。
- 教育戏剧主题活动的评价。

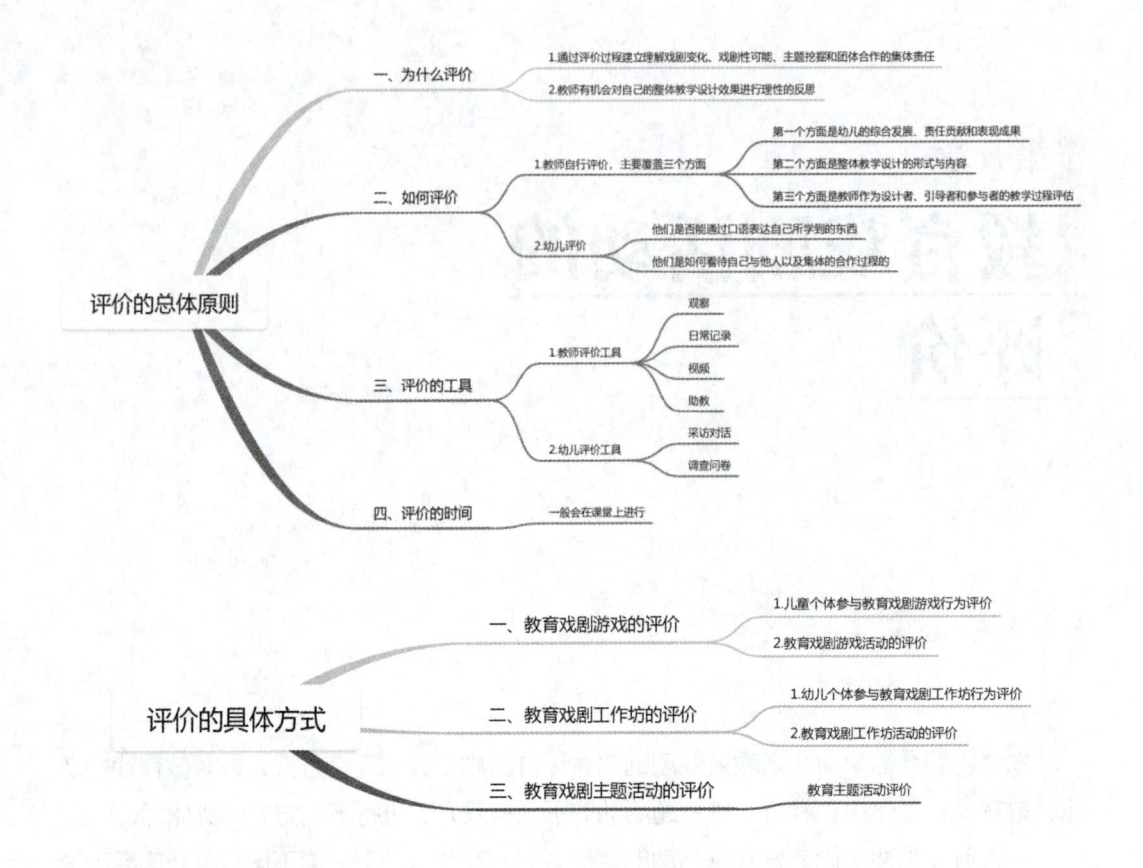

评价的总体原则

- 一、为什么评价
  - 1.通过评价过程建立理解戏剧变化、戏剧性可能、主题挖掘和团体合作的集体责任
  - 2.教师有机会对自己的整体教学设计效果进行理性的反思
- 二、如何评价
  - 1.教师自行评价，主要覆盖三个方面
    - 第一个方面是幼儿的综合发展、责任贡献和表现成果
    - 第二个方面是整体教学设计的形式与内容
    - 第三个方面是教师作为设计者、引导者和参与者的教学过程评估
  - 2.幼儿评价
    - 他们是否能通过口语表达自己所学到的东西
    - 他们是如何看待自己与他人以及集体的合作过程的
- 三、评价的工具
  - 1.教师评价工具
    - 观察
    - 日常记录
    - 视频
    - 助教
  - 2.幼儿评价工具
    - 采访对话
    - 调查问卷
- 四、评价的时间
  - 一般会在课堂上进行

评价的具体方式

- 一、教育戏剧游戏的评价
  - 1.儿童个体参与教育戏剧游戏行为评价
  - 2.教育戏剧游戏活动的评价
- 二、教育戏剧工作坊的评价
  - 1.幼儿个体参与教育戏剧工作坊行为评价
  - 2.教育戏剧工作坊活动的评价
- 三、教育戏剧主题活动的评价
  - 教育主题活动评价

一、评价的总体原则

（一）为什么评价

教育戏剧的评价一般是从儿童的角度和教师的角度两个方面进行的。评价从教育性、自身性、艺术性、专业性的角度帮助教师了解孩子们的个人发展和整体教学设计的实施可行性。

在教育戏剧中，等级量化的评价不应该单独使用，教师不应单纯地进行"评分"，而是作为一种协助。教育戏剧的评价需要结合过程性评价和终结性评价的共同作用，尤其注重过程中的评价。过程性评价是一个对学习过程的价值进行建构的评价，过程性评价在学习过程中完成，过程性评价强调学习者适当的主体参与。过程性评价本身就是一个促进学习者发展的过程。

教育戏剧中的评价方法要帮助孩子们通过评价过程建立理解戏剧变化、戏剧性可能、主题挖掘和团体合作的集体责任。对于孩子而言，评价与反思的过程涉及孩子们的语言表达、自我经历和思考能力，能从他人的想法里收获自己的洞见，学会追溯和回想，学

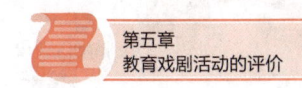

会辨识问题和解决问题。因此，评价必须结合更开放的形式，如幼儿观察、与幼儿对谈等，这能让教师更清晰地了解和反思孩子们的互动情况和内心想法，评价也是教师了解幼儿感受、引导幼儿学会反思的有效途径。

在教学过程中，教师也要采取形成性评价方式对自己的教学过程进行评价。形成性评价是指在教学过程中为了解学生的学习情况，及时发现教和学中的问题而进行的评价。通过形成性评价，教师可以随时了解学生在学习上的进展情况，获得教学过程中的连续反馈。在戏剧活动中，教师也将有机会针对教案规划、教学实践和引导过程进行调查，调整剧情发展的深度和方向，及时发现问题、调整问题。在戏剧探索过程中，教师随时跟幼儿进行互动，洞见他们的理解和学习效果，教师有机会对自己的整体教学设计效果进行理性的反思，提升自己的教育戏剧创编能力和教学能力。

（二）如何评价

针对幼儿园的教育戏剧活动，我们可以从两个维度来进行评价。

1. 教师自行评价

一种维度的评价是教师自行评价，主要覆盖三个方面。

第一个方面是幼儿的综合发展、责任贡献和表现成果，其中包括个人社交能力的发展，表达能力的发展，对戏剧工作形式的接受情况，在虚构框架内的创造能力、反思能力和合作能力。我们也可以通过幼儿在课堂上完成的小物件、小展示、小画作来评判孩子们的收获。

第二个方面是整体教学设计的形式与内容。从戏剧性角度来看，整个戏剧流程进行得如何？最激动人心的时刻是哪些？这背后的原因是什么？不同的环节中又存在哪些阻碍？从教育性角度来看，教学目标是否达成？内容和形式实现得如何？是否符合"以幼儿为中心"的教学理念？

第三个方面是教师作为设计者、引导者和参与者的教学过程评价。教学任务是否顺利进行？各环节进展如何？教学的成果是什么？教学实施过程中，哪些环节较为顺利？做了哪些即兴的改变？运用了哪些戏剧习式，是否运行顺利？教师如何在现场构建工作？师幼之间的协同合作、互动过程是怎样的？教师在教学时的感受如何？

2. 幼儿评价

另一种维度的评价是幼儿评估。在幼儿园里实行集体评价往往是通过幼儿观察和幼儿采访的方式进行，我们希望孩子们对个人和集体的经验有所领会。他们是否能通过口语表达自己所学到的东西？他们是如何看待自己与他人以及集体的合作过程的？这类评价能帮助教师加深对参与者想法的洞见，同时也对自己的能力加深认识。此外，教师也得到针对自己不同角色职能的反馈。不过在这个过程中需要评价者有足够的耐心去收集

评价资料，并认真花时间去理解和分析幼儿的反馈。

（三）评价的工具

教师评价和幼儿评价会使用到不同的评价工具。

1. 教师评价工具

（1）观察。关于教师评价，最重要的评价工具是观察，且观察需要无时无刻进行。在戏剧工作中，观察主要是通过教师亲自参与到戏剧过程中来实现的。教师既是戏剧的参与者，也是评价的观察者，这种双重身份帮助教师能够更好地进行教学体验和幼儿观察，能在理性分析和感性体验中获得评价结果。但这样的观察需要教师有足够的经验和全方位的洞察力，一位缺乏经验和洞察力的教师通常忙于扮演个人角色和组织课堂，很容易忘记观察课堂的整体状况和其中每一个孩子的表现。因此，希望教师在课堂上像章鱼一样有很多的触角，既能掌控角色和课堂，又能观察和评价课堂。当教师逐渐习惯了戏剧的评价方式后便会形成三方面的意识：戏剧意识（通过参与到虚构中以及有意识地运用戏剧元素和策略评价）、教育与方法意识（通过角色内部或外部的组织与引导评价）、分析意识（通过敏锐地洞察扮演中所发生的事，其中包括有关孩子的或是与自己相关的事，以及应当怎样理解这个扮演，要做些什么才能实现进一步的课堂设计修改）。由此可见，教师的参与扮演也是一种观察评价的方式，可以在让幼儿与教师共同的扮演互动中评价他们是否能够与角色共情并产生思考，进而是否促进了他们的某种能力的发展。

（2）日常记录。除了上述的参与式观察，我们可以通过写日常记录或课堂日志的方式来记录我们的观察。为了能够跟踪某一段时间内的发展情况，我们最好能够把记录的重点局限在几个主要的领域。例如在课前，我们设计好一些需要在课堂上重点进行观察的关键指标，如语言表达、社会交往、肢体开放等。为此，教师可以制定一份关键指标的清单表，以助于将评价点集中。记录也可以要求另一个助教老师进行，在课后引导教师和助教老师商议他们对课堂中发生的事和孩子们的反应，进行对比评价，提炼关键词或关键点，并进行总结，这更有助于从不同视角观察课堂。如果两位教师有分歧，可以寻找更加权威的第三方视角进行评价。

（3）视频。另一个有效的评价工具就是拍摄视频，它能提供一个反复查验的资料。尽管视频仅能捕捉到现实的一小部分，但拍摄到的素材可以让我们更加细致地去查验课堂教学效果，并通过定住画面让我们仔细地分析课堂效果与幼儿行为。但在视频的传播上，我们要注意一些伦理规则，不能随意传阅孩子们的信息和他们的肖像，不能截取他们在课堂上展现出来的弱点进行宣扬或指点。

（4）助教。幼儿园有一个很大的优势，就是教师经常可以团队合作。在戏剧活动实施过程中，如果能有两位老师同时参与到戏剧工作中，那无论是从戏剧的扮演角度、组

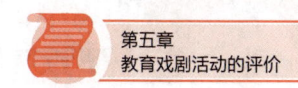

织角度，还是从老师观察的评价角度，都会带来很多可能性。在课前，引导教师和助教要明确自己的分工及参与评价的角度，哪些部分是引导教师需要关注和反馈的，哪些是助教老师需要关注和反馈的。教师团队要实现良好的合作，这不仅体现在评价的领域，也能在教学中优化教师团队在引导能力、组织能力和戏剧表演、观察与评价各方面的表现。

2. 幼儿评价工具

（1）采访对话。对话环节有时会碰到比较大的困难，尤其是对幼儿园的低龄儿童。实践表明，如果孩子们在评价的过程中能运用一些其他的表达方式，效果会更好。教师可以将孩子们聚集到一张桌子边，让他们画画或者做手工来生成他们对课堂学习的感受，查验幼儿的学习成果。也可以把孩子们聚集起来，让孩子们自由地说说戏剧中集体的共同经历，由教师逐步地向幼儿们提问。如果采访进行得不顺利，我们可以尝试将话题转移一下，然后重新再回到话题上。如果想要争取最好的效果，则一次参加的幼儿人数不宜过多，且对话的时间不宜过长。

教师在对话环节中所提出的问题至关重要，这些问题要紧扣戏剧故事并尽量是开放性强的。在戏剧活动结束后，我们经常会听到老师问孩子们"好玩吗？""你在扮演丑小鸭的时候在想什么？"或者"你们觉得哪个部分让你最开心或最难过？"之类的问题，这些问题通常能够引导孩子们说出一些他们在戏剧中的体会。

采访对话作为集体评价工具不仅是在课后进行，也需要在课中进行。在戏剧故事探索和扮演时，可以进行评价的对话，但这些对话要悄无声息地融入剧情，并需要老师进行充分的思考和准备。比如，在进行教育戏剧《国王的钥匙》时，我们可以通过提问展开反思："为什么把粮食归为己有对于国王来说如此重要？"孩子们会有很多回答，老师的任务是跟进这些回答，跟进的方式可以这样：重述孩子的回答（赋回答以价值，并确保大家都能听见），点头（表示接受回答），问其他人有何想法，如果回答不清晰就请作答的人解释等。老师可以提的下一个问题是："对于一位国王而言，你认为他最重要的三项任务是什么？让我们两人一组来讨论这个问题。之后，再分享自己的观点。"由此，整个小组都参与到讨论之中。然后，老师可以这样说："在我们的故事里，面对自私的国王，村民采取了什么行动，你们是怎样完成的？"孩子们思考他们在扮演村民时采取的行动，教师详细询问国王花园中所发生的事件，孩子们扮演村民是如何相互合作的，有些人怎样采取冒险举动而其他人怎样小心行事等，这会帮助幼儿停下来思考自己的行为并分享自己的感受。反思的另外一种方式是回顾高潮时刻："我们故事中最为紧张和激动人心的时刻有哪些？"这里，孩子们可以直接回答问题，也可以通过定格画面的方式来回答。课中的反思能够更及时地给予教师反馈，让教师近距离与幼儿共同评价。

在一次教学活动之后，为了能深入采访，教师可以将话题聚焦在某些具体的教学段落，越具体越好，探讨幼儿在当时当刻的具体思考。我们可以鼓励所有幼儿一起采访，

如哪些时候是最激动人心的？为什么？他们当时作出各种反应的原因是什么？他们也可以讲述他们认为可怕、厌恶或者好的事情。这些个人反馈经常能够激励和启发其他参与者挖掘出自己的感受和故事，并相互提问。我们也可以谈论课堂进行得不顺利的地方，不顺的原因是什么。我们还可以从戏剧扮演本身的视角进行讨论，是否有人在扮演过程中的某一时刻把虚构误认成了"现实"，从虚构中脱离的感受是怎样的。在采访过程中，教师应注意领悟孩子们对今后课堂的期望值，并从孩子身上捕捉提升教学的构想。

（2）调查问卷。这是一般幼儿园课程评价中经常用到的评价方式，但是由于它缺少开放性和亲和力，所以教育戏剧专家不是很提倡使用这种方法。教育戏剧更关注师幼之间的情感连接，即使是评价也需要面对面的、有温度的评价。而且学前儿童的调查问卷一般需要经过教师或家长的转述，所以效果不是很好。但是调查问卷也有其便利之处，比如能够更快速地和广泛地进行调查，节约时间并更快得到反馈，但是反馈的真实性有待考证，教师也可以将其作为一个辅助的手段。不过，在设计调查问卷时，一定要注意其中问题的设定，要具体化、幼儿化和戏剧化。

综上所述，戏剧活动的评价工具都不能分开使用，而是相辅相成的，根据教师的经验和课程需要自行选取。戏剧的评价更注重过程性的、参与式的评价，我们在使用工具时也要注重在课堂中的使用方式，要学会结合角色和戏剧事件进行评价。

（四）评价的时间

过程性评价一般会在课堂上进行，其他评价一般会在一个项目，比如一个工作坊或一个主题活动完成后进行评价。如果当天的戏剧活动尤其扣人心弦，那在当天教学结束后安排采访对话的评价最合适不过了。另外，对于一个相对较大规模的戏剧活动项目而言，在项目结束后，以对话的方式对项目予以总结是很重要的。

二、评价的具体方式

之前我们就对教育戏剧活动进行了分类，分别是教育戏剧游戏、教育戏剧工作坊和教育戏剧主题活动，每种教育戏剧活动的评价方式也有不同，下面提供一些可以应对不同形式的评价办法。

（一）教育戏剧游戏的评价

布莱恩·威于1967年出版的《在戏剧中成长》是首批教育戏剧教科书之一，这本书有关于戏剧与个性发展的图表，在这个图表中一共有四个递进的层面。最内侧为最简单即"关于个人的潜力和技能"，最外延为最复杂即"个人通过周围内外的激发获得发展"。他的理论还包括戏剧可以促进人发展的七个方面：①专注力；②感官；③想象力；④自身；⑤演讲；⑥情绪；⑦智力。

根据威的研究，我们对幼儿参与教育戏剧游戏进行了评价的建构，一般教育戏剧游戏的评价只关注教师的评价，教师从幼儿参与和活动设计两个方面进行评价。

儿童个体参与教育戏剧游戏行为评价表

时间		班级		儿童姓名			编号		
游戏环节	专注力			感知力	想象力	自身表达	语言（肢体或口语）	情绪	智力
	好	中	差						
1									
2									
3									
4									
5									

教育戏剧游戏活动评价表

时间		班级		教师姓名		游戏环节数	
游戏实施方式		语言指导方式					
		动作指导方式					
		语言与动作指导方式					
游戏过程		游戏角色					
		游戏场景					
		游戏规则					
		游戏内容					
教师身份		引导者					
		参与者					
		组织者					

教师通过上表进行评价时，需要运用描述性的语言进行填写，但是基本上本着好、中、差三个等级进行。例如专注力：好、中、差；语言指导方式：很好、一般、差；游戏角色：非常明确、一般明确、不明确；教师身份：很好完成、基本完成、没完成，并需要描述原因。

由于戏剧游戏是针对小班幼儿进行的，在评价方面注重幼儿参与度和体验感，在评价上给予很好、一般、差的概括性评价，不做过多细致性评价。评价主要结合教师在课堂上的观察和知觉。

（二）教育戏剧工作坊的评价

教育戏剧工作坊是一种小组学习方式，其评价可以针对每个儿童，也可以针对一个小组的探索过程。对教育戏剧工作坊的评价包括教师的评价和儿童的评价。因为教师和儿童都是参与者，其评价属于自我评价。虽然在评价表中问题倾向于封闭式的问题，但是教师在描述自己的评价和了解儿童的评价时，需要进一步对此项目加以解释，需要用叙述性和描述性的语言进行评价描述。例如小明在角色塑造时扮演的是大灰狼的角色，他的呈现表明对大灰狼所处境遇的理解，明确了大灰狼其实内心也不是真的想破坏小猪们的房子，小明扮演大灰狼给三只小猪道歉，这可以看出小明对大灰狼的角色有更深入的理解，并能够将这种理解展现出来。

幼儿个体参与教育戏剧工作坊行为评价表

工作坊名称			时间		
儿童姓名		年龄		班级	编号
环节	内容		描述		
热身活动	身体放松，进入戏剧情境				
	开启对戏剧话题的思考				
角色塑造	思考与表现角色的身份、外形				
	运用动作与表情、语言与声音塑造角色的典型动作和言语				
	以适当的方式体验和表现角色的情感				
	能够两人或多人合作进行角色塑造				
情境体验	能够围绕戏剧冲突，合理思考问题，提出解决问题的方案				
	做出自己的价值判断和思考				
	能用适宜的戏剧方式表现情节发展，并通过集体协商来确定				
	能够专注于戏剧创作，并乐于表达与回应				
分享、表达与反思	能够对戏剧话题进行反思				
	能够对所创作情节再思考与评价				
	对自己所扮演的角色进行反思				
	能够明确地表达自己的想法				
	专注于彼此的分享与交流				

第五章 教育戏剧活动的评价

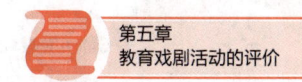

教育戏剧工作坊活动评价表

工作坊名称			时间		
教师姓名		时长		班级		儿童人数	

环节	内容	教师评价	儿童评价
角色	角色合适吗？		
	角色可以理解吗？		
	哪个角色引起了孩子的注意？		
空间	孩子能够理解场景的设计吗？		
	场景的设计具有想象性和象征性吗？		
	孩子们探索空间的机会充足吗？		
戏剧过程	冲突明显、易于理解吗？		
	戏剧张力充足吗？能激发儿童思考吗？		
	冲突的解决方案能顺利进行吗？		
	能多元运用语言、肢体、思维探索故事吗？		
	每个人都在戏剧中承担责任或做出贡献了吗？		
教师指导	教师作为角色，入戏时的扮演合适吗？能被理解吗？		
	教师作为引导者，引导时能够使用合适的语调和语言吗？身份转换易于理解吗？		
	教师作为挑战者，是否挑战儿童，激发他们思考？		
	教师作为参与者，是否能够平等地与孩子对话？是否认真倾听孩子的表达？		
	教师作为教育者，是否尊重每一个孩子，关注到每一个孩子？		

除了教师自我评价和儿童评价，还可以邀请其他教师和园长一起评价。

(三)教育戏剧主题活动的评价

教育戏剧主题活动围绕一个主题进行几周的连续教学,主题活动的评价除了录像和对话采访,还需要加入教师日志评价,一个月的主题活动教师可以不断翻看日志来回顾上课的内容和问题,这是一个持续性的评价工作。结合教师的教学和儿童的学习进行全面呈现和分析,可以针对个别儿童,也可以针对全班儿童。

每一次工作坊的评价可以按照工作坊评价来进行(见个体参与教育戏剧工作坊行为评价表和教育戏剧工作坊活动评价表),除此之外还要进行主题的综合评价。

教育主题活动评价表

主题				
主题内工作坊时间安排				
教师姓名				
班级				
儿童人数				
评价项目	第一次工作坊	第二次工作坊	第三次工作坊	第四次工作坊
中心与设计意图达成				
优点				
存在问题				
建议				
修改				
主题整体结构反思				

上面我们主要探讨了各种教育戏剧活动的评价方式,教师可以在上述表格的引导下进行评价,表格也不是完全固定的,可以根据自己的实际情况添加和减少项目。总的

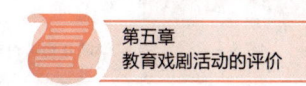

来说，评价是需要耐心和爱心的，教师要对孩子进行一段时间的持续观察，研究孩子如何发展、如何在集体活动中贡献自己的力量。同时，教师要不断评价教案的内容与形式，不断完善自己的教学设计，呈现更好的教学效果。

课后讨论题

1. 学前儿童教育戏剧的总体评价标准是什么？
2. 学前儿童教育戏剧的具体评价工具有哪些？
3. 简述教育戏剧游戏、教育戏剧工作坊、教育戏剧主题活动的具体评价过程。

师德师风典范人物介绍——赵寄石

赵寄石（1921年3月—2023年1月9日），女，江苏南京人，我国学前教育理论的重要奠基人之一，学前教育改革开放的重要引路人，中国著名学前教育专家、南京师范大学教育科学学院教授。

1921年3月，赵寄石在南京出生，幼时民主开放的家庭氛围让她养成温和、谦逊、认真的性格，为日后投身幼教事业打下良好基础。1936年，初中毕业的赵寄石被保送到苏州景海女子师范学校幼教科学习。毕业后，刚满20岁的她留校在附小和附幼工作，从婴儿院、幼稚园到小学一至三年级，2到8岁的孩子她都教过。8年间，赵寄石逐渐与儿童建立感情，为进入幼教学术领域积累实践经验。此后，赵寄石赴美留学，先后在得克萨斯州德西大学教育系和密歇根州底特律市美莱派墨研究院托儿教育专业学习，学习幼教理论的同时也得到运用理论对婴幼儿发展观察、分析及与家长交流等实操技能的培训。1952年，学成归国的赵寄石进入南京师范学院（南京师范大学前身，简称南师）幼儿教育系任教，先后从事"幼儿园自然教学法""幼儿园语言教学法"和"外国学前教育"的教研工作。当时，我国幼教先驱、著名教育家陈鹤琴任南师院长，南师成立了全国首个独立的幼教系，承担培养幼儿师范学校幼教专业教师的任务。在这里，赵寄石逐步了解教育现实和社会现实，坚定了教育为大众服务的想法。

"老师、家长要尊重孩子"是赵寄石经常对学生说的话，她坚信儿童善于与人交流感情、善于积极主动给予人们"回报"，并认为应顺应孩子自然发展的规律，让他们充分发挥潜能。教研过程中，她常常深入班级，在教师和儿童中间观察，寻求研究灵感。在她眼中，一切适合幼儿发展的内容都值得探究。"能终身从事这最快乐的幼儿教育事业，是我一生的幸福。"

20世纪70年代末，南师学前教育专业恢复招生，赵寄石带领学前专业教师尽快恢复教研工作。从组织教研队伍到制定培养目标和教学计划，再到新课程开设和相关教材编写，她倾注了大量心血。这段时间，她和青年教师一起恢复理论建设，注重理论与实

践紧密结合和学科重点领域的攻关与突破，并在幼儿园课程领域出版了一批基础性的、具有填补空白意义的研究成果。

20世纪80年代初，幼儿园采用分科教育模式，教师和孩子的负担都很重。对此，赵寄石创造性地提出并发起"幼儿园综合教育"研究，打破我国幼儿园长期盛行的分科教学模式，开启学前教育改革新征程，促进我国幼儿园课程理论建设。此后，她领导开展农村幼儿园综合课程研究，并引导学生和同事了解、关心农村学前教育的问题和困难。她带领课题组发表近20篇相关论文，在国内产生较大影响，还帮助和支持过很多农村幼儿园和农村幼儿园教师。时至今日，她倡导的研究和关心农村学前教育的传统仍在南师盛行。

20世纪90年代，七十多岁的赵寄石从教学一线退下来，但她依然喜欢去幼儿园观察孩子。90岁高龄时，她还发起组织农村幼教志愿者队伍，助力农村幼教发展。在长期的幼教科研中，赵寄石渐渐形成自己的学术观点，并努力构建有中国特色的学前教育理论体系。"幼儿园需要什么，我们就去做什么。"她的研究涉及学前教育基本理论、比较教育、幼儿园课程、学前儿童自然教育、学前儿童语言教育、家庭教育、托幼教育、农村教育等诸多领域，为我国学前教育理论体系建设做出重大贡献。

在关注我国学前教育研究的同时，赵寄石也很重视开展国际交流，广泛涉猎国外学前教育研究前沿领域。她倡导借鉴运用世界前沿理论，在多次赴国外考察和参加国际幼教学术会议的过程中为我国学前教育界参与国际交流合作做出贡献。1982年，联合国儿童基金会同中国建立幼教合作项目，赵寄石作为南师方的重要负责人之一积极奔走，为联合国儿童基金会与我国持续深入开展合作打下坚实基础。

在半个多世纪教书育人的历程中，赵寄石始终保持着认真负责的严谨态度。她注重运用灵活多样的方式开展教学，课堂既有极强的理论性，充分吸收国际先进的学前教育理论，能提出自己的观点和看法，又充分结合我国学前教育实践，注重激发学生学习的积极性、主动性和创造性，教学内容、方法和风格深受学生欢迎。

赵寄石有关农村幼儿教育的思想如下：

（1）发展农村幼儿教育是世界幼儿教育发展的必然要求，是提高民族素质的基础。

（2）农村幼儿教育的发展取向是立足农村实际，建立切合农村实际的教育模式。

（3）构建适合农村幼儿教育现状的课程体系——"农村综合教育课程"。

（4）提高农村幼儿园教育质量的关键是从农村的实际出发研究幼儿。

（5）研究农村幼儿教育的切实可行的方法——"教育行动研究法"。

第六章
教育戏剧游戏案例

本章导读：

　　本章主要介绍学前儿童教育戏剧活动的三种主要形式之一——教育戏剧游戏的详细案例和实施方式。通过展示教育戏剧游戏案例，为学前教育专业的学生及幼儿教师开展教育戏剧活动提供实践的基础和蓝本。读者通过理解典型案例掌握学前儿童教育戏剧游戏的设计流程和实施效果，能够将典型案例在课堂中进行模拟授课，也可在幼儿园进行教育戏剧的实际教学，并最终能设计具有文化特色的、符合教育规律和戏剧艺术原则的教育戏剧活动方案。

教育戏剧游戏具有灵活性和趣味性，各个年龄阶段的幼儿都可以进行，特别是小班的幼儿，从戏剧游戏开始作为他们接触戏剧的第一步是合适的。教育戏剧游戏也是很好的热身活动，是帮助孩子们放松身心、调节情绪、激发想象、合作交流的有效途径。教育戏剧游戏主要分为感觉游戏、模仿与想象游戏、动作表达游戏和专注力游戏四种。

根据以下教育戏剧游戏案例，幼儿教师可以结合实际情况随机选择和组合戏剧游戏，也可将戏剧游戏融入其他课堂内容的教学。

第一节　感觉游戏

1. 呼吸练习

幼儿面向教师站好，双脚与肩同宽，双手自然下垂，可闭上眼睛，也可面朝前方。教师告诉幼儿用鼻腔做呼气与吸气的游戏。在熟悉了自己的呼吸规律后，幼儿可进行慢吸慢呼、快吸快呼等练习，也可以在呼吸的同时加入各种有趣的情境，如打呼噜的呼吸声、狮子吼叫的声音、天冷时呼吸的感受、小狗太热伸舌头呼吸、火车鸣笛的声音等。教师应注意每次快吸快呼或慢吸慢呼次数控制在3次以下，整个呼吸练习不宜过长，否则会使幼儿有缺氧的感觉。

2. 发声练习

所有幼儿自由地站在教室的空间中，自然站立，平稳地按照教师的引导做呼吸练习几次。然后幼儿双手掐腰，利用丹田的力量轻轻地发出"哈""嘿"的声音。先用正常的音量发出"哈""嘿"的声音，再根据教师的提示声音逐渐变大。教师可以利用分级的方式进行声音的训练，比如5级的声音是最自然的声音，那么6级的声音是什么样的，7级的声音是什么样的，一直到10级达到呼喊的声音。然后再从5级的声音开始，那么4级的声音是什么样的，3级的声音是什么样的，逐渐变小，一直到1级是像耳语时的声音。幼儿可以反复进行练习，在一定练习后教师可以随意变换级数让幼儿练习对声音的掌控能力。

3. 啦啦啦

所有幼儿自由地站在教室的空间中，自然站立，平稳地按照教师的指令做呼吸练习几次。然后所有幼儿双手掐腰，利用丹田的力量轻轻地发出"啦啦啦"的声音。随后教师可以介绍一个简单的儿歌节奏，如两只老虎、生日快乐歌、新年好歌等，教师用"啦啦啦"的方式将儿歌的节奏唱出来，并提醒幼儿注意儿歌的节奏和声音的跳跃感，然后让幼儿学唱。幼儿可以反复进行练习，在一定练习后教师也可以运用上一个发声练习中的级数来让参与者练习，例如用8级的声音"啦啦啦"出儿歌的节奏和旋律。

4. 小耳朵听一听

全体幼儿在室内空间自行找一个位置坐下，尽量以自己认为最舒适的姿势。教师引导幼儿闭上眼睛，以下列口令引导幼儿尝试听以下声音，每种声音间隔 0 ~ 15 秒：

（1）请聆听室外的声音……

（2）请聆听室内的声音……

（3）请聆听自己的呼吸声……

（4）请聆听室内、室外的声音……

（5）请注意特别显著的声音……（教师可故意做出某种声音）

（6）请聆听有没有奇怪的声音……

（7）请聆听自己的心跳声……

（8）请回忆刚才所听到的所有声音……

稍等 30 秒后，教师请大家睁开眼睛略作休息，伸展肢体，再请大家轮流叙述自己所听到的声音，尤其要提示幼儿注意特别的声音与何人何物所具有的关联性。

5. 音乐聆听

全体幼儿在室内空间自行找一个位置坐下，尽量以自己认为最舒适的姿势，教师引导幼儿闭上眼睛，教师播放不同音乐让幼儿仔细聆听。

（1）森林中的白噪声。聆听结束后，每一个幼儿轮流分享自己听到了什么声音，例如鸟鸣、蛙声、虫叫等。

（2）城市中的白噪声。聆听结束后，每一个幼儿轮流分享自己听到了什么声音，例如人声、车声、其他噪声等。

（3）一段节奏舒缓的钢琴曲，每一个幼儿轮流分享自己听到了什么旋律。

（4）一段节奏欢快的打击乐，每一个幼儿轮流分享自己听到了什么节奏。

活动完毕，稍等一分钟后，教师请大家睁开眼睛略作休息，伸展肢体。

6. 生长的小树苗

幼儿随意平躺在地板上，尽可能地蜷缩自己的身体，想象自己是一粒小种子。然后，自然放松至正常状态。接着，幼儿伸展自己的身体到最大程度，想象自己在慢慢地长大、膨胀，再放松回到平常状态。之后，幼儿慢慢地起身，从躺、跪、蹲、半蹲、弯腰、站起、直立、伸展、手臂向上，想象自己以非常缓慢的速度从地面慢慢地生长起来，手臂变成了树枝，最后长成一棵参天大树。整个过程要非常地缓慢，并注意调节幼儿的呼吸。

7. 融化的小雪人

教师引导幼儿做小雪人，边念边做动作，"我是一个小雪人，圆圆的身体圆脑袋，白白胖胖真可爱"。教师扮太阳，"太阳出来了，晒化了小雪人的头（幼儿放松，低头），

晒化了小雪人的身体（幼儿放松身体，弯腰），晒化了小雪人的腿（幼儿放松，腿下蹲），小雪人不见了，化成一滩水（幼儿身体完全放松倒地）"。教师也可以根据情况将故事主体变成"融化的蜡烛""衰败的花朵""融化的冰激凌"等。

8. 小木偶

全体幼儿变成一个小木偶，闭眼低头，手指垂直放下。跟随教师的口令做相应动作。当教师说"小木偶醒来"时，幼儿慢慢地睁开眼睛，慢慢地伸出一只胳膊，再伸出另一只胳膊；慢慢地扭动头，扭动腰；慢慢地抬一条腿，再抬另一条腿。最后，慢慢地有节奏地学小木偶走路。

9. 皮球滚一滚

幼儿围坐成一个圆圈，闭上眼睛，教师坐在圈的中心。教师手拿皮球传给任意幼儿，感受到球碰到自己的幼儿要躺下来睡觉，直到所有幼儿都躺下来睡觉为止。然后，幼儿选择一个合适的空间散点坐在地板上，眼睛闭起来。一位幼儿扮演皮球，他爬向任意幼儿，用手点一点那个幼儿的身体，自己便躺下来睡觉。被点到的幼儿变成皮球，接力去点碰其他幼儿，直到所有幼儿都躺下来睡觉为止。

10. 小动物梦游

教师引导说，"天黑了，小动物睡着了"。在舒缓的音乐下，让幼儿以舒服的姿势随意躺下，全身放松。"小动物梦游时间到了……"让幼儿慢慢起立，在教室里自由地漫步，脚步要轻，动作要慢，就像梦游一般，在房间里四处走动，孩子们可以试着扮演不同的动物形态。然后教师让幼儿停下来，保持静止不动，持续一小段时间。然后继续游走，静止，游走，静止……直到教师说"梦游时间结束了，回到床上等天亮"。

11. 动起来

让幼儿跟着教师铃鼓的节奏移动。先让幼儿的手指跟着节奏晃动，然后是手臂、肩膀、头部、腰、腿部、脚，继而让他们尝试按照铃鼓的节奏进行全身运动。教师在刚开始拍打铃鼓时要慢，在幼儿适应以后再加快节奏。

12. 打招呼

全体幼儿自由地在空间内行走，教师下达指令让幼儿相互打招呼。首先，幼儿可以用"招手"的方式打招呼，然后用"击掌"的方式打招呼，再用"拥抱"的方式打招呼。教师也可以产生奇思妙想，比如用身体部位打招呼，"用脚尖打招呼""用指尖打招呼""用肩膀打招呼""用后背打招呼""用屁股打招呼"等。

13. 身体交响乐

全体幼儿排成几排平行站好，在背景音乐的高低起伏中教师引导幼儿将身体做起伏变化。音乐高时，教师将手抬高示意幼儿踮高脚；音乐低时，示意幼儿做蹲下去的动作。教师可以像乐团指挥一样指挥着幼儿的起伏。全体幼儿熟练之后，教师不再指挥以增加难度，幼儿自己感知音乐，根据音乐，前排蹲、后排起，或者进行一些变化。

14. 变脸

全体幼儿围成一个圆圈站好，让幼儿按摩自己的面部，就像平日里的"搽香香"或"干洗脸"，松弛面部肌肉，然后进行肌肉的收紧及放松扩张动作，比如做鬼脸、笑脸、哭脸、哭转笑、笑脸变哭脸、愁眉苦脸、着急、愤怒等。越夸张越好，甚至可以用双手来辅助做不同的表情。

15. 热带雨林合唱

全体幼儿随意地站在教师的空间中。教师先询问幼儿：热带雨林里都会有哪些声音？幼儿先自由回答。然后，大家一起总结出一些具有代表性的声音，如雨声、风声、虫鸣、鸟叫、猿鸣等。教师将幼儿根据他们的兴趣和能力分成不同的小组，如雨声组、风声组、鸟鸣组等。分好组后，幼儿们用嘴或敲击身体不同部位来创造不同的声音，小组内先进行声音的编创和排练，如鸟鸣组可以模仿不同种类的鸟的鸣叫声音。等所有小组都准备好之后，教师把大家聚集起来进行一个整体声音的合唱。教师作为指挥者指挥不同组开始发出声音，教师用手势表现声音的大小与停止，让幼儿在教师的指挥下共同演奏出热带雨林的声音。教师可以从演奏一开始就进行录音，之后播放给幼儿听，让他们听一听自己创作出的热带雨林的合唱。

16. 慢镜头

全体幼儿在正常的状态下以正常的速度行走，引导教师先以击打节奏让幼儿根据节奏在空间内行走，教师的击打节奏慢慢地放慢，幼儿要开始注意自己动作的细节，例如走的这个行动是怎么生成的，先是脚尖着地还是脚后跟着地，以分解动作的眼光来看这个活动。在这样缓慢的速度下，幼儿可以任选一种游戏或一种玩耍过程来呈现，需要集体一起做，如果人数较多，可以分成几个小组。例如想象大家一起在海边戏水；想象大家一起在玩老鹰捉小鸡；想象大家一起在踢足球等。所有人的运动都要是非常缓慢的，像是在电影中看到的慢镜头。在体验过程中，教师可以提醒参与者更加注重玩耍时动作的细节和情绪的延长。例如在玩耍动作的缓慢操作中情绪也要是缓慢的，如果玩得开心，那么笑也应该是慢动作的，一点一点堆积起来的。

17. 自由行走

全体幼儿在教室中自由走动，在走动的过程中教师可以发布不同的指令，让他们耸动肩膀、甩一甩手腕、握紧或放松手指、踢腿或抖脚等。之后，教师带领以下几个层次的行走：

（1）走与停。引导教师要求幼儿自然地在空间中行走，当教师下达"停"的指令时，所有人要静止不动，当教师下达"走"的指令时，所有人继续走动，反复几次。

（2）设定行走的速度。5级为人最自然的行走速度，1级为最慢速度行走，10级为

最快速度行走。引导教师先从5级开始让幼儿自然地在空间中行走，然后逐渐变换成6级、7级、8级到10级最快速行走。再从5级开始行走，然后逐渐变成4级、3级到1级最慢速度行走。之后，教师可以随意变换级数，可以从最快到最慢，让幼儿放松身心并学会控制行走的动作。

（3）在行走中打招呼。幼儿以自然的步速在空间中行走。教师下达"打招呼"的指令，幼儿就要不断和相遇的人打招呼。教师下达不同的指令来规定打招呼的方式，例如请大家用握手打招呼、请大家用脚尖打招呼、请大家用屁股打招呼等。注意到打招呼过程中不要出现扎堆现象，打完招呼后就要立刻继续行走。

教师可以用任何乐器，如铃鼓、三角铁、木鱼、钢琴、小鼓等，在走动中以节奏来控制速度，乐器静止时代表"停"，这样可以增加行走的趣味性。

18. 移动性动作

全体幼儿自由地站在教室中，根据教师指令进行移动性动作游戏。

（1）无目的地在空间中行走，可自行调节速度。随后，教师可发出指令变换行走场景，设定在某种地面上行走，如草地、地毯、泥地、无地心引力、炙热的沙滩、河水里等。

（2）无目的地在空间内跑动，可自行调节速度。随后，教师可利用小鼓变换跑步的节奏引导幼儿进行快跑或慢跑。接着，教师可发出指令变换跑步形态，设定是某种动物在跑，如豹子、羚羊、兔子、鸭子、乌龟、蚂蚁等。

（3）无目的地在空间内爬行，可自行调节速度。随后，教师可发出指令变换爬行场景，设定在某种状态下爬行，如身负重伤、偷偷地匍匐前进、学婴儿爬着找妈妈等。

（4）无目的地在空间内滚动，可自行调节速度。随后，教师可发出指令变换滚动状态，如想象自己像海浪一样、想象自己是从树上掉下来的一个果实、想象自己是一个不倒翁。

（5）无目的地在空间内跳动，可自行调节速度。随后，教师可发出指令变换跳动场景，如假装自己在跳绳、假装自己是一个弹力球、假装自己在一片坑坑洼洼的泥地里走过、假如自己是一只青蛙或兔子。

教师可以根据实际情况变换不同的运动场景，也可让幼儿自己想象或提出方案。

19. 假装品尝

让幼儿假装品尝食物的味道，如果汁、牛奶、巧克力、水果等，教师可以在一旁描述食物的味道，也可以增加鱼类、蔬菜。请幼儿说出自己的感觉，并做出吃这一食物的动作。

20. 记忆大师

引导教师带领参与者在教室中站好，请大家自由走动并就下列事物进行观察：

（1）环视室内，牢记各种物品。

（2）环视室内，牢记各种颜色。

（3）注视某些个人使用的物体。例如地板、桌椅、黑板等，并记住其表面的模样与特征，如纹路、线条、形状、颜色、质地等。

观察后请幼儿闭上眼睛或面对墙壁，回忆刚才观察到的物体或教室的样子，教师可进行以下问题提问：

- 刚才看到的某物是什么颜色的？
- 教室内的地板是什么材质的？
- 教室内有几扇窗户？
- 教室内有几把椅子？
- 教师今天穿的是什么颜色的衣服？

教师提问后，请幼儿轮流回答，了解参与者的观察情况。（如果一开始参与者没有观察得特别仔细，可以再次进行自由走动并观察，然后再进行提问。）

21. 相互观察

全体幼儿分成两人一组，选择一个合适的位置站在教室的空间当中，教师可以就下列要求让幼儿互动：

（1）观察对方手掌的典型与细致纹路。

（2）观察对方的样貌和穿着。

（3）两人共同观察室内一些家具、教具或物品。

所有小组完成后，教师带领幼儿围成一个圆圈，并分享刚才大家看到的令自己印象深刻的事物。部分幼儿如果不想分享，也可以不分享。

22. 触感实验

教师让全体幼儿分别在室内空间自行找一个位置站好，并提示做以下活动：

（1）闭上眼睛，以手触摸接近自己的物品，例如墙壁、地板、桌面、自己的衣服、窗帘等，以感觉其冷暖、软硬、松紧、质地等。

（2）赤着脚走或踏在地板上，教师下达轻、重、缓、急等速度的行走模式，让幼儿用双脚感受地板与脚之间的接触，参与者轮流分享自己的感受，尽可能地详细描述。

（3）赤着脚走或踏在地板上，教师变换指令，要求幼儿想象自己在草地上行走，感受体验15秒；想象自己在沙漠中行走，感受体验15秒；想象自己在鹅卵石上行走，感受体验15秒；想象自己在水中行走，感受体验15秒。

（4）幼儿可自由行走，以身体侧面、鼻、脸部等身体部位触碰教室内的某物体，例如墙壁、桌面、衣服等，以获得触感或判断。

（5）所有幼儿面向阳光、灯光或阴暗方向，请感觉光的强弱在身上的不同感受。

分散感受时，教师时刻注意幼儿的安全。

23. 假装触摸

全体幼儿围成一个大圆圈坐好，尽量以自己认为最舒适的姿势，教师给出不同指令让幼儿假装触摸到某种东西，可以闭着眼睛进行。

（1）摸到一块天鹅绒，感受触摸 10 秒。

（2）摸到很烫的火炉，感受触摸 10 秒。

（3）摸到冰块或者用手拿着冰块，感受触摸 10 秒。

（4）摸到一些尖钉子或者用手拿着一些尖钉子，感受触摸 10 秒。

教师可以在幼儿感受时用详细的语言描述摸到物品的质感，帮助幼儿感受。

24. 记忆中的味道

全体幼儿围成一个大圆圈坐好，尽量以自己认为最舒适的姿势。教师请幼儿闭上眼睛，教师播放不同音乐让幼儿仔细感受。

（1）森林中的白噪声。引导教师带领大家闻一闻，感觉能闻到什么味道，并即时说出闻到了什么？

（2）城市中的白噪声。引导教师带领大家闻一闻，感觉能闻到什么味道，并即时说出闻到了什么？

（3）没有任何音乐，回忆你最熟悉的一种味道是什么？幼儿轮流分享闻到了什么？

如果幼儿一开始说不出来，那么教师可以通过语言描述场景帮助幼儿感受。

25. 假装闻到

全体幼儿围成一个大圆圈坐好，尽量以自己认为最舒适的姿势。教师给出不同指令让幼儿假装闻到某种东西，可以闭着眼睛进行。

（1）路过面包店，闻到厨房里正在烤甜点的味道。

（2）走在树林里，闻到篝火的味道。

（3）在柜台上闻不同的香水。

（4）闻到难闻的气味，尝试辨别这是什么。

如果幼儿一开始说不出来，那么教师可以通过语言描述场景帮助幼儿感受。

26. 假装尝到

全体幼儿围成一个大圆圈坐好，尽量以自己认为最舒适的姿势。教师给出不同指令让幼儿假装尝到某种东西。

（1）尝到酸，并表演出尝到后的反应。

（2）尝到甜，并表演出尝到后的反应。

（3）尝到苦，并表演出尝到后的反应。

（4）尝到辣，并表演出尝到后的反应。

如果幼儿做不出来，那么教师可以进行示范，帮助幼儿模仿。

27. 神奇口袋

全体幼儿围成一个大圆圈坐好，教师准备一个不透明的口袋，里面装上玩具、水果、画笔、蔬菜等物品。让幼儿闭上眼睛（或把眼睛蒙上）从中摸取一件东西，并通过闻、触摸来猜测所拿到的物品，或让幼儿用肢体动作表现自己所拿到的物品。

28. 会响的瓶子

全体幼儿围成一个大圆圈坐好，教师在几个矿泉水瓶中分别放入绿豆、小米、沙子等各种能使瓶子发出响声的颗粒状物体。然后教师先向幼儿展示几个瓶子分别装的是什么，再背对幼儿摇动瓶子，使瓶子发出响声，请幼儿猜测瓶子里面装的是其中哪一种物品。教师还可以让幼儿感知轻摇瓶子和用力摇瓶子所发出的声音是否不同。如果幼儿感觉游戏有难度，教师可以预先请幼儿听这些瓶子发出的不同响声，然后请幼儿猜测。

29. 猜猜我是谁

全体幼儿围成一个半圆圈坐好，教师请一个幼儿背对大家坐好，请另一个幼儿走到他椅子后面，轻轻敲椅背三下。坐着的幼儿问："是谁敲我的门呀？"敲门的幼儿说："是我，猜猜我是谁？"如幼儿猜不出，可再问："你是什么人？"可回答："我是你的好朋友。"再猜。猜对了，就调换幼儿，游戏重新开始。

30. 穿越障碍物

全体幼儿站在教室一侧，教师在空场地内放一些泡沫积木、橡胶玩具等。然后，教师选一名幼儿，将其眼睛蒙上，再选一名幼儿帮助他穿越障碍物，其余幼儿也可散站作障碍物。引导的幼儿用语言、肢体提示方向，使其避开场地内的障碍物以取到教师放置的物品。

31. 悄悄话

请全体幼儿坐成一排，由最左边或最右边幼儿向其旁边的幼儿说一句悄悄话，依次传递下去，看看最后一个幼儿听到的与第一个幼儿说出的内容是否一致。

32. 猜猜谁不在

全体幼儿围成一个大圆圈坐好，教师请一位幼儿站在圈内，让其看看圈上的同伴都有谁。然后，将圈内幼儿蒙上双眼，并请圈上一名幼儿离开。最后，请圈内幼儿猜一猜是谁离开了圆圈。

33. 瞎猫碰见"响"耗子

全体幼儿围成一个圆圈站好。两名幼儿站在圈内，分别扮演瞎猫和老鼠，"瞎猫"用眼罩蒙住眼睛，"老鼠"穿上会发声音的鞋子（如果没有可在其手臂或腿上绑上铃铛）。听见老师"开始"的指令后，老鼠在圈内跑动，瞎猫则依着声源开始在圈内捉老鼠，直到老鼠被捉到。然后换另外两名幼儿或调换角色。还可以改为"猫"和"老鼠"都穿上会发出声音的鞋子，来捕捉或躲避。

34. 猜猜它是什么

全体幼儿围成一个圆圈站好，请大家闭上眼睛。教师请一名幼儿来到圈内，简单描述教室里某一物品的特点，如颜色、形状、用途等，请其他幼儿据其所述猜测该物品。猜不出则由该幼儿说出答案；猜对者进入圈内，顶替该名幼儿。

35. 灵敏大王

全体幼儿围成一个圆圈站好，教师发布指令，幼儿需要按照教师的指令做出相应的表情和动作。

（1）看到了凶猛的大灰狼、自己喜欢的玩具、飞过的美丽小鸟、打针的医生等。

（2）听到了打雷声、火车的声音、小狗的叫声、闹钟铃声、炒菜的声音等。

（3）闻到了香味、臭味、酸味、怪味等。

（4）吃到了最喜欢的冰激凌、糖果、很烫的饺子、酸葡萄、辣椒等。

（5）摸到了热水、冰块、海绵、针头、砂纸等。

教师可自行设定情景。如果幼儿一开始表现不出来，教师可进行示范，引导幼儿模仿。

第二节　模仿与想象游戏

1. 音效大师

全体幼儿面向教师站好，教师可以让幼儿模仿自然界、日常生活中的声音，比如打雷声、下雨声、风声、狼叫声、汽车的鸣笛声、摩托车的声音等。当教师向上张开双臂时，表示幼儿的音量要大；合拢双臂时，表示幼儿的音量要小一点。练习时可以先从较低的声音开始。待幼儿熟悉之后，可以尝试让幼儿为一个故事制造音效。

2. 闻声寻物

全体幼儿分别站在教室的各个角落，教师提前准备一些画着各种动物的图片，动物的选择应是叫声特点较为明显，例如青蛙、鸭子、狮子、狼、猪、羊、牛等，每3～4张纸条画上同一种动物，也可提前打印出来。幼儿分别抽取一张图片并且不能让其他人看到。所有人闭上眼睛或戴上眼罩，教师说开始后，所有人模仿抽到纸条上动物的声音并仔细聆听，通过聆听寻找其他抽到和自己一样的动物的人，找到后即可退出场域，直到所有人都找到自己的"动物同伴"。

3. 表情连连拍

全体幼儿面向教师站好，教师先引导幼儿自由表现不同情绪下的表情，然后请愿意展示的幼儿上前，表现自己的各种表情，其他幼儿假装进行拍照。

4. 爬行动物

全体幼儿坐在地板上，教师和幼儿讨论哪些动物是爬着走的。之后，教师问幼儿，"你想变成哪一种爬行动物？想爬到哪里去？"教师发布口令"变变变"，全体幼儿变成自己想要成为的动物，如乌龟、螃蟹、蛇等，并模仿这些动物的动作，爬行到指定的地点。

5. 美丽的蝴蝶

开展此游戏时，确保幼儿已有毛毛虫变成蝴蝶过程的经验。幼儿站在教室中，教师引导幼儿模仿毛毛虫变成蝴蝶的过程：先扮演毛毛虫缩在茧里，然后再慢慢地钻出蛹，再慢慢地长出翅膀，之后展翅变成蝴蝶，变成蝴蝶后不敢飞翔，最后成功地飞起来。教师可以带领幼儿先做一遍，然后再让孩子们自己做。

6. 集体野餐

全体幼儿围成一个圆圈坐好，教师跟大家说：我们在野餐，大家准备了什么好吃的食物呢？幼儿和同伴先交流自己准备的食物，然后轮流在集体面前用肢体或语言大胆表现出自己吃这种食物的动作与表情，请大家猜他吃的是什么。如果猜错，幼儿摇摇头；如果猜对，幼儿请大家假装尝一尝。

7. 劳动最光荣

教师带领幼儿进行一些常见劳动技能的模仿，教师可编韵律儿歌来增强趣味性。如念到"拿起扫帚，扫、扫、扫"时，幼儿独自做扫地动作；念到"累了我给你捶一捶"，幼儿迅速两两组合做按摩动作。单个及组合轮流几次后，教师夸幼儿"真是能干的小宝宝"，幼儿回答"自己的事情自己做，劳动最光荣"。教师注意变换指导语，如"拿起抹布，抹、抹、抹"等。教师可以说出不同的劳动动作来让幼儿做一做。

8. 机器人

幼儿先集体自由模仿机器人的动作，如身体僵硬、移动缓慢等。教师再请动作丰富的幼儿上前示范。然后，两两为一组，一位幼儿扮演机器人，另一位幼儿扮演主人：主人要求机器人提供一系列服务，如帮忙穿衣服、挤牙膏、做早餐等。玩过一两遍后，互换角色。

9. 看我穿得怎么样

每个幼儿根据自己衣裤的特点做出穿衣、穿裤、穿鞋等一系列的想象动作，注意穿衣的细节，如扣纽扣、系鞋带等。还可以做出帮助别人穿衣裤的动作。如果幼儿一开始做不出来，教师可先进行示范，帮助幼儿模仿。

10. 猜猜是什么

幼儿两两一组，一位幼儿做小动物的动作，另一位幼儿猜一猜并模仿。然后幼儿可以相互交换角色。幼儿可自由结伴成组，玩若干次。另外，可以按照此玩法模仿生活中的动作、运动员的动作、驾驶交通工具（如自行车、汽车、摇桨的小船）等。

11. 舞蹈传递

全体幼儿围成一个圆圈站好，教师击鼓，以其中一个幼儿为开端，让其在鼓声中做出一个舞蹈动作（或任何动作都可以）。相邻的幼儿要先重复相同的动作，然后在新的一段节奏中再做出自己的舞蹈动作，依次叠加，最后成为一个完整的舞蹈。

12. 敲锣打鼓放鞭炮

幼儿自愿选择锣、鼓、鞭炮，将幼儿分成三组，各自模仿敲锣、打鼓、放鞭炮的动作，教师指向哪一组，这一组的人就要模仿相应的动作和声音。教师可作为指挥，编排敲锣、打鼓和放鞭炮的顺序，教师调节哪组开始演奏，哪组不演奏，以组成一段和谐的演奏。

13. 配音师

教师给幼儿读一本图画故事书，每翻一页，都把图画展示给孩子看，争取让每一名幼儿都看得到。然后问幼儿在图画里的情景中应该会有什么声音。比如，在城市的街道上可能会有汽车的鸣笛声、人们的吆喝声、建筑工人在工地施工的声音等。教师可以读完整本书再让幼儿配音，也可以每读一页，停下来，让幼儿给图画配音。起初，幼儿可能会各自发出自己的声音，比较嘈杂。最后教师要让幼儿讨论决定使用什么声音，并形成一段和谐的配音。

14. 镜子游戏

全体幼儿站成一排或两排面对教师，可由教师先扮演照镜子的人，幼儿扮演镜中人，让幼儿跟随教师做动作。等幼儿熟悉玩法后，让幼儿两两一组，其中一名幼儿A表演照镜子的人，另一名幼儿B扮演镜子里的人。两两相对，A做什么动作，B就模仿A的动作。为便于幼儿相互模仿，刚开始可以延时模仿，慢慢地要求他们动作的一致性。教师要强调幼儿的动作幅度要大一些、慢一些。待熟悉玩法后，动作可以由粗到细，由快到慢，比如可以进行基本的手、胳膊、头部动作，刷牙、洗脸、梳头、穿衣服、喝饮料等动作。

15. 动作传递

全体幼儿围成一个圆圈站好，教师先做出一组连贯性的动作让幼儿模仿，动作可以是一个完整的生活流程，例如洗漱、洗衣服、做饭、拔萝卜等，一系列的动作不用太复杂。教师将动作的开头部分传递给幼儿，第一名幼儿做出第一个动作，后面的幼儿衔接上一个幼儿的动作，幼儿依次衔接下去，直到把教师刚刚做出的连贯性动作表现出来。教师与幼儿一起观察是否中间缺少了某些环节。做完一个生活流程动作以后，教师可以再创造一个系列动作。

16. 将士请听令

全体幼儿在空间内自由走动。当教师喊"将军到"时，幼儿要站成一排，然后立正、敬礼；当教师喊"进攻"时，幼儿要模拟挥舞刀剑；当教师喊"撤退"时，幼儿一边抬

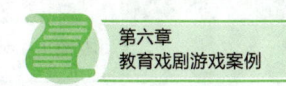

起胳膊作盾牌保护自己，一边倒着走；当教师喊"射箭"时，幼儿就要模仿射箭的姿势；当教师喊"隐蔽"时，幼儿就要俯卧在地。

17. 看图表演

教师选择一些动物和人物的卡片，比如小白兔、老鼠、狮子、老虎、猴子以及教师、医生、士兵、司机、工人、圣诞老人等。一名幼儿偷偷地看教师给出的一张图片，然后只能用动作和表情将自己看到的图片内容表达出来，不能用嘴说出来，其他幼儿猜测。猜出来后，换下一个幼儿观看照片。

18. 动物世界

教师可事先简单布置一个森林的场景或者直接告诉幼儿"我们来到森林了。"让幼儿想想森林里都有哪些动物、植物。每人选择一种动物来模仿，并想象符合他们生活习性的动作，例如捕食、奔跑、交流等，幼儿可先进行讨论，然后再细致地把自己选择的动物的动作表现出来。教师鼓励大家一起做并组成一个生动的动物世界。

19. 我是大人

全体幼儿围成一个圆圈站好，教师让幼儿依次走到圈中间扮演爸爸、妈妈、爷爷、奶奶等长辈的语气、神态、动作手势等。每一位幼儿表演完要说："这是我爸爸（妈妈），我爱我的爸爸（妈妈）"。

20. 好玩的帽子

幼儿把小椅子排成一个圆圈，椅面向外。每张小椅子上放着一顶不同的帽子，如妈妈的帽子、婴儿的帽子、警察的帽子、护士的帽子等。音乐开始时，幼儿开始围着小椅子走动。当音乐停止时，幼儿立刻抢去一个帽子，并坐在放帽子的小椅子上，戴上这顶帽子，成为戴这个帽子的角色。还可以请幼儿模仿这个角色的动作。

21. 人的一生

教师带领幼儿感受人一生的成长、变化。全体幼儿自由地在空间中走动，幼儿根据教师的讲述进行表演。教师讲述："你是一个刚会走路的小宝宝。""你渐渐长大了，会自己吃饭、穿衣服。""几年后你成了一名小学生了。""又过了许多年，你有了自己的小孩，做了爸爸或妈妈。""等孩子有了孩子，你们老了变成了爷爷、奶奶。"让幼儿模仿各个年龄阶段人的主要特点。

22. 我是小记者

两人一组，先后分别向对方进行自我介绍。介绍的内容可以是姓名、个人爱好、家人、自己喜欢吃的食物、喜爱的玩具、爱看的动画片等。当甲介绍时，乙作为小记者听甲介绍。甲介绍完了，乙就要以记者的身份复述他所听到的内容。为了强调记者身份，可以给扮演记者的幼儿一个假话筒。乙复述完后，甲乙调换角色，继续游戏。自我介绍的内容刚开始可以由教师提示，等熟悉玩法后，可以让小记者主动发问，了解他想知道的信息。

23. 情境体验

全体幼儿自由地站在教室里，让幼儿根据不同情境或状态做出下述动作。轻量动作：泡泡飞、羽毛飘、气球升、小鸟飞、雪花或树叶飘落、高兴地去上学等。重量动作：搬很重的箱子、背着很重的书包、提着水桶、拿着快递、心情沉重等。缓慢动作：睡觉、蜗牛爬、老人走路、宝宝爬行、树叶飘落、太极拳等。反应动作：上学快迟到、找地方避雨、玩具被弄坏了、失火了、找不到妈妈等。如果幼儿一开始不知道如何表现，教师可先进行示范，然后再进行模仿。

24. 蛛网恢恢

让幼儿想象自己是小飞虫，在空中自由自在地飞翔。教师画出飞行的界限，规定活动范围。然后，教师在这一范围内画一个小圆圈作为蜘蛛的"据点"（最好在活动场地的中央），再选择一名幼儿扮演蜘蛛，手拿纱巾站在圈里。当会飞的小昆虫四处飞时，蜘蛛舞着纱巾碰小昆虫。被碰到的小昆虫站在原地不动，成了蜘蛛网的一部分。当其他昆虫飞过时，这个蜘蛛网也可触碰他们，他们也成了蜘蛛网的一部分。教师应强调昆虫飞行的动作，要"展开翅膀"，还可以让他们向前飞、倒着飞、滑翔飞、慢飞、快飞等，同时还应学会躲避蜘蛛网。教师划定的活动范围不宜过大，否则会增加蜘蛛的捕捉难度。如果人数较多，可以选两到三名幼儿扮演蜘蛛。

25. 水草绕绕乐

一部分幼儿扮演小鱼，一部分幼儿扮演水草。小鱼排好队依次游过水草丛，身体任何部位都不能碰到水草。随着音乐模仿小鱼舞动身体，音乐停，定格造型；音乐响起，继续行进。还可以由一部分幼儿两两一组扮演礁石，小鱼要钻过礁石，也不能碰到。

26. 想象我在变化

幼儿围成一个圆圈站好，教师发出指令。幼儿想象自己是某一种物体，体会这个物体的运动方式和气质形态，并用肢体展现出这个物体的状态，随着教师的描述逐渐改变其状态，改变的过程必须十分缓慢，至少一至两分钟。教师可提供的指令如下：

（1）想象自己是一支冰激凌，慢慢地融化。

（2）想象自己是一支蜡烛，慢慢地燃烧。

（3）想象自己是一个海浪，逐渐平息。

（4）想象自己是一杯沸水，缓慢地变成冷水。

（5）想象自己是一支温度计的水银柱，逐渐下降。

（6）想象自己是一张纸，越折越小。

（7）想象自己是一台电风扇，越转越慢，终于停止。

教师可以选择其中的4~5个指令进行活动。

27. 垃圾桶

在全体幼儿中选出 4~5 个幼儿紧密地围成圈扮演一个"垃圾桶",其他幼儿则变成垃圾桶里的"垃圾"。教师模仿风的声音或播放音效,当风吹过的时候,垃圾桶被吹倒了(圈中),里面的所有"垃圾"都被吹到了大街上。风持续地吹着,忽大忽小,吹得"垃圾"滚得到处都是。扮演"垃圾"的幼儿要想象自己是什么样的垃圾,具有什么特征,如卫生纸、塑料袋、矿泉水瓶或者其他,展现这个物品被风吹起来的特征。每一个小组都单独展示"垃圾桶"表演,其他小组成员在一旁观看,观看的幼儿也可配合教师一起模仿风的声音。

28. 我是一朵花

全体幼儿围成一个圆圈,每一位幼儿表现自己是一朵花会是什么样子的,教师倒数3、2、1,全体幼儿表现具有自己特色的一朵花的形象。教师引导幼儿发挥想象呈现花的形象。一开始如果大部分幼儿都把手放在脸颊两边呈现花的样子,教师就需要进行多次的练习,引导幼儿能运用更多的肢体去呈现花的样子,呈现时不一定是静止的,也可以有一些运动感,例如食人花开和收的样子、花朵随风摇曳的样子。

29. 神奇动物

全体幼儿围成一个圆圈站好,想象自己是一个稀奇古怪的动物,这个动物一定不能是现实中存在的动物,幼儿用自己的身体和声音来表现这个动物的样子。请幼儿先想象,它长什么样?它是什么做的?它吃什么?它怎么走路?怎么呼吸?怎么睡觉?它会发出什么样的声音?在经过一些时间的想象和讨论后,教师让幼儿们一起演一演自己是什么神奇动物。幼儿展现神奇动物时,教师在他们身边走过,也可以和这些"神奇动物"进行互动。

30. 遨游太空

幼儿选择一个舒适的位置(自己的小椅子或地面上)坐或躺下,闭眼,周围的环境很安静。教师播放轻柔的音乐,告诉幼儿太空旅行马上开始。提示幼儿只是想象,身体不参与活动。教师提示:"火箭就要起飞了,5,4,3,2,1,点火!现在你们放松,火箭就要穿过天花板了,慢慢地穿过楼顶,进入太空了。感受自己的呼吸。你现在在太空中遨游,向下看时,心里很舒畅。慢慢地,火箭开始降回地球了。火箭回到了楼顶,回到了天花板,降落在地面上。听一听自己的呼吸,慢慢地,慢慢地,我们出舱了。"第二次游戏时,可以引导幼儿一边想象,一边做动作。

31. 乘小船出海

全体幼儿选择一个舒适的位置和姿势,闭上眼睛。教师播放轻柔的音乐(最好有大海的音效)。教师用语言提示幼儿想象并在原地做相应的表情和动作:"你正乘着一艘小船在海上航行。海风吹着你的脸颊,很凉,有点痛,你看见海鸥从你的身边飞过,盘旋

上升落在桅杆上。你看到水里跳跃出了海豚，跟海豚打个招呼吧。突然天色暗了下来，乌云密布，暴风雨要来了，你抓紧船舵，船越来越晃，雨越下越大，你躲进了船舱。慢慢地大雨平静了下来，你走出船舱，太阳公公出来了，你看到了岸边，看到了妈妈在岸上向你挥手，你呼喊着'我回来啦'，大海航行结束了"。

32. 我是大皮球

全体幼儿选择一个舒适的位置和姿势，教师让幼儿想象自己是个大皮球，充足了气，上下弹跳，一边想象一边做动作；跳着跳着慢慢地就不跳了，开始滚，正好是下坡，越滚越快；最后碰在很硬的石头上，一下子弹得很高，越来越高，飞到了天上；自己很开心地在天空中飞翔，看到地面的东西越来越小，人成了小蚂蚁，房子成了火柴盒……后来，大皮球落下来了，飘落到了海面上，随着风而游动；在海上，大皮球看到了海鸥和小鱼，并和他们打招呼……最后，大皮球被风吹到了岸上，停在那里；大皮球太累了，慢慢地睡着了……。幼儿随着教师的描述想象，也可以搭配动作的表现。

33. 一片漆黑

全体幼儿选择一个舒适的位置和姿势，教师用语言营造停电的情景："停电了，屋里好黑啊，什么也看不见。小朋友们，你们感觉怎么样啊？"幼儿自由表达自己在黑夜里的感受。"现在什么都看不见，我们可以做些什么事情呢？"鼓励幼儿大胆想办法，如大声地唱歌、背儿歌、玩游戏等，大家跟着一起做，一定要体现出在黑夜里什么都看不见的感觉。最后，"来电啦！"结束游戏。

34. 开车去旅行

全体幼儿选择一个舒适的位置和姿势，教师引导幼儿想象自己开的是什么车，并请幼儿做相应的开车动作。教师用指令指挥幼儿开车旅行："出发了，拐弯了，红灯亮了，绿灯亮了，上坡了，你们在路上看到了什么？路面宽阔可以加速，小桥太窄减速慢行，终于到了，请停车"。教师通过提问，如"你把车开到了哪里？这里有什么？你准备在这里做什么"，请幼儿自由想象自己旅行的地方，并跟大家分享一下。

35. 小鞋子旅行记

全体幼儿围成圈坐好，教师请幼儿观察自己的鞋子，并想象或回忆"我的小鞋子"曾经发生过什么事情，如"你的鞋子去过哪里？你的鞋子在想什么？你给你的鞋子取一个名字的话会是什么？你的鞋子如果是一个人的话它会是什么性格的呢？"。幼儿想好后上前进行动作，展示他的鞋子。教师也可让幼儿想象爸爸的鞋子是什么样的，如果爸爸的鞋子变成一个人的话会有什么特点，妈妈的鞋子、奶奶的鞋子是什么样等。

36. 抬玻璃

全体幼儿围坐在一起讨论玻璃的特点，如透明、光滑等。教师让幼儿闭眼想象：你摸一摸玻璃，有一种什么感觉？把脸贴上去又是什么感觉？然后，幼儿分成两人一组模拟抬"玻璃"的无实物表演，要将玻璃从教师一头抬到另一头。教师提示："长方形的玻璃，很大，很重，应该怎么抬？"抬"玻璃"的过程中，教师需要提醒幼儿彼此保留一定的空间，动作要慢，要很小心，不要撞在一起，否则"玻璃"会碎掉。

37. 我是小导演

全体幼儿围成圈坐在一起。每人一个玩偶（手偶、纸偶、动物或人物形象的玩具皆可）。如果数量不足，甚至可以用废旧的洗干净的手套、袜子、手帕等作为手偶。每一名幼儿给自己的玩偶起一个名字，赋予一个角色，并向大家介绍自己的玩偶：名字、年龄（孩子还是成人）、性别、职业（做什么）、说话的声音是什么样的、走路的方式如何、好人还是坏人等。每个幼儿介绍完以后，大家再互换玩偶，继续进行游戏。

38. 森林音乐会

教师播放《森林狂想曲》，引导幼儿进入森林的情境。教师用语言提示要召开森林音乐会了，幼儿想象来参加音乐会的动物并表现其想象的动物，然后用动作表现音乐会上动物会表演的节目。

39. 打电话

幼儿想象手中拿着手机，与好朋友、爸爸妈妈、爷爷奶奶打电话。教师还可以提供幼儿一些话题，比如放假去哪玩？最近吃过什么好吃的？教师甚至可以让幼儿给"圣诞老人""喜羊羊""功夫熊猫阿宝"等幼儿喜欢的人物或动物打电话。教师也可以让幼儿两人一组背对背进行"打电话"的游戏，确保幼儿们能建立对话。

40. 打蚊子

教师将幼儿分成两组，一组幼儿扮演睡觉的小孩，一组幼儿扮演蚊子。游戏开始，睡觉的幼儿躺在地上假装睡觉。扮演蚊子的幼儿嗡嗡地飞到了假装睡觉的幼儿身边，教师提示说"听，有声音"时，假装睡觉的幼儿可以眯着眼睛用双手拍打蚊子，可以站起来或跳起来打蚊子。扮演蚊子的幼儿要躲避幼儿的击打。

41. 洗衣机

教师划定一个区域作为洗衣机的空间，幼儿想象自己是一件等待被洗的脏衣服，自由地散落在地板上。幼儿根据语言提示，进入洗衣机，用身体表现"把衣服扔进洗衣机""开动洗衣机""加水""滚动""甩干"的一系列动作过程。

42. 给小狗洗澡

幼儿两两为一组，一人扮演小狗，另一人给小狗洗澡。在教师的指导语下，"小狗"表现出甩水、打喷嚏、摇尾巴以及被抚摸时的舒服表情等，给小狗洗澡的幼儿可以摸一摸宠物狗，用刷子轻轻梳理它的毛，从上到下、从前往后慢慢地刷等。

43. 水的变化

全体幼儿手拉手形成一个圆圈，想象自己是一盆平静的水。教师："我把这盆水放进一个大大的冰箱，会有什么变化呢？"教师做出仔细观察水的样子，语言提示，幼儿做出相应动作表现水的变化。"噢，水结冰了，变成固体了，一整块大大的冰啊。"幼儿在教师的旁述下脚对着圆心躺下，变成冰块。"我想要碎碎的冰。"教师假装拿锤子砸冰，把冰砸成一个个碎块。幼儿们松开手，散落开来。"碎冰块在太阳下慢慢融化了，最后又变成了水。"幼儿又手拉手，重新变成了一盆水。"太阳继续照射，水慢慢地变成了水蒸气，在空气中蒸发了。"幼儿拉着的手散开，随意在空间飘动。"水又在空气中聚集，变成云朵。"幼儿分成几组表演聚集在一起。"聚集得多了，水又变成雨纷纷地落下来"。幼儿又可以纷纷地跳着表现雨滴从天空中掉落的样子。

44. 月光宝盒

全体幼儿围成一个圆圈坐好。教师将一个密封的空盒子轮流传递下去。让幼儿想象盒子里装的是什么东西，是谁装进去的，他为什么放这件东西进去，盒子里的东西又有什么用途呢？让幼儿尽可能地说出来，幼儿的任何想法在这里都可接受。如果有的幼儿想要运用肢体表现，也是可以的。该游戏还有其他变形，比如可以把空盒子换成毛巾、钥匙、皮球、帽子等能激发幼儿想象的东西。

45. 穿新鞋

教师可以自己带一双新鞋，吸引幼儿注意，引出话题。教师告诉幼儿有一家神奇的鞋店，里面出售各种各样的鞋子，自己的鞋子就是在那里买的。让幼儿想象自己最想穿一双什么样的鞋子？再想象穿上不同的鞋子，比如溜冰鞋、舞蹈鞋、足球鞋、跑鞋、铁鞋、皮鞋、爸爸的鞋子、妈妈的鞋子、比自己的鞋子大2倍或小一半的鞋子等，又会怎么走路。在幼儿展示自己穿的什么鞋子的时候，可以把他们分成两组，以便彼此观看。

46. 等公交车

全体幼儿分成6人一组选择一种身份，比如上班的叔叔阿姨、上学的小学生、送孩子上幼儿园的爸爸或妈妈、去买菜的老人、孕妇、到外地出差的职员和来旅游的游客等，站在"公交站牌"旁等公交车。教师说出一些指令，让幼儿即兴做出一些动作或表情上的反应，比如有公交车开过来了，很像你平时坐的那一路车，跑过去一看不是你要等的那路车；后来，你终于等到了，但是人已经很满了，实在是装不下了，你会怎么反应？你已经等了很长时间了，大概有20分钟，车还没有来，眼看上班（上学）就要迟到了。或者刚下过雨，公交车驶过来，泥水溅到你的新裙子上了。一开始幼儿可能不知道如何表现，教师可先进行示范，和幼儿一起即兴扮演。

47. 一间小木屋

全体幼儿围成圈站好，教师在圈中间用美纹纸贴出一块区域，在舒缓音乐的背景下讲述："这是森林中的一间小木屋，想象一下这是谁的家？小木屋里会有谁呢？他在干什么？"教师邀请幼儿进行15秒想象，然后邀请幼儿走到区域里扮演自己想象中的人，也可给予幼儿一些道具，如小凳子、小毯子等。教师也可和幼儿围绕小木屋一起编创一个小故事，讲述不同的人为什么进来，为什么离开。

48. 我们去猎熊

全体幼儿先在场地中随意自由走动。教师讲述："现在我们是一队猎人，我们要去猎熊，想象并表现出在各种场景、状态下走路的样子，比如路过草地、路过暴风雨、游过小河、穿过迷雾森林、蹚过沼泽、遇见大熊、害怕逃跑、迎战大熊等。"教师要用语言和肢体塑造紧张或危险的气氛，例如教师可以说"遇到小河怎么办，我好害怕"，或"沼泽把我的脚缠住了，怎么办"，教师可以在过程中即兴添加一些情节，让幼儿积极想办法帮助自己。

49. 肢体变变变

全体幼儿先在场地中随意自由走动。教师给出指示，孩子们用身体扮演不同的事物。先是单个幼儿扮演，熟悉后，教师可以给出指示：两人组成一个事物、三人组成一个事物、四人组成一个事物等。

50. 玩具的悄悄话

全体幼儿围成一个圆圈坐好，教师从游戏区里挑选幼儿经常玩的玩具，可以是插塑玩具、布娃娃、小汽车等。然后，让幼儿想象当大家都离开了幼儿园，这些玩具会说些什么呢？他们之间会发生什么故事呢？如果幼儿不能进行想象，教师可以进行提示，比如教师可以说："我在收拾东西准备离开教室的时候，听见有个玩具在小声地哭泣，它说自己每次被小朋友拿进拿出的时候总是摔得很疼。这个玩具说完后，其他的玩具也都叽叽喳喳地说起来了。你们想一想他们会说些什么呢？"

第三节　动作游戏

1. 我是一棵树

幼儿根据教师的提示模仿一棵生活中常见的树，之后可以两位、三位、四位幼儿分别组成一棵树，并相互展示。

2. 水果造型

全体幼儿围成一个圆圈，教师出示一些水果实物或图片，幼儿用身体摆出水果的造型。然后教师与幼儿讨论被切开的水果是什么样的，或者咬过一口的水果成了什么样，并请单人或多人合作摆出相应造型。

3. 幼儿园的瞬间

全体幼儿分成3~4人一个小组，教师描述：在幼儿园里，我们经常看到很多不同的场景，如游戏、玩耍、吃饭、睡觉、上课等。先让幼儿集体讨论幼儿园有哪些瞬间，并分配给每一个组，每一组的小朋友集体表现在幼儿园学习的情景，幼儿摆出各种造型并定格来展现幼儿园的一个瞬间，也可把定格画面变活，让幼儿即兴展现幼儿园的不同场景。幼儿可以自行进行定格画面的组织，教师给予指导，最后每一组依次展示。

4. 雕塑造型

全体幼儿两两合作，一个幼儿扮演雕塑家，另一方扮演被雕塑的人。雕塑家可以随意地给雕塑做任何造型，而雕塑不能自己行动，要完全听从雕塑家的摆布。雕塑完成后，大家可以相互展示，然后两个幼儿交换身份。

5. 雨中小伞

教师引导幼儿用身体动作模仿伞的开合。当下雨时，就要撑开伞；当雨停时，就要把伞合起来。教师可采用铃鼓为信号或是配上下雨的声音。等幼儿熟悉玩法后，可以两两一组，一人充当雨伞，另一人则扮演避雨的人。等雨停了，避雨的人要拥抱雨伞表示感谢。之后，再互换角色。

6. 吃西瓜

全体幼儿站立，手拉手围成一个圆圆的大西瓜。教师将手臂当切刀，切幼儿围成的大西瓜。先对半切，一个西瓜变成了两半，幼儿则立即变成相应的队形。教师继续切成任意块状，并等待幼儿变化队形。当西瓜被切成多个小块后，教师做吃西瓜的人，吃西瓜。被教师吃到的部分，则变成西瓜籽，掉到地上（幼儿躺下）。接下来，教师可以请部分幼儿来做切西瓜和吃西瓜的人。

7. 我剪，我剪，我剪剪剪

全体幼儿手牵手变成一根长长的绳子。教师用两个手臂做剪刀状，对着其中的两位幼儿拉着的手"剪"去，被剪刀剪断的那段绳子就被丢在了地上（两位幼儿躺下）。教师可以根据不同的人数或不同的方向来玩此游戏。接下来，教师可以请幼儿轮流做剪刀来剪断绳子。

8. 我是摄影师

全体幼儿分成小组模拟去照相馆照相。每组选出一名摄影师，其余幼儿可以拍集体照，也可以和好朋友一起拍，还可以拍个人照。教师还可以提供多种供幼儿进行自我装扮的道具，比如假发、头饰、帽子、外套、鞋子等。教师要提醒幼儿在合影或拍照时，尽可能多地摆出各种不同的造型。幼儿还可以通过道具进行自我装扮来照相，以增加"拍照效果"。

9. 包子和煎饼

幼儿坐在一个合适的空间里，教师用语言引导幼儿：当教师说"包子"的时候，孩子们要马上缩成包子聚集在一起（可以一个孩子成为一个包子，也可以一个班的孩子围成一个大包子，但是集体扮演包子的话就要求幼儿间不要有缝隙，否则会露馅）。当教师说"煎饼"的时候，孩子们要马上紧紧地贴在墙上或地板上成为一个煎饼。教师可以反复说"包子"和"煎饼"，让孩子们感受到肢体和空间的变化。

10. 石头剪子布

全体幼儿分成两人一组，用身体的动作来进行石头剪子布的游戏。石头：身体收缩，双手收到胸前，握成拳头；剪子：双手双臂伸直交叉放在胸前；布：双臂、双腿向四面打开，呈大字形。在游戏时要念出口令，同时做出动作。

11. 我们是家具

全体幼儿分成5～6人为一组，在教师指导语下合作以定格画面摆出家具造型。幼儿熟悉后，也可以表现出其功能，表现家具被使用时的情境，每一组可选择一名幼儿来表现使用的过程，看哪一组最逼真，如椅子、桌子、冰箱、门等。

12. 摆摆乐

全体幼儿可以单独成组或者3～4人一组，按照教师指令分别合作摆出数字，看哪组速度最快，摆得最像。也可摆出字母、图形、汉字等。

13. 汽车总动员

教师引导幼儿先观察生活中的各种车辆，如消防车、大吊车、滚筒车等，请幼儿分组合作，用动作摆出不同的车辆造型。幼儿形成造型后，也可模仿汽车行驶一段距离的过程，幼儿相互展示。

14. 世界名画变活了

教师呈现一些著名的世界名画给幼儿，先与幼儿讨论画中的人物、故事或背景。然后让幼儿摆出画中人物的造型，让世界名画变"活"了。教师应选择人物较多、层次丰富、易于理解的画作，可以从写实派开始，丰富其想象和肢体表现。教师可以提供一些道具和丝巾作为装饰。

15. 桥

全体幼儿站在教室两侧。教师用美纹纸在教室里贴出两条直线作为河流的两岸。教师请幼儿自由组合，用身体搭一座可以横跨在河面上的桥。幼儿需要搭建桥的完整程度，还要关注桥的美观，桥上的装饰也要由幼儿用身体摆出来。幼儿可以分成4～5人一个小组，看看哪组创作的桥最美观、最有创意。

16. 小船摇摇

全体幼儿分成5～6人一组，一名幼儿做船夫，另外几名幼儿用身体组成各种船的

造型。听教师"开船"的口令，每组搭建的船慢慢向前开动。教师可搭配相应的儿歌和歌曲，也可让孩子们创造口号。

17. 搭房子

全体幼儿想象自己的身体是一块积木，教师调动幼儿关于房屋造型的经验，幼儿和教师一起用身体共建一个大房子。教师可以带领幼儿在大白纸上画下房子的图纸，然后让孩子们按照图纸用身体搭建。搭建后，教师可拍照，然后把照片呈现给孩子们看。

18. 形形色色的人

全体幼儿在教室里自由行走，教师利用小鼓创造不同的敲打节奏，请幼儿想象这些节奏代表什么步态或人物，例如一个高个子的人在大步行走、一位老人在拖着脚走、一个婴儿在蹒跚学步、一个叔叔在追火车、一个快递员在扛着重物走等。邀请幼儿先聆听节奏，想象大概是什么人物，并用动作去模仿这些人物的动作。所有幼儿站在教室的左边，一起往右边走，或者以满天星的方式站在空间里，自行在空间里以人物的姿态和动作行走。

19. 喊山

全体幼儿排成两排面对面。想象自己在空旷的山谷中，一队幼儿站在山的一侧，另一队幼儿站在山的另一侧。一队幼儿向对方喊："你好呀！"另一队幼儿回复："我很好！"一队幼儿继续问："你是谁？"另一队幼儿回复："我是山。"教师可自行编创台词，但是句子不宜过长，控制在五个字以内。

20. 红绿灯

幼儿两两组合，一人做车头，一人做车尾。幼儿了解交通规则：红灯停，绿灯行，黄灯亮了等一等。比如，绿灯亮时幼儿可以在教室内自由走动；黄灯亮时幼儿要单脚站立；红灯亮时幼儿要站着不动。此外，教师还可以提示幼儿想象自己是什么车，有些车是可以闯红灯的，如消防车、救护车、执行紧急任务的警车。教师出示红绿灯的信号，让幼儿按信号灯行驶。提醒幼儿注意不能碰撞，撞到的就要开到修车场，停玩一次。游戏最后，车子开进停车场，幼儿回位休息。

21. 1、2、3，木头人

一名幼儿站在教室一侧，其余的幼儿站在教室的另一侧。站在教室一侧的幼儿背身面对大家，当他说1、2、3的时候，这时其他幼儿可以行动，他可以快速地说"1、2、3"，也可以慢慢说。当他说到"木头人"的时候，大家都要定住不动，这名幼儿转头检查大家谁动了，动了的人就出局了。其他幼儿要尽快往前走，最终要碰到这名幼儿的肩膀。游戏一开始，教师可先做发号施令的人，等幼儿熟悉后，让幼儿成为发号施令的人。

22. 机器人加油

全体幼儿分为两人一组，其中一组的幼儿变成机器人，模仿机器人走路，动作又慢，步伐又重，直至"生锈"停止不能动了。然后，另一组幼儿变成油壶来帮助机器人，扮演油壶的幼儿双手并拢向前伸直表现长嘴的油壶。当机器人"生锈"停止不动时，油壶给机器人加油。如头、脖子、肩膀、背、腰、胳膊、手腕、手、手指、腿、脚等。油点到哪里，机器人就活动身体的哪个部位，直至机器人全身都能活动起来。

23. 分解动作

教师告诉幼儿："我手里有一个遥控器，可以把你们的动作随时暂停，分解开来。"教师选择一些动作来让幼儿做，例如搬椅子、背书包、换衣服、吃饭、收拾玩具、骑小自行车。教师可以选择拿任何一个东西作为遥控器，随时指挥幼儿暂停，幼儿就要表现自己是如何一步一步地完成这个动作的。例如搬椅子，是怎么一点点地弯腰、伸手、站起来把椅子摞在一起的。幼儿需要注意表现每个具体的动作。

24. 小火车穿山洞

全体幼儿分成若干小组，分别合作搭出不同样式的山洞与火车，玩"小火车穿山洞"的游戏。

25. 跳跳床

全体幼儿手拉手围成一个圆圈成为一个跳跳床，一个或多个幼儿在圈内变成玩耍的孩子。圈外幼儿发指令"单脚跳三下"，并数三下，圈内幼儿跳三下。然后，圈外幼儿再次发指令"双脚跳三下"，并数三下，圈内幼儿做相应动作。教师引导幼儿尝试各种不同的跳法，如单脚跳、双脚跳、青蛙跳等，引导幼儿进行练习。

26. 五个手指头

五个幼儿为一组并排紧靠，分别代表五根手指头，即大拇指、食指、中指、无名指和小拇指。五位幼儿模仿教师的手部动作。如教师伸出右手，五指并拢，五位幼儿并排紧靠；教师慢慢握拳，五位幼儿则慢慢弯腰直至蹲下；教师弯曲拇指，出示数字"4"的手势，则扮演大拇指的幼儿蹲下。教师也可播放音乐，根据音乐的韵律舞动手指，幼儿根据教师手指的韵律进行肢体运动。

27. 动作分层

全体幼儿自由地站在空间里，教师引导幼儿展现不同层次的动作：

- 低层次：扫地、捡东西、洗衣服、系鞋带等。
- 中层次：做饭、擦桌子、叠被子、打针、整理书包等。
- 高层次：晾衣服、够东西、追蝴蝶、投篮、摘葡萄等。

教师也可选择一些高低变化的动作，如擦玻璃、洗晾衣服、拍皮球等。

28. 传球

全体幼儿围成一个圆圈。教师引导幼儿想象自己手中有一个球，可以是大球，也可以是小球，篮球、气球、乒乓球、排球、网球都可以。幼儿依次选择站在自己对面区域

的人把自己手中的球传给他，这是一个无实物的表演。接球的幼儿也要用动作呈现是如何接住这个球的。

29. 来不及了

幼儿闭眼睛随意找空间躺下来，全身放松。教师播放闹钟的铃声，大喊"上学要迟到了"。然后，教师加快拍铃鼓的速度，提示幼儿赶快穿衣、刷牙、洗脸、吃早餐，出门以后发现忘了拿书包了，然后回去拿书包。教师突然停止铃鼓说"今天是星期天"，看幼儿的表现。如果不能表现出来，教师可进行如下提示："可以继续睡觉、和小伙伴出去玩、听音乐、看电视等。"

第四节 专注游戏

1. 名字接龙

教师和幼儿围成一个圆圈，第一轮从教师开始，接下来是教师右边的幼儿，每人依次说出自己的姓名。第二轮从教师开始，教师说出自己右边幼儿的姓名。照此，每个幼儿也依次说出自己右边幼儿的姓名。第三轮还是从教师开始，说出自己左边幼儿的姓名。照此，每个幼儿依次说出自己左边幼儿的姓名。如果幼儿比较熟悉，教师可以强调速度；如果幼儿不熟悉，教师可以先让幼儿介绍名字，这个游戏帮助大家相互认识。但人数过多且相互之间不熟悉的情况下，会占用太多时间，不宜使用。

2. 定睛一看

全体幼儿围成圆圈站好。大家都低下头先看地面，当教师下达口令"抬头"后，全体幼儿抬头看向自己想看的那个同学，如果两个人对视，那么这两个人坐下表示出局，游戏继续，直到最后的两位同学。

3. 数 7

全体幼儿围成圆圈站好。大家都低下头看着地面。所有人要在不相互商量和知晓的情况下一起从 1 数到 7，保证每次一位幼儿只能说一个数字，如果两位幼儿同时数了某个数字就挑战失败。看看大家多少次可以成功从 1 数到 7。

4. 我说你听

全体幼儿分成两两一组，一名幼儿向对方介绍自己，如自己的姓名、喜欢的玩具、喜欢的游戏等。另一名幼儿仔细听，重复对方说的话。然后交换。幼儿熟悉玩法后，可以不按顺序，指定幼儿复述。

5. 快速传话

请幼儿分成两列纵队，坐好。两队排头同时轻声对旁边的幼儿说一句话，一般三个字到五个字，如"早上好""晚上好"，看哪一队能以最快的速度传到最后一个人，还能一字不落。以此类推。

6. 数字变动物

全体幼儿围成一个圆圈，从头开始报数。报到有数字"8"的幼儿，必须即刻摆一个动物的造型。一轮结束后，教师可变换数字，也可以增加数字变成动物的概率，比如"2"和"8"都变成动物。

7. 传球接龙

教师和幼儿围成一个圆圈站立，从教师开始，教师拿着球说出自己最喜欢的水果，"我最喜欢吃苹果"。然后把球抛给其他幼儿，接到球的幼儿也要用相同的句式说一句话，如"我最喜欢吃桃子"。第二轮时，教师可以引导幼儿先重复前面一位幼儿说的话。比如，"老师最喜欢吃苹果，我最喜欢吃桃子"。然后把球抛给别人。传球过程中，幼儿必须立刻说出相应的句式，不能犹豫，教师要引导加快速度。

8. 张冠李戴

幼儿围坐成圆圈。教师先喊一个幼儿的名字，如"王小帅"。王小帅不能回答"到"，而是由坐在他左边的（游戏时教师规定好方向，顺时针）幼儿回答"到"。代答的幼儿站起来报出另一幼儿的姓名，然后再由那名幼儿左边的幼儿代为回答，以此类推。玩过一段时间后，为了维持游戏的新鲜感，可以从另一边（逆时针）开始。

9. 听音乐传手帕

幼儿围成圆圈站立，教师播放音乐或敲击铃鼓。当音乐或铃鼓响起时，幼儿把手帕传给身边的同伴，当音乐声停止时，手持手帕的幼儿要迅速把手帕举起来并站起来转一圈，如果没有反应过来，则挑战失败，大家抖抖手脚庆祝失败。

10. 我改变了哪里

全体幼儿在座位上坐好。教师请一名幼儿上前，请其他幼儿仔细观察该幼儿的服装并注意细节。之后，教师请该幼儿转过身去，背向全班，可以对该幼儿的服饰稍作改变，如在不显眼的地方贴一个贴花，或者在幼儿的脸部稍作化妆。然后让该幼儿转过身来，请全班幼儿找出其和之前的不同之处。

11. 看手指做动作

教师伸出一个手指表示让幼儿起立，伸出两个手指表示让幼儿坐下来并且闭上嘴巴，三个手指表示蹲下，四个手指表示原地不动等。教师也可以逐渐增加难度，如一个手指表示起立并各自找一个空的位置站好，两个手指表示幼儿回来坐好且闭上嘴巴不再说话。教师还可据此建立其他常规，但要注意循序渐进。

12. 听故事，抓小手

全体幼儿围成一个圆圈站好，相互手拉手，但手拉手的方式有点不同，所有人的左

手大拇指顶着右边人展开的掌心。教师开始叙述一个故事，可以是随便一个童话故事，当故事中出现"yi"的音（也可以是谐音）时，大家就要抓住右边人的大拇指，左边的大拇指也要躲避左边人的抓握，看谁反应快。教师也可以变换音节，可以用"de""bei"等词。

13. 跳动的音符

全体幼儿分为 7 人一组，每人为一个音符，记牢自己的音符名：1、2、3、4、5、6、7（do、re、mi、fa、sol、la、xi）。开始时幼儿蹲下，教师作指挥家，指到谁，谁就站起来唱自己的音符名，唱完再蹲下。待幼儿熟悉后，教师可变换节奏，有快慢和长短的变化，蹲下的时间也有相应的变化。教师也可选用一些很简单的音乐旋律让幼儿进行音符动作练习。

14. 反着来

全体幼儿站在教室一侧。教师讲"反着来"进行的游戏规则，即听口令并做与口令相反的动作，如教师讲口令"前进两步"，即幼儿要后退两步；教师讲"前进三步"，幼儿则要后退三步；教师讲"向左两步"，则幼儿向右两步等；教师讲"站起来"，则幼儿蹲下。教师可以添加更多的动作。也可进行语言的反义词训练。

15. 西蒙说

让幼儿站成两到三排，前后左右拉开一定的距离，以能够轻松转身为宜。教师发出口令："西蒙说：向左转、向右转、向前进、向后退、停止"，幼儿按教师指令做出相应的动作。经过两轮练习后，教师重新解释玩法，即当教师说向左（右）转的时候，幼儿要向右（左）转；向前进的时候，幼儿要后退；向后退时，幼儿要向前进；当教师说停止时，幼儿仍旧向前进。

16. 动物园里有什么

全体幼儿围成一个圆圈站好，教师站在圆圈中负责指出动物。相邻的幼儿随机 3 个人组成一个动物的形象，教师可以先给幼儿介绍：大象、老虎、长颈鹿和仙鹤。大象是中间的人变成大象鼻子，两边的人变成大象耳朵；老虎是中间的人变成老虎张开的大嘴，两边的人变成老虎的爪子；长颈鹿是中间的人变成长颈鹿的头和脖子，两边的人变成长颈鹿的身体；仙鹤是中间的人变成仙鹤的头和脖子，两边的人变成仙鹤的翅膀。教师站在圆圈中间，随机指一个幼儿并说出一个动物，被指的幼儿变成最中间的人来表现动物，他两边的人也要立刻做出反应。谁没有反应过来就变成了站在圆圈中的人。

17. 打地鼠

教师请两到三名幼儿作打地鼠的人。其他幼儿作地鼠蹲在地上。地鼠要趁打地鼠的人不注意时很快站起身再蹲下，而打地鼠的人要趁地鼠站起来时拍打其肩膀，被拍到的地鼠躺在地下休息。全部地鼠被打到，游戏结束。

18. 松鼠找家

全体幼儿分成三个人一组，其中两个幼儿扮演房子，一个幼儿扮演松鼠，松鼠躲在房子里。教师发布指令，指令一：猎人来了，松鼠要逃跑，寻找新的房子。指令二：着火了，房子要跑，松鼠不动。指令三：地震了，房子和松鼠都要跑，重新组建新组合。教师也作为一员参与其中，谁没有找到家谁就成为下一轮的指挥者。

19. 出租车和车租出

全体幼儿围成一个圆圈，教师带领幼儿向左击掌传递一圈，向右击掌传递一圈。之后，加入词语，向左击掌的同时说："出租车"，向右击掌的同时说："车租出"。幼儿练习熟练后，教师加大难度，大家可以随时改变方向，那么下一个人就要顺着改变的方向继续，看看谁的反应最快。

课后创编项目

以小组为单位，选择不同类型的教育戏剧游戏进行课堂模拟授课。每个小组分别进行 3～4 个自选教育戏剧游戏进行模拟，并在小组内以"互为师幼"的方式进行模拟授课展示。

第七章
教育戏剧工作坊案例

本章导读：

　　本章主要介绍学前儿童教育戏剧活动的第二种主要形式——教育戏剧工作坊的详细案例和实施方式。通过展示教育戏剧工作坊案例，为学前教育专业的学生及幼儿教师开展教育戏剧活动提供实践的基础和蓝本。读者通过理解典型案例掌握学前儿童教育戏剧工作坊的设计流程和实施效果，能够将典型案例在课堂中进行模拟授课，也可在幼儿园进行教育戏剧的实际教学，并最终能设计具有文化特色的、符合教育规律和戏剧艺术原则的教育戏剧活动方案。

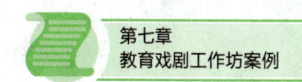

教育戏剧工作坊根据它的戏剧性和过程性主要在中、大班的年龄班级里进行，整个流程基本包括"热身活动""故事展开""结尾"和"延伸活动"四个部分。每一个部分还可以分成几个小的环节，特别是"故事展开"部分，是工作坊的主体部分，一般可以进行较丰富的环节，"热身活动""结尾"和"延伸活动"是"故事展开"的补充。每一个工作坊可持续 50～60 分钟的时间，如果探索细致的话可以延续至 1.5 小时。因教育戏剧活动比较灵活且每个环节都有肢体活动和位置变换，孩子们的专注力有紧有松，所以不必拘泥于一般的幼儿园活动时间。参与工作坊一般 20 个左右的孩子最佳，如果班额较大，可以分成两个小组进行。

根据以下提供的教育戏剧工作坊案例，教师们可以结合实际情况调整细节内容，也可融入幼儿园需要的其他教学内容。但在实际操作中，案例的大框架不要改变，因为一个工作坊以一个故事为基础，自有其戏剧性和叙事的内在逻辑。

案例一：工作坊《我们一起去抓熊》

中心说明	激发幼儿的探险精神，了解不同自然环境的应对方法，在困难中能够相互合作、相互帮助。
准备材料	• 一条宽大的织物或布、一个玩具熊、一个小书包。 • 迈克尔·罗森（Micheal Rosen）的《我们去猎熊》（We Are Going on a Bear Hunt）绘本故事。 • 轻松的纯音乐。 • 对应森林、河流、暴风雪、迷雾森林、山洞、熊吼叫的音效。
教学目标	1. 了解熊的特征和生活习性。 2. 了解不同环境中的应对方式。 3. 体验一个冒险的旅程，并能解决遇到的问题。 4. 能在旅途中合作和相互帮助。 5. 能运用肢体与语言自由地表达。 6. 感受他人的需求，并乐于参与其中。
热身活动	森林漫步	让孩子们在教室里随意走动，提醒他们不要乱跑，不要碰到其他人。准备好之后，完成以下练习： • 让我们从大步行走开始（维持 30 秒）。很好，现在回到正常的行走状态。 • 让我们小步行走试试（维持 30 秒）。很好，现在回到正常的行走状态。 • 当你在行走的时候，想象脚下的地面开始发生变化。 • 在炎热的沙滩上行走是什么样子呢（维持 30 秒）？充分利用你的想象力，我喜欢你们展现的面部表情。让我们想象地面开始变得越来越冷，紧接着变得又湿又冷。 • 告诉我你会怎样穿过黏黏的泥巴地？很好，现在让我们穿越这一片泥沼（维持 30 秒）。 • 情况又发生了变化，整个教室正在变化。

热身活动	森林漫步	• 你能想象天越来越黑了吗？在黑暗的森林中行走会是什么样子（维持30秒）？很好，我喜欢你们放慢了速度。 • 现在又开始变冷了，地面变得更潮湿，慢慢地积蓄了很多水。现在向我展示一下，当你们走过一条冰冷的河流是什么样子的（维持30秒）？大家都做得非常好！ • 你能回到正常的走路状态吗（维持30秒）？好，停，请大家坐下。
	镜子模仿	孩子们围成圆圈站好，让他们模仿你的动作。从简单的动作开始练习，逐渐增加难度。例如，从抬起一只手开始，接着是舞动一只胳膊，然后是舞动两只胳膊，再加上面部表情，接着教师可以动动腿、跳一跳等。
	探索织物	拿出一条大的织物或是宽大的布，在孩子们的帮助下把织物展开。接着让幼儿站在织物的边缘并将其抓紧。准备好之后，我们会以不同的方式来使用这条长织物做练习，完成以下任务： • 我们能让它动得很快吗？ • 我们能让它慢慢地动吗？ • 可以让它变高吗？ • 可以让它变矮吗？ • 现在让我们坐在织物上面。 • 现在让我们摸一摸这条织物。 • 现在让我们躺在这条织物上。 教师需要一名助手或选择一个孩子去帮你拿着织物的另一端。 • 当我们把织物抬起来的时候，你能从下面穿过去吗？ • 现在让我们把织物想象成一条被子，我们能让它盖在我们身上吗？ 当孩子们在织物下面坐好后，教师开始讲述： 　　从前有一个小朋友他叫小明，他最喜欢的玩具是一个玩具熊，玩具熊小小的、软软的，很可爱，整日都在微笑，小明觉得世界上的熊都和这个玩具熊一样可爱。小明有一个大家庭，他和爸爸、妈妈、哥哥、姐姐住在一起，每到周末，早晨一起床，全家人躺在被子里就开始想着去哪里做一些好玩的事。 讲述之后，教师和孩子们讨论一下平时周末他们都到哪里去，会和家人一起做什么好玩的事，他们最喜欢的活动是什么。
故事展开	旅途的准备	教师告知幼儿： 　　这个周末小明的爸爸提议全家人一起去抓一只熊，因为小明和哥哥、姐姐从没有见过真的熊，只知道家里的玩具熊是小小的、软软的，很可爱，于是爸爸妈妈要带孩子们去长长见识。 　　我们现在就是小明一家人了，我们一起把被子叠起来吧。 教师和孩子们一起把大的织物或布叠起来，让孩子们站在你的后面，大家准备好出发了，出发之前教师要跟孩子们再强调："我们今天要去探险了！你知道我们要去抓什么吗？一只熊！你们准备好了吗？"。等待孩子们回答。
		明确目标后，教师带领幼儿思考在踏上旅途之前我们需要准备什么东西。教师拿出一个书包的道具，根据孩子们的回答，运用无实物表演的方式把幼儿说的东西放到书包里面，可能会有水、食物、绳子、帐篷或其他工具，并让孩子们讨论一下为什么我们会需要这些东西。教师要控制携带物品的数量，因为旅途中也不能带太多的东西，让幼儿选出哪些物品是必备品。 准备好东西后，教师告知幼儿： 　　我们马上就要踏上旅程了，谁想当队长走在队伍的最前面？

第七章 教育戏剧工作坊案例

故事展开	旅途的准备	队长要站在教师的前面，并可以选择多个幼儿承担责任，也可走在队伍后面保护我们。还有谁要负责这个书包，它里面可是装着我们旅途中要用到的食物、水和工具等的。 排列好队形我们就准备出发了。教师再次用语言询问大家都准备好了吗？鞋带系好了吗？衣服穿好了吗？
	走过草地	教师带领幼儿开始行走，行走的路线根据实际教室空间决定，空间小可以围着圈走，空间大可以走"Z"字形、"正方形"等。如果有助教可以搭配音效。首先我们遇见一片草地。教师说："草地比我们都高，我们不能从上面过去，也不能从下面过去，我们要从中间穿过去"。请大家跟我走，学我的样子才能走过。教师夸张地做出左右拨开草的动作，并发出"唑唑，沙沙"的声音。让幼儿跟随自己做动作并发出声音，持续几分钟。
	走过河流	教师带领幼儿继续行走，搭配音效，我们遇见一条河流。教师说："这条河我们得游过去，我们不能从上面过去，也不能从下面过去，我们要从中间穿过去"。请大家跟我游泳，学我的样子才能走过。教师夸张地做出游泳的动作，并发出"哗啦啦，哗啦啦"的声音。让幼儿跟随自己做动作并发出声音，持续几分钟。
	走过泥潭	教师带领幼儿继续行走，搭配音效，我们遇见一个泥潭。教师说："泥潭非常的泥泞，能够让我们陷下去，我们不能从上面过去，也不能从下面过去，我们要从中间穿过去"。请大家跟我走，学我的样子才能走过。教师夸张地做出害怕脚被陷进泥潭的动作，让孩子们一起拉起手，这样就不会陷进去，并一边走一边说："小心点哦，不要陷进去哦"，并发出"吧唧，吧唧"的声音，让幼儿跟随自己做动作。结束后，教师和幼儿可以暂停一下，休息一下，相互询问鞋子有没有脏、累不累等。教师也可以提出我们是否要换队长的要求，让更多的孩子体验带队或在后方保护我们。教师也可提出我们是否需要喝水和吃东西，可以假装从包里拿出水和食物，让幼儿假装喝和吃。
	走过迷雾森林	教师带领幼儿继续行走，搭配音效，我们将要走进迷雾森林。教师说："前面是看不清的迷雾森林，我们不能从上面过去，也不能从下面过去，我们要从中间穿过去"。请大家跟我走，学我的样子才能走过。教师夸张地试探着往前走的动作并时不时地被绊倒，并在绊倒时发出"哎呦，哎呦"的声音。让幼儿跟随自己做动作并发出声音。教师也可假装真的被绊倒，让幼儿来把你扶起来。教师可以表示不想继续前进了，激发他们用语言安慰你，鼓励你。
	走过暴风雪	教师带领幼儿继续行走，搭配音效，我们遇到了暴风雪。教师说："不好，暴风雪来了，我们不能从上面过去，也不能从下面过去，我们要从中间穿过去"。请大家跟我走，学我的样子才能走过。教师夸张地艰难地往前走并挡住风，并且发出"呼呼"的风声。让幼儿跟随自己做动作并发出声音。
	来到山洞	教师带领幼儿继续行走，来到了大熊的山洞前。教师说："面前有一个山洞，我们不能从上面过去，也不能从下面过去，我们要从中间穿过去"。请大家跟我走，学我的样子才能走过。教师小心翼翼地往前走，并发出"嘘嘘"的声音，让孩子们安静地走进山洞。 此时，教师可以播放大熊吼叫的音效，教师突然停住说："你们听到什么声音吗？"如果此时幼儿喊叫和混乱，教师要提醒孩子们安静，否则会让大熊发现我们。教师表演慢慢靠近山洞，一边走一边说："我看见一个又湿又亮的鼻子！两只毛茸茸的大耳朵！两只瞪大的眼睛！它这么的高大，这么的强壮，一点也不可爱，它是一只大熊！"。教师表演惊慌失措："啊，快逃呀！回到我们家里的被子下面"。教师扯过织物带领孩子们藏在织物下面。

139

故事展开	回到家里	教师和孩子们都躲在织物下面，教师瑟瑟发抖并询问："你们刚才看见熊了吗？他什么样子？如果他按照我们的脚印找到我们，我们应该怎么办？"教师带领孩子们讨论一下。讨论完了之后，教师说先出去看看，回来后说大熊没有来到，我们可以放心地出来了。
结尾	身心放松	教师和幼儿们完成"旅途"并"返回教室"，让幼儿们躺在织物下面。准备好之后，教师说："冒险是很有趣的，也非常刺激。现在是时候躺下来放松一下了。你可以闭上眼睛并想一想你们今天去过的地方。"教师播放舒缓的音乐，让孩子们放松与回忆。
延伸活动	课外活动	1. 画出你心中熊的样子（注意不要要求幼儿画得有多像一只熊）。 2. 在室内或室外建造一个洞穴，使用盒子、毯子、桌子、织物等，考虑到熊的生活环境，可用PPT或视频详细介绍熊的特点和生活习性。

案例二：工作坊《小老鼠上灯台》

中心说明	理解意外受伤的应对方法，能够帮助受伤者缓解情绪，并学会鼓励和安慰受伤者，知道关心爱护自己和他人。
准备材料	• 一个教师用的小老鼠头饰。 • 猫叫声的音效。 • 一个小老鼠的玩具或者用手帕叠成一个小老鼠的样子。 •《小老鼠上灯台》的儿歌。 　　小老鼠，上灯台， 　　偷油吃，下不来。 　　喵喵喵，猫来了， 　　叽里咕噜滚下来。
教学目标	1. 了解小老鼠的特征。 2. 面对有人受伤的应对方式，能够明确受伤者情绪并给予鼓励和安慰。 3. 体验意外的救助者要做什么。 4. 如何通过合作帮助受伤的人。 5. 能用肢体与语言扮演角色。 6. 能够在角色中和教师扮演的角色互动。 7. 能够反思自己的受伤经历。 8. 乐于参与戏剧活动。
热身活动	儿歌齐唱	让孩子们站成一个圆圈。准备好之后，一起唱《小老鼠上灯台》这首儿歌。在和孩子们一起唱歌的过程中，鼓励他们探索使用手指和手掌的不同方式来呈现这首歌谣，教师可以提前安排一些简单的肢体动作搭配儿歌的吟唱。
	肢体开放	教师让孩子们在教室里找一个自己的位置，提醒他们在练习中不要碰到其他人或发出声音。教师说："让我们用正常的步伐在教室里随意走动。当你在走动的时候，想象你变得越来越大。当你在变得越来越大的时候，你发现你的肚子越来越圆，你的胸腔越来越丰满，四肢越来越粗壮，你现在是一只大大的大象，你的手臂变成了大象的鼻子。请大家继续走起来，想象你变得越来越小，你发现你的身体正在缩小，四肢越来越细，肚子越来越小，你现在是一只小小的老鼠，你的手臂变成了老鼠小小的爪子。"

故事展开	小老鼠偷油吃	教师仍让幼儿扮演小老鼠的样子,继续在教室里走动,并告诉幼儿: 　　从前,有只小老鼠,它是老鼠家族里面最贪吃的一只,它在外面闲逛的时候突然看见高台上有一盏油灯,以前在我们没有电灯的时候,人们都是用动物身上的油来点灯的,小老鼠闻到油灯的味道就馋了。油灯放在高高的台子上,小老鼠太饿了,不管三七二十一,使出浑身的力气爬上高台,慢慢地靠近了油灯。可是,还没吃到油灯里的油,小老鼠就傻眼了,这高台太高了,怎么下去呢。 教师让扮演小老鼠的孩子们在教室里找一个舒适的地方坐下,教师说:"想象我们现在正坐在高高的台子上!(找一个安全的地方,让孩子们坐好,并坐一会,不要立刻进行下一个环节)。孩子们体验坐在高台上的感觉。 教师提问幼儿:你们现在是什么感觉? 　　　　　　　　你离地有多远呀? 　　　　　　　　大家往下看能看到什么? 　　　　　　　　你们为什么要爬上来呀? 　　　　　　　　有没有什么好的办法让我们能下去呢? 教师不断地提问幼儿,让幼儿思考办法。教师要尽可能地强调高台的危险性,并表现出担忧和害怕的样子,对于幼儿提出的办法暂时先不要表示赞同。
	小老鼠摔下来了	教师和孩子们一起假装坐在高台上,这时需要播放猫叫的音效,教师说: 　　哎呀,你们听,这是什么声音?是不是猫大王的声音,不好啦,猫大王要来抓我们了,怎么办呀,我得赶快想办法下去,不然老猫一下子跳上来准会捉住我们的。不好,猫大王出现了,它正冲我们弓起了身子,准备要跳上台子。猫大王跳上来了,高台开始摇晃了! 哦!不!小老鼠要摔下去了。 教师把提前准备好的小老鼠玩具或手帕做的小老鼠扔到教室中间。教师慢慢地把幼儿聚集起来(如果这时孩子们过去好奇凑上前去看,教师需要提示幼儿暂时不要靠近),教师说: 　　小老鼠从高台上摔下来了,他被摔伤了,大家暂时不要靠近,给它留点新鲜的空气。刚刚太危险了,差点就要被猫大王吃掉了,不过油灯歪倒了,火溅到猫大王的身上,猫大王暂时跑走了,可是小老鼠从那么高的台子上摔下来,他不能动了,身上好像也被溅到了灯油。 教师请孩子们散开,并让每个幼儿躺在原地,用定格画面表现小老鼠摔下来躺在地上受伤的样子。
	救助	教师和孩子们围着受伤的小老鼠玩具坐下,让幼儿尽量保持安静不要吵到受伤的小老鼠。教师提问幼儿:"天啊,我发现了小老鼠很难受的样子,动也不动了,但是他还有呼吸。大家觉得从那么高的地方掉下来,哪里会受伤?"教师尽可能地让幼儿思考小老鼠哪里会受伤,在幼儿说完后教师进行补充,提出"小老鼠可能把腿摔断了""可能脑部受到了撞击""可能是由于过度惊讶"等,并解释从高处摔下来的危害。 讨论过后,教师告诉幼儿小老鼠已经慢慢地苏醒过来了,也尝试着重新站起来,但是它受伤太严重了依然没办法像原来一样活动。 教师带领幼儿思考我们现在应该怎样做才能让小老鼠舒服一点,或者怎样帮助小老鼠去恢复?教师带领幼儿先集体讨论,找出解决问题的最佳办法。充分讨论后,教师依次邀请几名幼儿上前"假装"扮演帮助小老鼠恢复,例如幼儿说我们可以给他喂点药,那么这名幼儿就要走到教室中间,给"受伤的小老鼠"玩

故事展开	救助	具喂药；幼儿说我们可以给他盖上被子，那么这名幼儿就可以上前去假装给他盖被子；幼儿说我们应该联系救护车，那么这名幼儿就要"假装"拨打120，并跟120复述小老鼠受伤的过程。几名幼儿扮演过后，教师可以委任另外几名幼儿，说："让我们慢慢地一起把小老鼠送回家吧，同时也要小心地、轻轻地把他抬起来，不要让他再受伤了。" 教师和幼儿把小老鼠送到安全的地方以后，教师聚拢幼儿并提问： 　　现在的小老鼠有什么不同？ 　　现在的小老鼠怎么行动？ 　　现在的小老鼠需要注意什么？ 　　什么能做，什么不能做了？
	小老鼠回家了	教师让孩子们在教室里找一个自己的位置，平躺在地板上，想象自己变成了回到家的受伤的小老鼠。教师一边说一边让孩子们做："你们现在能走吗？你们必须要慢慢地小心翼翼地走。很好，我喜欢你们细心的样子！小老鼠现在全身很疼，所以现在需要好好照顾自己。轻轻地移动，不要再受伤了。"孩子们扮演小老鼠活动了一会儿之后，教师说："现在回到床上休息一下，你度过了非常重要的一天！"让孩子们在原地躺一会，再结束这一环节。
结尾	探望小老鼠	教师入戏成为小老鼠，孩子们作为他的亲人和朋友来看他。教师说："当我戴上这个头饰，躺在地上的时候，我就变成了小老鼠，大家作为他的好朋友和亲人来看望他的时候，会说什么？会做什么？当我躺好，我们就开始可以和他互动了"。 教师躺好后，互动就开始了，需要等待孩子有反应后教师再根据幼儿们的反应即兴反应。例如，一个孩子上前问："小老鼠，你还好吗？"教师回答："我很好，已经在恢复中了，不过我的腿还不能动"。如果孩子靠近你，教师可能会说："离我稍微远一点，我需要新鲜空气。"教师即兴应对孩子们的反应。同时，教师的回答要融入一下知识的内容，比如"我的腿骨折了，我需要用绷带和夹板把它固定起来；我刚去医院做了X光，医生说我还需要100天才能恢复"，等等。 如果孩子们每个人都想跟小老鼠说话，场面会比较混乱，切记教师在全部互动完成之前要一直作为小老鼠，不可以回到教师身份，如果您想组织纪律可以用小老鼠的口吻，例如你们太吵了，我摔下来后不能听到嘈杂的声音，这会让我感到害怕。 结束没有一个确切的点，教师感觉差不多了并且大部分孩子都和小老鼠进行了互动就可以了。
延伸活动	讨论	故事结束后，可以和他们聊一聊经历过的意外事故或伤害。教师可以问这样的问题：你曾经骨折过吗？你有没有摔得很重过？你曾经病得很严重吗？当我们生病或受伤的时候，什么才是最重要的？当你生病或受伤的时候，有谁会照顾你吗？他们是谁？会说什么？做什么？

案例三：工作坊《小兔乖乖》

中心说明	了解面对陌生人的应对方法，学会缓解自己的害怕情绪，并知道遇到坏人时需要怎么做。
准备材料	• 《小兔乖乖》儿歌 　　小兔儿乖乖，把门儿开开，快点儿开开，妈妈回来了。 　　不开不开我不开， 　　妈妈没回来，谁来也不开。 　　小兔儿乖乖，把门儿开开，快点儿开开，妈妈回来了。 　　就开就开我就开 　　妈妈回来了，我就把门开。 • 一个具有创意的门，教师可以尽可能地发挥自己的想象去制造一个门。 • 一段提前录好的大灰狼声音的"小兔儿乖乖，把门儿开开，快点儿开开，我要进来。" • 一个灰色的围巾。 • 一段舒缓的音乐。
教学目标	1. 了解兔子和狼的特征。 2. 面对陌生人或坏人的应对方式，体验遇到坏人威胁时要做什么。 3. 如何通过合作解决问题。 4. 能够明确面对坏人时自己的害怕情绪，并进行自我鼓励和安慰他人。 5. 能用肢体与语言扮演角色。 6. 能够在角色中和教师扮演的角色互动。 7. 能够反思自己身处被陌生人威胁环境的类似经历，如何辨识好人和坏人。 8. 乐于参与戏剧活动。
热身活动	**动物形象** 让孩子们围成一个圆圈坐好。每个孩子用声音和动作表现一个动物，其余的孩子必须试着去猜他表演的动物是什么。当孩子们都说完后，教师说用两只手作兔耳朵放在头顶说： 　　那么，大家请看我是谁呀？（如果刚才有孩子们扮演过小兔子，就跟大家说，刚刚我们看到有一只小白兔，是老师最喜欢的小动物）。 　　你们是否知道一首跟小白兔有关的儿歌？ 　　《小兔乖乖》这首儿歌你们熟悉吗？ 　　能不能大家一起唱一唱？ 准备好之后，一起唱《小兔乖乖》这首儿歌。在和孩子们一起唱歌的过程中，鼓励他们探索使用手指和手掌的不同方式来呈现这首歌谣，教师可以提前安排一些简单的肢体动作搭配儿歌的吟唱。 **角色扮演** 让孩子们站起来，在教室里找一个自己的位置。准备好之后，教师用语言引导，说："你能给我展现一个静止的小白兔吗？每个人都做得很好，我很喜欢你们安静的样子。当我拍掌的时候，你可以让这只小白兔活过来吗？"教师拍手，给幼儿一点时间去探索如何成为一只活生生的小白兔（保持 30 秒）。教师继续说："很好，静止。你能展现一个兔妈妈的角色吗？"教师拍手，让幼儿花一点时间去探索成为兔妈妈。教师继续说："很好，静止。你能展现一个兔宝宝的角色吗？"教师拍手，让幼儿花一点时间去探索成为兔宝宝。孩子们做定格的时候，可以在他们之间走动并询问一下他们是什么样的兔妈妈和兔宝宝。例如你的兔妈妈是做什么工作的？你的兔宝宝是穿着什么样的衣服？等等。

故事展开	兔妈妈要上班了	教师入戏成为兔妈妈，孩子们成为兔宝宝。教师扮演兔妈妈说："当我披上这件衣服，拿上这个背包，我就变成了兔妈妈，大家作为兔宝宝，我们看看兔妈妈今天要去干什么。"孩子们围成半圆坐好，当教师背上挎包就开始了。教师扮演兔妈妈打着电话上来，并一边扮演一边和孩子们互动： 　　喂，您好，是这样的情况呀，可是我的宝宝今天都在家，他们没有上幼儿园，我必须去吗？（教师为难地看着在座的幼儿），这么重要吗？可是！唉（叹气）好吧，那我一会就到。（电话结束，教师开始和幼儿互动）孩子们，今天妈妈突然有事情要去单位一趟，你们自己在家里可以吗？妈妈去去就回，你们一定在家里好好的可以吗？你们准备干什么呀？（等待孩子们的回答，和孩子们互动）哦，你们要看电视，可以但是注意不要看时间太长哦，还有呢？（如果孩子们回答"画画"）画画也是不错的选择。总之，妈妈一会儿就回来，你们要在家乖乖的哦，记住一定不要随便给陌生人开门，特别是大灰狼，（可以任命几名孩子为哥哥姐姐，让他们承担更多的责任），小红、小黄你们是哥哥姐姐，要帮妈妈看住弟弟妹妹哦，千万不要给不认识的人开门。等妈妈回来时，妈妈会唱起歌谣，和妈妈一起重复一下我们的秘密歌谣吧。 　　教师和孩子们齐唱《小兔乖乖》歌谣。教师入戏过程中，教师要随机应变，可拉长和缩短与孩子们之间的互动，重点强调不能给陌生人开门，也可以和孩子们一起创造除了儿歌以外的其他交流密码来确定是不是妈妈回来了，比如敲几次门或者有什么动作之类的。教师在扮演兔妈妈的过程中用到的声音尽量温和，要和教师平时的声音不一样。
	兔宝宝独自在家	教师出戏，并询问孩子们：现在你们是独自在家的兔宝宝了，你们会干什么呢？引导孩子们每一个选一个角落来表现自己正在做的事情，可以从定格画面开始，然后把定格画面变活，成为即兴表演（如果不是第一次上戏剧工作坊的孩子们可以直接做即兴表演）。教师说1、2、3开始，孩子们集体进行扮演，教师可以巡回在教室里观看他们扮演独自在家的小兔子正在做什么，尽量不评价他们正在做的事情，但是如果有特别危险或者有安全隐患的事情，教师可以提一提，帮助孩子们认识到正在"假装"做的这件事情的危险性。
	兔宝宝的思想	教师让孩子们结束扮演，把他们聚拢起来，并提问： 　　兔宝宝们现在是什么样的心情？ 　　他们现在在想什么呢？ 　　这是他们第一次独自在家吗？ 　　以前有类似的情况出现吗？ 　　独自在家的话，会有什么危险吗？
	大灰狼来了	教师告诉孩子们已经两个小时过去了，兔妈妈还没有回来，兔宝宝们都有点累了，所以他们相互依偎着等待，有些兔宝宝睡着了，请孩子们即兴扮演此时此刻的兔宝宝们，并给予他们一点时间安静下来。 　　这时播放一段音效，教师播放"大灰狼声音的儿歌"音效。教师引导孩子们仔细聆听，并询问："这是谁的声音？是大灰狼吗？我们来问一问好不好？"教师入戏成为大灰狼，装扮要和兔妈妈一样，但是可以用一个灰色围巾作为尾巴，孩子们成为兔宝宝。教师扮演大灰狼说："孩子们，我是妈妈，我回来了，但是

故事展开	大灰狼来了	我忘记带钥匙了，快帮我开门吧。（等待孩子们的反应，孩子们一定会拒绝的）我不是大灰狼，我是妈妈，我给你们买了你们最喜欢吃的冰激凌和蛋糕，快给我开门吧。（尽可能地和孩子们周旋）我真的是妈妈，我还会唱秘密儿歌呢。（教师可以即兴扮演大灰狼，但不知道兔妈妈和兔宝宝设定的除儿歌以外的暗号）"教师要尽可能地挑战孩子们，让他们给"大灰狼"开门，并引导孩子们多次唱出儿歌的"不开不开，我不开，妈妈没回来，谁来也不开"这个部分。
	赶跑大灰狼	教师出戏，并紧张地说："不好了，大灰狼来了，他的力量很大也可能一会儿会把门撞开，我们要尽快想办法把他赶跑。"教师和孩子们想办法，尊重孩子们的各种解决办法，也引导孩子们做正确的选择，比如拨打110，并如何正确叙述自己的情况；打开电视，假装有大人的声音；加固大门；保持情绪稳定等。如果幼儿一开始不知道怎么办，教师不要立刻告诉幼儿应该怎么做，而是给幼儿一点时间思考。
	妈妈回来了	教师告诉孩子们，兔宝宝们拨打了森林警察的电话把大灰狼吓跑了。正在这时兔妈妈回来了，教师可以再次入戏扮演兔妈妈和扮演兔宝宝的孩子们即兴演出"妈妈回来了"的儿歌片段。教师扮演的兔妈妈在开门进来之后，先拥抱孩子们，然后要提问他们刚才经历了什么事： 刚才我没在家时都发生了什么？ 你们当时的心情是怎样的？ 你们有没有关注到其他兔宝宝是什么心情？ 你们是怎么赶跑大灰狼的？ 提问时，教师保持兔妈妈的身份并鼓励孩子们的做法，安慰他们的情绪。在这里，可能很多孩子都想说话，要注意轮流发言的顺序。 最后，教师作为兔妈妈鼓励大家，大家的做法都很对。
结尾	兔宝宝们的梦	教师不出戏，一直扮演兔妈妈，并让扮演兔宝宝的孩子们和自己一起躺下，尽可能幼儿和扮演兔妈妈的老师的距离是一样的，兔妈妈说："今天大家经历了这么大的事，你们一定很累了，快和我一起躺下，咱们要睡觉了。你们今天都很棒。闭上眼睛，做个好梦吧。"教师等大家都闭上眼睛，吟唱一首睡前儿歌，教师可以自选，比如"睡吧，睡吧，我亲爱的宝贝。"然后教师出戏，但依然用温柔的口吻引导孩子们："当天夜里，兔宝宝们都睡得很香，因为他们解决了一件大事情，他们现在正在做美梦呢，他们正在做什么梦呢？请你们想象一下吧。"播放一段舒缓的音乐，让孩子们想象。安静做梦一段时间，也不宜过长，一分钟左右即可。 随着音乐的结束，教师慢慢让孩子们醒来，教师回归教师身份，和孩子们一起讲一讲刚才做了什么样的梦，让愿意分享的孩子们分享，不愿意的孩子不需要勉强。
延伸活动	讨论	故事结束后，可以和他们聊一聊经历过同样的事吗，你是怎么解决的？教师可以问这样的问题：你觉得还有可能在哪种情况遇到陌生人？我们应该怎么应对？在外面时，我们应该注意什么？在家时，我们应该注意什么？有哪些地点是会有安全隐患的？如何辨识好人和坏人呢？

案例四：工作坊《三只小猪》

中心说明	了解建造房屋的流程和原则，体会一分耕耘一分收获的意义；能够学会自食其力，勇于独立解决问题，乐于帮助与合作。
准备材料	• 《三只小猪》的故事。 • 一些手工制作的材料、美纹纸、A4纸等。 • 一个用来装扮成大灰狼的服装，例如头饰或灰色围巾。 • 三只小猪的头饰。 • 本工作坊需要两名教师完成，一个主讲教师，一个助教老师。
教学目标	1. 了解狼和小猪的特点。 2. 了解建造房屋的流程和原则。 3. 知道如何能让房子更加坚固及其原理。 4. 面对坏人破坏自己的东西时的应对方式。 5. 能够明确劳动是需要更长时间和辛苦的。 6. 体验齐心协力、合力抵抗的情感。 7. 能用肢体和语言扮演角色。 8. 能够在角色中和教师扮演的角色互动。 9. 能够反思要更好地完成事情需要更加努力。 10. 乐于参与戏剧活动。
热身活动	**集体活动**：让孩子们坐成一个圆圈，准备好之后，教师告诉幼儿：孩子们，今天我们打算建房子，我需要一些强壮有力的帮手。建造房子需要什么东西呢？我们从哪儿开始呢？我们建好了房子是为了什么呢？教师可以带领孩子们模仿做一些建造房子的动作，比如搬砖、抹腻子、敲钉子、画图纸等。也可以让孩子们相互配合，这样肢体上的体验会更有戏剧性。如果幼儿不知道如何展现，教师可先进行示范。教师也可以结合 PPT 和视频给幼儿展示草、木、砖的区别，也可涉及不同地区不同房子的样式和建造过程，例如爱斯基摩人的冰房子、热带地区的木房子等，让幼儿充分了解房屋建造的相关知识。 **角色体验**：让孩子们站起来并散开，准备好之后进行自由想象。教师告诉幼儿想象自己变成了一只小猪，教师用语言引导：你的皮肤变成粉红色了；你的肚子越来越大了；一条卷曲的尾巴从后面长了出来；你会发出"哼哼"的声音。我们想象自己是小猪在空间里行走一下吧。
故事展开	**草房子**：教师把幼儿聚在一起，告诉幼儿： 　　从前，猪妈妈有三个孩子：猪大哥、猪二哥、猪小弟，三个孩子都长大了，猪妈妈决定让他们离开家，开始建造自己的房子，开始自己的生活。于是三个猪兄弟开始寻找建造房子的材料。 教师在教室的空间中用美纹纸贴出一个大概的空间（约2米×2米的正方形），具体多大按照实际情况来框定，因为之后要建造三个房子，所以教师要尽量把教室的空间分成三个相等的区域。 贴好后，教师告诉幼儿，猪大哥找到了一些草作为建造房子的材料，并引导孩子们扮演猪大哥及其朋友们完成建草房子的建造过程。教师说： 　　小猪们，今天会很忙，因为我们要建一栋房子。我们要建一个完全用稻草盖起来的房子。谁能找到一些稻草呀？这附近应该有很多。来，咱们一起收集一些稻草。（教师带领孩子们，在教室里用无实物表演捆稻草）现在我们有了

故事展开	草房子	一大捆稻草，让我们开始盖房子吧。我们要先从地基开始。做得不错，这些看起来很棒。接下来呢？墙壁！再用一些稻草，帮我来把墙壁垒起来。哇，它看起来棒极了。现在我们需要做什么来完成这个房子呢？我们有地板和墙壁，还需要屋顶！再拿些稻草过来。现在你能爬上去把屋顶盖起来吗？真漂亮！我们用稻草盖的房子终于盖好了。让我们来看看我们的房子吧。 教师一边描述一边让孩子们做动作，并邀请一部分孩子相互用肢体搭建一栋草房子，要考虑到房子的整体结构，选取其中一个幼儿成为猪大哥进入房子。其他小朋友在一旁待命。（如果有助教，助教可以留在这个场景里和没有变成房子的小朋友在一起，并继续讨论如何让房子更坚固一点） 之后，助教带领没有变成房子的幼儿变身成大灰狼，他悄悄地告诉这些幼儿："听说小猪们要建房子了，他们居然用稻草建屋，太愚蠢了，一会儿我们一起向房子吹气，它准倒"。助教带领孩子们走到另一组幼儿扮演的房子面前，说："小猪小猪，快出来，再不出来，我就要吹气了。"助教尽量也让孩子们说出前面这句话，然后大家一起吹气。教师带领另一组扮演"房子"的幼儿倒地。
	采访猪大哥	教师出戏，邀请扮演猪大哥的幼儿走到自己身边，并询问：你的房子为什么会倒呀？其他幼儿也可以参与讨论。讨论过后，孩子们继续扮演其他小猪准备建一个更坚固的房子。
	木房子	教师在教室的空间中用美纹纸贴出第二个空间（约2米×2米的正方形），作为搭建第二个房子的区域。 贴好后，教师告诉幼儿，猪二哥找到了一些木材作为建造房子的材料，并引导孩子们扮演猪二哥及其朋友们完成建木房子的建造过程。教师说： 　　小猪们，今天会很忙，因为我们要建一栋新房子。我们知道猪大哥的草房子抵挡不住大灰狼，我们要建一个用木头盖起来的房子。不过用木头建房子可能会用时更长。谁能找到一些木头呀？这附近应该有很多。来，咱们一起收集一些木头。我们可以先从砍树开始，然后我们要进行打磨，不能像稻草一样直接拿来用。（教师带领孩子们在教室里用无实物表演砍树、切割木材、打磨木材，尽量动作大一点，并注意木材的重量更重，所以搬的时候并不轻松，持续时间长一点，让孩子们都有劳动感）。现在让我们开始盖房子吧。我们要先从地基开始。做得不错，这些看起来很棒。接下来呢？墙壁！再用一些木材，帮我来把墙壁垒起来。哇，它看起来棒极了。现在我们需要做什么来完成这个房子呢？我们有地板和墙壁，还需要屋顶！再拿些木材过来。现在你能爬上去把屋顶盖起来吗？真漂亮！我们用木材盖的房子终于盖好了。让我们来看看我们的房子吧。 教师一边描述一边让孩子们做动作，并邀请一部分孩子相互用肢体搭建一栋木房子，要考虑到房子的整体结构，选取其中一个幼儿成为猪二哥进入房子。其他小朋友在一旁待命。（如果有助教，助教可以留在这个场景里和没有变成房子的小朋友在一起，并继续讨论如何让房子更坚固一点） 之后，助教再次带领没有变成房子的幼儿变身成大灰狼，他悄悄地告诉这些幼儿："听说小猪们又建房子了，他们居然用木材建屋，太小瞧我们了，一会儿我们一起推房子，准把房子推倒。"助教带领孩子们走到另一组幼儿扮演的房子面前，说："小猪小猪，快出来，再不出来，我就要推倒房子了。"助教尽量也让孩子们说出前面这句话，然后大家一起推。教师带领另一组扮演"房子"的幼儿倒地。

故事展开	木房子	在这个过程中要注意两拨孩子尽量不要换角色，演房子的一直扮演房子，演大灰狼的一直扮演大灰狼，可以鼓励孩子们在肢体层次上做一些变化（狼是站着的，小猪是蹲着的），或改变他们的声音（狼的声音是低沉的，小猪的声音是高的和软绵绵的），以及他们的面部表情（狼是凶狠、可怕的，小猪是害怕的）。
	采访猪二哥	教师出戏，邀请扮演猪二哥的幼儿走到自己身边，并询问：你的房子为什么会倒呀？你觉得这次建房子的经历和上次建房子的经历有什么不一样。（如果这名幼儿说不出来，可继而询问其他幼儿）。其他幼儿也可以参与讨论。讨论过后，孩子们继续扮演小猪准备建一个更坚固的房子。
	砖房子	教师在教室的空间中用美纹纸贴出第三个空间（约2米×2米的正方形），作为搭建第三个房子的区域。 贴好后，教师告诉幼儿，猪小弟找到了一些砖头作为建造房子的材料，并引导孩子们扮演猪小弟及其朋友们完成建砖房子的建造过程。教师说： 　　小猪们，今天会很忙，因为我们要再建一栋新房子。由于我们之前的房子都抵挡不住大灰狼，我们要建一个用砖头盖起来的房子。不过用砖头建房子可能会用时更长，我们会更累。你们准备好了吗？你们有信心吗？谁能找到一些砖头呀？这附近应该有很多。来，咱们一起收集砖头吧。不够的话我们可以先用水泥来制作。我们可以先从搅拌水泥开始，然后把水泥倒进模具、等待晾干，然后我们要把砖一个个堆砌起来，要注意砖头的数量。（教师带领孩子们在教室里用哑剧表演搅拌水泥、倒入模具、加速晾干、搬运堆砌，尽量动作大一点，并注意砖头的重量更重，所以搬的时候并不轻松，持续时间长一点，让孩子们都有劳动感。教师也可把幼儿分成不同的小组，每组负责一项工作，并尽可能细致地完成，这需要教师做一些关于建房子的知识查阅，不要出现知识错误）。让我们开始盖房子吧。我们要先从地基开始。做得不错，这些看起来很棒。接下来呢？墙壁！再用一些砖头，帮我把墙壁垒起来。哇，它看起来棒极了。现在我们需要做什么来完成这个房子呢？我们有地板和墙壁，还需要屋顶！再拿些砖头过来，现在你能爬上去把屋顶盖起来吗？真漂亮！我们用砖头盖的房子终于盖好了。让我们来看看我们的房子吧。 教师一边描述一边让孩子们做动作，并邀请一部分孩子相互用肢体搭建一栋砖房子，要考虑到房子的整体结构，选取其中一个幼儿成为猪小弟进入房子，并邀请刚才扮演猪大哥和猪二哥的幼儿都进入这个房子。其他小朋友在一旁待命。（如果有助教，助教仍留在这个场景里和没有变成房子的小朋友在一起，并继续讨论如何让房子更坚固一点） 之后，助教再次带领没有变成房子的幼儿变身成大灰狼，他悄悄地告诉这些幼儿："听说小猪们又建房子了，他们建造了砖房子，这回可不好弄了，一会儿我们一起吹或推房子，一定要抓住他们。"助教带领孩子们走到另一组幼儿扮演的房子面前，说："小猪小猪，快出来，再不出来，我就要推倒房子了。"助教尽量也让孩子们说出前面这句话，然后大家一起又吹又推。教师带领另一组扮演"房子"的幼儿尽力防卫。最后，助教带领扮演大灰狼的孩子们累倒在地上。
	采访猪小弟	教师出戏，邀请扮演猪小弟的幼儿走到自己身边，并询问：你的房子为什么没有倒呢？你觉得这次建房子的经历和上两次建房子的经历有什么不一样。建房子过程中你觉得最重要的任务是什么？教师带领所有幼儿一起探讨。

结束	狼的谈话	教师把幼儿聚集在一起并告诉他们： 　　大灰狼前几次想抓住小猪的计划都没有得逞，他现在正在想新的法子让小猪们不专心建造自己的房子。一会儿我们就来看看大灰狼又要干什么吧。 教师入戏成为大灰狼，他又在策划新的一项计划，我们来与他进行一个对话，问问他到底在干什么。教师扮演大灰狼与幼儿进行互动： 　　我，大灰狼，一直不明白，为什么小猪会干越来越累的事，所以不能让他们学会勤劳，不能让他们学会动手。我要研制一种小机器，上面全部是好玩的视频和游戏，这样他们就不会有这么多的思考、想出这么多鬼主意来建造房子对付我了。他们就会每天看这个小机器什么也不干了，我的计划太完美了，哈哈哈哈。 教师出戏，并对幼儿进行提问： 　　刚刚大灰狼说了什么？他有什么计划？ 　　你觉得大灰狼的新计划可行吗？为什么？ 　　如果我们想防御大灰狼再次来临，我们需要做什么？
拓展活动	手工制作	教师带领幼儿们回顾世界各地的房子，讨论不同的建筑材料，重点在于讨论建造的人都通过哪些方式来让房子更坚固。 讨论后，教师可以给幼儿留两个小作业： 1. 幼儿可以用小盒子或其他可回收材料来建造一个小房子。 2. 制作一个小猪储蓄罐，把每天比昨天多做了一点的事写下来放进去（可以和家长一起制定完成任务）。

案例五：工作坊《野兽国》

中心说明	理解自己与家长的关系，体会父母照顾孩子的辛苦，能够学会感激，反思自己的顽皮行为。
准备材料	・铃鼓或小鼓。 ・莫里斯・森达克的《野兽出没的地方》（Where the Wild Things Are）。 ・丛林音乐或某种部落的音乐。 ・一些围巾或方巾、乐器或音乐。 ・律动感强的音乐。 ・一大块织物。 ・一个小鞋盒或木盒子。 ・一个炒勺。 ・一个小纸船、一个小人的剪纸。 ・一些美纹纸、一些 A4 纸、一些彩笔。 ・一个小男孩房间的布置（可以灵活布置，但必须有门、床和窗户）。 ・本工作坊需要两名教师完成，一个主讲教师，一个助教老师。
教育目标	1. 想象野兽的特点和形象。 2. 了解 5 岁小男孩的房间布置和想法。 3. 知道如何应对冲突并试图解决。 4. 明白管束和被管束是怎样的关系，学会沟通。

教育目标		5. 能够理解家长的辛苦。 6. 能够理解玩偶的表达方式。 7. 能用肢体和语言扮演角色。 8. 能够在角色中和教师扮演的角色互动。 9. 能够反思和父母之间的关系。 10. 乐于参与戏剧活动。
热身活动	肢体开放	教师引导幼儿，在教室散开站好，准备好之后，进行自由想象，教师用语言引导： • 你能想象自己是一粒小小的种子吗？你可以让自己变得特别特别小吗？ • 你的种子可以慢慢发芽吗？ • 想象你慢慢地生长，你这棵小树变得越来越高，你向着天空的方向生长，慢慢地深入云层，无限地向上生长去了。 • 使用一种乐器，例如铃鼓或摇铃，然后慢慢地从1数到10，让孩子们摆出一个从小到大的物体的变化，1 为最小，10 为最大，从最小变到最大，再从最大变到最小。
	角色体验	完成上面的活动后，教师继续引导幼儿，在教室散开站好，准备好之后，进行自由想象，教师用语言引导： • 你可以跟着声音的节拍在教室里走动吗？ • 你可以：慢慢地走吗？ 　　　　快快地走吗？ 　　　　安静地走吗？ 　　　　吵闹地走吗？ 　　　　缓慢而安静地走吗？ 　　　　缓慢而吵闹地走吗？ 　　　　快速而安静地走吗？ 　　　　快速而吵闹地走吗？ • 好极了，现在回到你正常的步伐。 　　现在当你走动的时候，想象你正在变大。 　　你的指甲变得更长了。 　　你的牙齿越来越锋利。 　　你的眼睛越来越大。 　　你的头上开始长出密密麻麻的毛发。 　　你有着宽阔的肩膀和一张凶狠的脸。 　　你成了一头野兽！ 　　你能像野兽一样咆哮吗？ 　　让我看看你的爪子、牙齿和大大的眼睛。 　我知道一个关于野兽的故事，你们听说过吗？咱们一起来看看发生了什么？
故事展开	辰辰的房间	教师把幼儿聚在一起，告诉幼儿："辰辰是一个5岁半的小男孩，他刚刚中班毕业。我们面前的空间就是他的房间"。 教师用美纹纸在地面上贴出一个一般小朋友房间大小的空间，可以稍微比现实情况小一点，但不要差别太大。之后，教师一边描述一边继续用美纹纸建构这个房间，其间可以力所能及地运用现场的一些家具或者桌椅进行立体构建。教师先确定好门在哪里，移动家具和道具时要注意从门里进出，帮助孩子逐渐相信这是一个"真实的"5岁小男孩的房间。

故事展开	辰辰的房间	教师向幼儿讲述："这个空间就是他的房间，这里是大门，这里是床，这里是窗户，这里是他的玩具区域，这里是他的衣橱，这里是他的书架，请问还有什么呢？"孩子们即兴回答，教师按照孩子们的回答继续用美纹纸构建。 教师向幼儿讲述："我们看到在这个床底下有一个小盒子，这个小盒子里面都是辰辰收集的宝贝，这是他的秘密，连他妈妈也不知道。这个盒子里有什么呢？"教师分发A4纸和彩笔给孩子们，让他们把想象的辰辰的宝贝画出来。画完以后，幼儿可以走入"房间"的空间内，放进小盒子里，注意幼儿从门里进，从门里出的规则。
	妈妈的命令	教师向幼儿讲述："辰辰最喜欢做的事情就是在自己的屋子里狂欢、胡闹、瞎玩。"教师给孩子们分发一些丝巾，他们可以把丝巾当成任何东西。教师播放律动感强的音乐，鼓动孩子一起玩耍，胡乱玩耍，随意挥舞丝巾。 这时，可以让孩子们尽情地玩一会。同时，教师到一边去把自己打扮成妈妈的样子，尽量使用丰富一点的装扮，让自己和教师的样子不一样。最重要的是拿着一个炒勺。教师随时入戏打断孩子们的狂欢。 教师扮演妈妈说： 　　吵死了，吵死了，辰辰，妈妈跟你说了多少次，小点声，不然楼下的那家人又找上来了。（一开始老师的出现会让孩子们不知所措，没关系，教师继续表演，一定不能脱离妈妈的角色，孩子们也需要适应过程，尽量用眼神扫视每一个孩子，让他们了解到自己变成了辰辰）。我叫你多少次了，你听见没有，叫你吃饭，每次总是一叫不来、二叫也不来。我辛辛苦苦地做好饭，饭都凉了，还不出来吃。你又在干什么？弄得乱七八糟的。你真是一个野兽！算了，不吃拉倒，今天不许你吃饭。 教师出戏。整个过程不需要幼儿回应，教师需要用非常严厉的语气去将这一段表演完，并时时刻刻观察孩子，避免他们真的害怕。教师扮演结束后，和孩子们围坐在一起，尽可能近一点。教师提问幼儿： 　　辰辰妈妈为什么生气？ 　　这是第一次辰辰不听话吗？ 　　他还曾经因为什么事情惹妈妈生气？ 　　辰辰现在的心情是怎样的？ 　　他现在应该做什么？
	来到野兽国	教师把幼儿聚拢，向幼儿讲述： 　　辰辰赌气并没有出去吃饭，他很饿很饿，但是他不想听妈妈的话，他也很生气，慢慢地他躺在床上睡着了。突然，好像有一个低沉的声音在呼唤他，"辰辰国王""辰辰国王"。他的面前停下一艘小船，他上了船看能去哪里。（教师舞动小船，小船中坐着一个小纸人，这就是辰辰，小船在孩子们每个人的头顶航行过去）。终于他来到了野兽国。 教师邀请孩子们想象自己成为野兽国中的野兽，每一个人想象自己专属的野兽的样子和吼叫，并集体扮演在岸边等待辰辰来到野兽国的野兽形象。 教师描述："岸边的野兽们发出了可怕的吼叫，露出可怕的牙齿，转动可怕的眼睛，伸出可怕的爪子，张牙舞爪地等待着辰辰。但是辰辰一点也不害怕。"教师拿出上面的小人，小人就是辰辰，教师用木偶剧表演的方式操控着小人说： 　　所有野兽听令，我是你们的国王，我叫辰辰，我知道你们已经期待我很久了，我终于来了。现在你们都要听我的话，我说什么你们就要做什么。现在你们安静，然后转一圈，趴下，站起来，发出吼叫，安静，跳起来，蹲下。（孩子们需要随着指令而行动）不错，很好，从今天起我就是野兽国的国王了！！！

故事展开	辰辰国王万岁	教师拿着小人偶带领孩子们一起制定野兽国的制度。任何制度在野兽国都是可以被接受的。教师需要用图画的方式在纸上把这些制度记录下来,并贴在教室里最显眼的位置。
	调皮的小野兽	教师继续用木偶剧表演的方式操控着小人,一边表演一边讲述: 　　所有野兽听令,我是你们的国王,我叫辰辰,现在是咱们狂欢的时刻,每一个人拿一条丝巾,咱们一起狂欢起来。记住,你们是野兽,要用野兽的方式狂欢。(教师播放音乐,带着小人一起和孩子们扮演野兽的狂欢。持续一段时间,大约30秒)。好了好了,野兽们玩够了吧,现在我累了,我要睡觉了,你们也都睡觉吧。听我命令大家睡觉。 教师继续操控小人,助教扮成野兽和孩子们一起躺下。教师用平静的语言引导:"大家都很听辰辰的话,但是只有一个小野兽,他就是不听话。大家看他就是不睡觉。大家现在想想办法怎么管管他,不然辰辰国王就一点权威都没有了。" 幼儿可以上前过来拿小人,拿着小人就变成了辰辰,你就可以去管这个调皮的小野兽了。每个人都可以拿,但是要注意顺序,一个一个来。教师帮助孩子们利用小人扮演辰辰去沟通和管理这个调皮的小野兽,助教扮演的小野兽就是不听话,一直和所有扮演辰辰的孩子们对着干。助教老师在和幼儿互动时要注意不要刻意激怒幼儿,掌握好分寸。
	辰辰的独白	教师和孩子们都出戏,教师告诉幼儿:"现在辰辰很不开心,他觉得自己的权威受到了挑战,他很累,我们现在问问他怎么想的好不好?" 教师拿起小人扮演辰辰,孩子围成半圆坐好,孩子们可以向辰辰提问。教师扮演辰辰说: 　　我想离开这里,管理这些野兽太难了。我妈妈在家里管理我就已经很辛苦了,可是我却在这里要管理这么多野兽。我太想家了,太想妈妈了。(教师表演小人偶哭泣)。我要回家,是的,我要找到我的小船,我要回家。 教师出戏,把小人放到一边,并聚拢幼儿进行提问: 　　野兽们做了什么让辰辰这么不开心? 　　现在辰辰是什么心情? 　　他为什么想回家? 　　你们觉得他应该回家吗?
	辰辰离开了	教师用小人和船表演辰辰踏上小船,准备起航回家。教师邀请孩子们成为野兽们,面对小船,他们发出了可怕的吼叫,露出可怕的牙齿,转动可怕的眼睛,伸出可怕的爪子,张牙舞爪地围住辰辰,他们会对将要离开的辰辰国王说什么呢?请孩子们依次表达,但是注意还是要在野兽的状态里。 教师邀请孩子们一起用野兽的方式喊:"不要走,我们好爱你。不要走。"教师又将小船航行过孩子们的头顶,大家都回到了现实。
结尾	讨论	教师询问孩子们:辰辰回到自己的房间,回到自己的家,他回来后做的第一件事是什么呢?他见到妈妈会说什么?请孩子们即兴回答。
延伸活动	分享	教师给幼儿布置两个小任务: 1. 请把今天发生的故事回家讲给父母听,并和父母一起讨论故事里发生的事情。 2. 回到家里,幼儿可以绘制一幅野兽国样子的图画,下节课带到课堂上。绘画不必要求技巧。

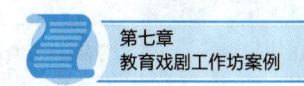

案例六：工作坊《拔萝卜》

中心说明	能够乐于帮助他人，尊重他人领地，学会灵活思考，并能创造性地解决问题。
准备材料	• 《拔萝卜》的故事、《拔萝卜》的儿歌音频。 • 一张大白纸上画着一个大大的萝卜。 • 马克笔和一些五彩的蜡笔、A4纸。 • 一些硬纸板，可以做成各种工具。 • 与幼儿数量相等的卫生纸卷。 • 一顶草帽。 • 用手工纸和纸箱子做一个大大的萝卜，叶子和萝卜的身体是分离的，用纸箱子的一面把大萝卜的身体遮挡住代表大萝卜在土里。 • 一些可以做饭的工具。 • 一些绿色的泡沫或者纸条可以被当作是萝卜。 • 一些手工的材料。
教学目标	1. 了解萝卜的形状、大小、颜色。 2. 能够充分发挥想象，想象拔萝卜的不同方式。 3. 通过多种形式演唱童谣，并能理解韵律。 4. 可以站在角色的角度识别困难和解决问题。 5. 可以制作不同的萝卜菜肴。 6. 能用肢体和语言扮演角色。 7. 能够在角色中和教师扮演的角色互动。 8. 能够认识团结就是力量，相互帮助才能有所收获。 9. 愿意主动帮助他人，并积极思考如何帮助。 10. 乐于参与戏剧活动。
热身活动	集体活动	教师让幼儿坐成一个圆圈，准备好之后，教师提问： 　　你在生活中见过萝卜吗？ 　　描述你见到的萝卜的样子。 　　描述你尝到的萝卜的味道。 教师可以利用PPT展示一些萝卜的不同品种，并让幼儿了解萝卜的生长环境、周期。
	角色体验	教师让孩子们起立，一起站在教室的一侧，引导幼儿把卫生纸卷想象成望远镜，告诉他们："现在你们是在自己家的窗户向外看，邻居家有一位老爷爷，你能通过望远镜看到老爷爷的菜园有什么吗？"幼儿一边观看，根据自己的想象回答，教师一边提问： 　　大家看到菜园里有什么？ 　　院中有没有一个大萝卜，它在哪里呀？ 　　大家是不是只看到一个萝卜的叶子呢？ 教师先观察幼儿，若幼儿没有进展，教师可以用引导性语言去帮助幼儿想象，例如： 　　老师看到了老爷爷休息的凉亭！ 　　老师看到老爷爷正在椅子上坐着呢。 　　老师看到了他心爱的小猫正跑到大萝卜旁边。 　　老师看到了老奶奶正在厨房做饭呢。 　　老师看到了老爷爷的小孙女正在跳皮筋。

故事展开	拔萝卜的准备	教师让幼儿把望远镜放下，并告诉幼儿：老爷爷马上要来他们家做客，让我们一起来迎接老爷爷吧。教师告知幼儿当自己戴上一个草帽时就变成老爷爷了，大家看看老爷爷会说什么。教师入戏成为老爷爷说： 　　大家好，我是住在隔壁的老爷爷，我的小孙女特别爱吃萝卜，可是我今天看了这个萝卜一天，它在地里就露出了一个叶子，我尝试着把它拔出来，可是拔不动，我来请请教教你们，怎么才能把这个萝卜拔出来呢？让我的小孙女早点吃上好吃的大萝卜。 教师询问幼儿有什么好的建议给老爷爷呢？要怎么做才能更好地把萝卜拔出来呢？先让幼儿自由回答，之后给出以下建议： 1. 制定一个拔萝卜的队形：谁在前？谁在后？ 2. 设计一个拔萝卜的工具（在A4纸上画下来）。 3. 是否可以从地底下挖一个洞从下面合作把萝卜推上来。教师一边聆听幼儿的回答，一边用白纸进行记录和绘制拔萝卜的计划。
	探索老爷爷的菜园	教师将制作好的道具大萝卜放置在教室中间，在教室的一侧选择一个起点，并用美纹纸贴在地上建构从起点到大萝卜的路，路的轨迹不能是直线，要蜿蜒曲折，这会作为之后幼儿探索老爷爷菜园的路径。 道路建构好后，教师告诉幼儿自己将作为领队，组织幼儿站成一排准备去帮助老爷爷拔萝卜。我们需要先把之前设计好的工具放在一个小袋子里，然后交给一名幼儿保管。 教师讲述： 　　大家面前就是老爷爷的菜园，老爷爷的菜园里除了萝卜还有其他的蔬菜，中间能够供我们走路的只有很窄的一条小路，所以我们排成一队不能踩坏老爷爷的菜园。 教师带领孩子们一起进入建构好的菜园，进入菜园后，一边慢慢地、小心翼翼地向前走，一边设置一些问题和状况让幼儿参与解决： 1. 老爷爷的菜园还有什么其他的菜呢？请说说你看到的。（尽管教室里什么也没有，教师需要引导幼儿想象，如果幼儿想不出来，教师可以举例，如我看到了白菜。不过需要注意蔬菜生长的季节的正确性，教师需要提前做一点功课） 2. 领队（教师）发现有一处菜叶子上有虫子，我们应该怎么办呢，你能说一说吗？ 3. 领队（教师）看到了西红柿，西红柿饱满多汁，他想摘一个尝一尝，问一问幼儿的意见。（在这里重点和幼儿探讨在别人的菜园里是否能随意采摘） 4. 领队突然摔倒，哭了起来，引导幼儿安慰自己。（设置突发状况，让幼儿帮助解决问题） 5. 教师也可自行添加一些自己想出的状况。
	拔萝卜的过程	大家终于来到了大萝卜的面前，首先教师带领幼儿做拔萝卜的准备运动，比如伸伸胳膊、压压腿等，或者检查一下自己的鞋带是否系好。当幼儿准备好后，教师提问： 　　我们需不需要一些口号来增长一下我们的气势？ 　　你们知道什么口号吗？ 　　咱们一起来创作一个口号吧。 在这个阶段可以引出儿歌《拔萝卜》，如果孩子们有什么其他关于口号的奇思妙想，也可以加在儿歌之前或之后。 教师询问孩子们用什么样的动作才能更好地把萝卜拔出来，我们可以用之前讨论到的拔萝卜计划中的动作，我们要齐心协力。教师喊1、2、3开始，大家反复做拔萝卜的动作，并一起喊口号和唱诵儿歌（维持1～2分钟）。

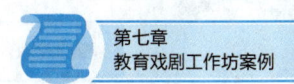

故事展开	只拔出了萝卜叶子	经过几分钟，教师表演把萝卜拔出来的样子，教师把道具大萝卜的叶子拔出来，大萝卜的身体依然在地底下，教师说："我们只拔出了萝卜的叶子，萝卜一下子变得更加难拔了，这可怎么办？" 教师和幼儿一起拿出之前画好的工具，并坐下来商讨如何面对目前的状况——把断了叶子的大萝卜拔出来。无论幼儿想出怎样的办法，教师和幼儿都尽量通过表演的方式进行尝试，直到大家发现一个最佳的拔萝卜方式。 教师带领幼儿进入拔萝卜的身份。教师扮演领队，与幼儿一起喊着口号并表演成功将萝卜拔出来。
	老爷爷的烦恼	教师向幼儿祝贺萝卜被拔出来。可是老爷爷却遇到了另一个难题，需要幼儿来帮助老爷爷解决。教师戴上帽子入戏成为老爷爷告诉幼儿： 　　各位小朋友们好，非常感谢大家帮我把萝卜给拔出来了，我知道你们很辛苦，谢谢啊。可是这萝卜还是新鲜吃好吃，但是老奶奶想吃萝卜丸子，小孙女想吃炒萝卜，小狗狗想吃凉拌萝卜丝，小花猫想吃萝卜包子。可是我不会做那么多，怎么办呀，你们能不能帮我想想办法。 教师与幼儿一同讨论如何帮助老爷爷，这些与萝卜相关的好吃的美食都是怎么做出来的呢？先和小朋友们讨论，之后可以搭配视频或PPT进行讲解，浸润与萝卜相关的美食文化。
结束	我是小小厨师	教师准备做饭的材料及道具让幼儿进行自主选择，来帮助老爷爷完成一道菜，幼儿可以自行选择一道菜进行手工制作。教师需要尽可能准备更多的材料来让幼儿选择，如绿色的纸条、橡皮泥、泡沫、毛毡布等，并准备一些玩具锅、碗、瓢、盆让孩子们选择。 幼儿利用自己手中的工具做菜，教师戴上老爷爷的帽子进入角色后对幼儿进行随机采访，让幼儿讲述做菜的思路。 最后大家相互展示自己所做的菜品。
延伸活动	思考	教师邀请幼儿一同讨论生活中常见的蔬菜和水果的生长位置和摘取方法，教师可以搭配视频或PPT进行讲解。

案例七：工作坊《坚定的锡兵》

中心说明	认识整理玩具、保护玩具、不能随意丢弃玩具的重要性，学会珍惜自己拥有的东西；学会理解他人感受，特别是身体残疾的人的心情和处境。
准备材料	• 美纹纸、马克笔、A4纸。 • 小锡兵的图片。 • 芭蕾舞公主的图片。 • 小椅子若干。 • 一条纱巾。 • 一顶黑色的棒球帽。 • 一个锡兵的帽子。 • 老鼠的面具。 • 河流的音效。

教学目标	1. 思考玩具在自己生活中的重要性。 2. 了解身体残疾的人的心情和处境。 3. 可以站在角色的角度识别困难和解决问题。 4. 能用肢体和语言扮演角色。 5. 能够在角色中和教师扮演的角色互动。 6. 能够认识要珍惜自己拥有的东西，不可随意丢弃物品和玩具。 7. 愿意主动帮助他人，并积极思考如何帮助。 8. 乐于参与戏剧活动。	
热身活动	肢体活动	教师带领幼儿在空间中自由走动，并根据教师的指令变换自己的行走方式： • 请你以正常的速度在空间中走。 • 请你快速地在空间中走。 • 请你缓慢地在空间中走。 • 如果你缺少了一只胳膊，怎么在空间中走？ • 如果你缺少了两只胳膊，怎么在空间中走？ • 如果你缺少了一条腿，怎么在空间中走？ • 如果你缺少了两条腿，怎么在空间中走？ • 如果你看不见了，怎么在空间中走？ • 如果你听不见了，怎么在空间中走？ • 回归到正常走路的状态，走一会儿，停下。 教师与幼儿讨论不同状态走路时的不同感受。
	空间建构	教师用美纹纸在幼儿面前围成两个面对面的长方形，围成的区域可以分别容纳10个左右的幼儿站在里面。教师讲述： 　　从前，有一个小男孩，他有一张桌子，桌子上有好多好多的玩具，数也数不清，连他自己都不知道有多少玩具。他的玩具种类也很多，有乐高玩具、小汽车、玩具熊、拼图、小鼓、吸力板、各种各样的士兵、娃娃等，他一会儿玩玩这个，一会儿玩玩那个，有很多玩具也都被他玩坏了，有些玩具他不喜欢玩了就丢在一边。他最喜欢的玩具是在书桌的左边有一个小方盒子，就是我们看到的左边区域。原来这里面住着25个小锡兵，他每日都要把这25个小锡兵拿出来玩一下，现在就剩下10个左右了。在这个小方盒子的对面是一个乐高搭建的美丽的宫殿，就在右边这个区域，这个宫殿比这个小方盒子要气派多了，这是他的好朋友送给他的礼物，虽然他不喜欢这个公主的城堡，但是因为好朋友送的，所以它完好无损地摆在桌子上，在这个城堡前立着一个美丽的芭蕾舞公主，她总是舒展着最美丽的姿势，微笑着看着前方。 教师用定格画面的方式引导全体幼儿用肢体扮演小男孩桌子上的玩具，并描述自己是什么玩具及自己的特点。之后，教师选取10名幼儿站在左边的区域里变成小锡兵玩具，引导另外1名幼儿站在右边的区域里变成芭蕾舞公主，其他幼儿坐在原位。
故事展开	不完整的小锡兵	空间建构好之后，教师将其中一个小锡兵的一条腿用纱巾蒙住，并继续讲述： 　　这十几个小锡兵中有一个只有一条腿的小锡兵，他有点被玩坏了，所以他有点自卑。他每日看着对面的宫殿里有一个非常美丽的芭蕾舞娃娃，她一直踮着一只脚跳舞，他们每天这样面对面。 教师随机采访作为小锡兵的幼儿，提问：

故事展开	不完整的小锡兵	小锡兵每日会想些什么？ 你觉得小锡兵快乐吗？ 现在小锡兵的心里在想什么？ 小锡兵每日看着芭蕾舞公主，他们想对芭蕾舞公主说什么？ 断了腿的小锡兵每日在想什么？他想对芭蕾舞公主说什么？ 采访完小锡兵后，教师随机采访芭蕾舞公主，提问： 芭蕾舞公主每日会想些什么？ 你觉得芭蕾舞公主快乐吗？ 现在芭蕾舞公主的心里在想什么？ 芭蕾舞公主每日看着小锡兵，她想对小锡兵说什么？ 芭蕾舞公主想对断腿的小锡兵说什么？ 教师不仅提问场上的幼儿，也要询问坐在原位上的其他幼儿。
	小锡兵被扔了	空间中扮演小锡兵和芭蕾舞公主的幼儿暂时不要出戏，教师告知幼儿自己将要扮演这个小朋友，我们来看看他是怎么玩这些玩具的。 教师戴上一顶黑色的棒球帽就成为小男孩，教师表演：走到小锡兵的盒子旁边摆弄每个小锡兵（幼儿），拽拽他们的头发，拉拉他们的胳膊，把几个小锡兵拿出来摆玩，或摆成一个阵型，然后假装他们在"对战"。之后小男孩（教师）拿出一个小锡兵和芭蕾舞公主对战，教师拿着幼儿的胳膊做一些对战的动作，例如拿着小锡兵的胳膊打芭蕾舞娃娃等。教师要表现出小男孩玩玩具的样子，中间可以即兴搭配一些台词，但是在摆弄小锡兵（幼儿）时要注意分寸，不要让他们真的打到别的幼儿。摆玩一会后，教师走到断腿的小锡兵旁边说："这个玩具坏了，不要了。"于是就"假装"把小锡兵从窗户扔了出去。 教师出戏，让所有幼儿回归到自己的座位上，教师提问： 刚才发生了什么？ 此时的小锡兵们和芭蕾舞娃娃会想什么？ 断腿的小锡兵为什么会被小男孩扔掉？ 你们觉得他这样做对吗？ 教师和幼儿讨论一会儿，并渗透珍惜玩具的思想。
	难过的小锡兵	讨论后，教师告知幼儿，自己将要扮演被扔掉的小锡兵，请大家听一听小锡兵现在的心情。教师戴上锡兵的帽子，瘸着腿从教室一侧走上来，他缓慢地坐在地上，说： 　　我的主人不要我了，他嫌弃我断了一条腿，不喜欢我了。唉。不过这并不是让我最难过的，让我难过的是我离开了我的兄弟们，原来我有25个兄弟，可是陆陆续续有些坏了，有些丢了，都没回来，这次轮到我了。我真想自己是一个真正的战士，这样就不会任人摆布了。我再也见不到我的芭蕾舞公主了，她是那么美丽，那么优雅。虽然她从来没跟我说过话，但是我知道她把我当成了她最好的朋友，我们每天相互对视，相互陪伴，我走了，她一个人应该很孤独吧。你们说我现在应该怎么办？ 教师在小锡兵的角色里和幼儿进行互动，请幼儿帮助自己出主意。充分讨论过后，教师出戏，并提问： 　　小锡兵最难过的事是什么？

	难过的小锡兵	小锡兵的那些消失的兄弟都去了哪里？ 现在小锡兵是什么心情？ 他是应该回到小男孩家还是去别的地方看看？ 教师带领幼儿讨论。
故事展开	冒险之旅	教师告知幼儿，正当小锡兵在思考是回到小男孩家还是去别的地方的时候，他突然被人捡起来，一群路过的小朋友在街上捡到了他，并把他扔到了河里。随着河流的流动，小锡兵被迫开始了他的冒险旅程。 教师带领幼儿体验一下三个场景，一起来探索小锡兵在冒险旅程中遇见了什么新奇的事或者困难，并且是如何解决这些事的。 场景一：小锡兵随着河流漂着，他见到了河流里面或岸边的很多新奇的事物。 教师戴上帽子变成小锡兵，幼儿站成平行的两排，分别想象和扮演小锡兵都看见哪些事物，幼儿用肢体、声音、表情将其表演出来。教师从队伍的一头开始，一边走一边作为小锡兵对他看到的事物（幼儿的表演）做出反应，好奇、害怕、喜欢等。 场景二：小锡兵被冲到了下水道里，在下水道里遇见了一群大老鼠，大老鼠恶狠狠地欺负他。大老鼠说： 　　啊哈，一个小小的坏掉的玩具锡兵怎么漂到我这里来了。正好我没有好东西磨牙呢，让我一口把你的另一条腿咬掉。 幼儿戴上老鼠的面具变成欺负小锡兵的一群大老鼠，教师变成只有一条腿的小锡兵。教师和幼儿即兴互动，教师表现小锡兵一开始很害怕，但后期慢慢拥有勇气，并想着如何对抗大老鼠的办法，教师随着幼儿的"欺负"即兴应对。 这一环节的互动完全是在即兴过程中，场面可能会混乱，幼儿也有可能上前来打老师。教师要学会及时逃跑。最后，教师扮演小锡兵以"不好，我听见猫的声音了"的理由离开。 教师和幼儿出戏后可简单讨论一下，小锡兵怎么应对大老鼠的欺负。 场景三：小锡兵回到河里，继续漂流，他被一条大鱼吃到了肚子里。 教师和幼儿一起坐在地上，教师播放河流的音效。教师让幼儿闭上眼睛，想象被吞到大鱼肚子里以后是什么感觉，在想什么？先让幼儿在音效中感受，教师不要说话，体验大约1分钟。体验完以后，幼儿轮流回答他们的感受和想法。 三个场景体验完后，教师提问： 　　小锡兵还会遇到什么别的困难？请大家说一说，如果时间充足也可以用即兴演绎的方式演一演。 　　经历过这些后的小锡兵和之前的小锡兵有什么不一样。
	回到小男孩家里	教师继续告知幼儿： 　　吃掉小锡兵的大鱼被渔民钓了上来，卖到了菜场，小男孩的妈妈把这条鱼买回家，切开鱼肚子一看，一个小锡兵玩具居然在肚子里面。小锡兵终于回到了原来的家里，他又能见到芭蕾舞公主了。 教师再次引导10名幼儿站在左边的区域里变成小锡兵玩具，引导另外1名幼儿站在右边的区域里变成芭蕾舞公主，其他幼儿坐在原位，此时如果小锡兵和芭蕾舞公主都会说话的话，他们会对对方说什么？ 教师进入小锡兵的角色，与幼儿进行互动，教师作为小锡兵跟其他幼儿互动讲一讲自己的经历，讲述突出自己在"漂流"过程中的成长。

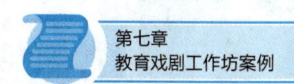

结束	我心中的小锡兵	教师分发给每一个幼儿一张纸,让他们画出自己心目中的小锡兵的样子。如果课堂时间不够,可选择课下绘画或其他活动时间,不要求幼儿的绘画技巧。绘画完成后,教师要让幼儿展示自己的画作,并讲一讲自己心中的小锡兵是一个什么样的人。
延伸活动	整理	幼儿回到家里整理自己的玩具,看看他们有没有损坏,并把他们整理整齐。

案例八：工作坊《小雨点，小雨花》

中心说明	了解雨的自然现象及水循环的形成原因,明白遇到挑战要勇于承担责任,付出行动。	
准备材料	• 雨棒和其他敲击乐器。 • 一张卡纸。 • 一些A4纸、马克笔。 • 舒缓和快节奏的音乐。 • 儿歌《小雨点，小雨花》。 • 一个小雨滴的头饰或蓝色纱巾。	
教学目标	1. 了解雨的自然现象及作用。 2. 理解水的不同形态,了解水转化的原因及过程。 3. 学唱《小雨点，小雨花》的歌曲,并理解歌词的内容。 4. 可以站在角色的角度识别困难和解决问题,并积极思考如何进行帮助。 5. 能用肢体和语言扮演角色,表现雨滴的转化过程。 6. 能够在角色中和教师扮演的角色互动。 7. 能够认识勇气的重要性,并学会鼓励自己和他人。 8. 乐于参与戏剧活动。	
热身活动	肢体活动	教师带领孩子们进行"抱抱"的游戏。孩子们首先在空间中漫步,当教师说出一个数字的时候,孩子们就几个人抱在一起,然后教师给出指令,根据指令要求即兴用身体拼出一个物品,例如四个人拼成桌子、三个人拼成茶壶、四个人拼成大象等,涉及的物品可以多种多样。
	情境体验	教师把幼儿们集中在教室的空地上,让他们坐下来,然后模仿下雨的声音,教师说:有的时候雨声听上去像一首诗("淅淅淅""沥沥沥"),而有的时候听上去是"唰唰唰"的声音,有的时候声音很大,有时很轻柔。教师邀请幼儿们发出不同雨量的下雨声。 教师拿来一些物体或乐器,特别是雨棒(最好是课堂里已经有的,或者自己用矿泉水瓶子和豆子制作的),给他们看你的雨棒,当你把它从一边划向另外一边的时候,它是怎么发出让人快乐的噼里啪啦的雨声的。让幼儿们一个个传递雨棒,听它发出的声音。如果有充足的雨棒,也可分发给幼儿。 之后,大家用乐器探索不同的雨声,包括雷声、闪电声、风声,也可以用嘴去模仿。教师可以把孩子们分成小组,每一个组负责一种声音进行练习,练习好了后再进行组合,成为一个"下雨天"交响乐。

	下雨天的经历	教师把乐器收起来，向幼儿介绍一个谜语： 　　燕子低飞，鱼跳水。 　　蚂蚁搬家，蜜蜂天黑不愿归。 请幼儿猜一猜这个儿歌描述的是什么自然现象发生之前的景象，并思考为什么会出现这样的现象。最后教师揭晓答案是下雨，教师需要讲解下雨前为什么会"燕子低飞""鱼跳水""蚂蚁搬家""蜜蜂天黑不愿归。"最后，幼儿和教师一起重复吟唱儿歌。 教师让幼儿们跟大家分享他们在雨天的经历，教师提问： 　　以前有被雨淋过吗？ 　　有伸手去接过雨滴吗？ 　　下雨要准备什么样的雨具？ 　　下雨天不要做什么样的事情？ 　　你喜欢下雨吗？
	小雨滴的形象	教师给孩子们一些A4纸和马克笔，让他们创作自己的"小雨滴"的形象，"小雨滴"不仅需要有雨滴的形状，还要结合雨滴落下前的心情进行表情创作。
故事展开	小雨滴的故事	教师告诉幼儿："今天我们要讲述一个小雨滴的故事。首先我们来听一首讲述这个小雨滴故事的歌曲。"教师播放《小雨点，小雨花》这首歌，播放两遍，并让幼儿仔细聆听歌词的内容。聆听后，教师提问： 　　你在歌曲中听到了什么？ 　　小雨点要做什么？ 　　小雨点会给大地带来什么？ 　　小雨点会变成什么样的形状落下？ 如果幼儿回答不全面，教师可再让幼儿聆听歌曲，并再进行提问。 提问后，教师引出小雨滴的故事，教师讲述： 　　在高高的天空上，隔一段时间乌云妈妈就会生出一些雨滴宝宝来，雨滴宝宝逐渐长大，他们就要自己穿过云层，滴落下去，去探索云下的世界。 教师带领幼儿们聚集在教室的一边成为在云朵上聚集的雨滴，另一侧的教室是云下的大地，教师可以用美纹纸贴出两个区域。幼儿需要表现从这一侧"滴落"到另一侧的过程，用自己的方式展现。可以先让孩子们玩着进行一遍，然后告诉他们把滴落的速度放慢，这样我们才能看到滴落的过程，用极慢的动作或极快的动作进行表现，其中教师可以搭配一些舒缓和快节奏的音乐来创造一些不同的滴落节奏。 这个环节结束后，教师继续讲述： 　　在这众多的小雨滴中，有一个最小的雨滴，她的哥哥姐姐都开心地、迫不及待地往地面上跳，只有她蜷缩在妈妈的怀里，她很怕从天空中落下去，因为她不知道坠落过程中会发生什么，也不知道落在地面上会发生什么。所以，不管妈妈怎么说，她就是不敢落下去。 教师告知幼儿自己马上就变成了故事中的小雨滴，大家听一听她现在到底是什么样的心情？幼儿需要鼓励小雨滴勇敢一点，也向她提问来探究她的心理，教师戴上一个小雨滴面具或蓝色的纱巾就变成了小雨滴，教师运用小雨滴的口吻来跟孩子进行互动。教师台词：

	小雨滴的故事	我从来没有落到过地面上去，我不知道会不会受伤，我可能会落到一个水坑里，或飘到房顶上，或掉进大海再也找不到了。我太紧张了，太害怕了，都不敢向下看一眼。有很长一段时间，要下雨的时候，我都躲在乌云妈妈后面，难过地看着所有的雨滴朋友快乐地掉出云层，落到云下的世界。有些雨滴掉得很快，我很担心他们掉下去后会发生什么事情。你们觉得掉下去会发生什么呢？你们感到害怕吗？我应该怎么办呢？ 教师作为小雨滴和幼儿进行互动，也在角色中引导表达需要幼儿的帮助和鼓励，让幼儿从自己的角度去理解这个小雨滴，教师在合适的时候走出角色，并提问： 　　你们觉得小雨滴在害怕什么？ 　　如果她一直不下去会有什么结果？ 　　如果她下去了会有什么结果？
	鼓励 小雨滴	教师继续扮演小雨滴并邀请幼儿扮演小雨滴的朋友，他们也是马上要离开云朵之家的小雨滴们，他们需要极力说服小雨滴和他们一起下落。运用良心巷的戏剧习式，幼儿分成两组在左右两侧站好，教师扮演小雨滴走过幼儿中间，当教师扮演的小雨滴开始走的时候，孩子们就要不断地说出鼓励的语言来。教师可以根据幼儿的多少和实际情况决定走几个来回。
故事 展开	小雨滴的 勇敢之旅	教师与幼儿出戏，继续讲述： 　　在好朋友的鼓励下，小雨滴终于变勇敢了，下雨的时候她闭上了双眼、弯曲着膝盖从软绵绵的云朵里往地面上跳去，她穿过云层，看到下面五彩缤纷的世界，她不再害怕，越来越开心。她开始使出全身的力气向下冲，她终于到达了地面。她落到了一个花朵上，花朵美丽的面庞正冲她微笑，好像在说"谢谢"。小雨滴停在花朵上，她看到好朋友们也落下来了，正是因为他们的落下，大地上的小草开始生长、小花开始绽放、小河开始泛起涟漪，天边出现了七彩的彩虹，所有景色融为一体，大地太美丽了。 教师提问幼儿： 　　小雨滴下落之后她看到了什么？ 　　这个世界和她想象的一样吗？有什么一样？有什么不一样？ 教师带领幼儿再次聆听《小雨点，小雨花》的第二段。聆听之后，教师带领即兴表演小雨滴看到的大地景象。 教师将幼儿分成三个组，第一组扮演还未生长的小草，第二组扮演含苞待放的花苞，第三组扮演平静的小河。幼儿先用定格画面展现以上三种事物，教师给予相应的指导。之后教师戴上蓝色纱巾或雨滴的面具扮演小雨滴，播放《小雨点，小雨花》的歌曲，教师开始在幼儿中间走动，当小雨滴碰到哪组幼儿时，幼儿就要即兴扮演延续动作，小草开始生长、小花开始绽放、小河泛起涟漪。教师不断地走动，激发幼儿更多的创造，并用语言指导幼儿充分融合音乐舞动。
	小雨滴回 家了	教师让幼儿回到自己的位置，并讲述： 　　小雨滴从花朵上滴落到地上，被地下的土吸收进去，慢慢地流进一条河里，她在河里见到了其他小伙伴，他们开心地拥抱在一起。太阳公公出来了，它照耀着大地和河流，小雨滴觉得自己的身体越来越轻，从泥土中升起来，慢慢地向上升，她好像变成了一团雾气，向天空中飞。她听见周围的好朋友们说："我们要蒸发啦，好好玩呀。"小雨滴觉得自己正在成长，她马上就要变成乌云妈妈的样子了，她也可以孕育小雨滴宝宝了，她终于长大了。小雨滴回到了天空，回到了自己的家。

结束	小雨滴回家了	教师让幼儿来到刚才贴出的云层和大地的空间中,在音乐中即兴表演从空中自由地落下—落到大地上被土壤吸收成为河流—再蒸发变成水蒸气回到天空的过程。教师和幼儿一起表演,用夸张且优美的动作展现整个过程,并注意"下落"和"蒸发"的动作节奏要不一样,下落是轻快的,蒸发是舒缓的,教师可以搭配不同的纯音乐。
延伸活动	画画	教师运用 PPT 和视频讲解"水循环"的过程,可让幼儿自己画一画水循环的过程。教师不要求幼儿的绘画技巧,只要能把"水循环"的过程展示完整即可。

课后创编项目

以小组为单位,选择案例中的一个教育戏剧工作坊进行模拟授课。根据学前儿童教育戏剧创编任务表的要求,以小组为单位创编一个针对中班的教育戏剧工作坊,自行选择素材和设定中心并进行模拟授课。

学前儿童教育戏剧创编任务表

对象	20～40 个幼儿
时间	教育戏剧工作坊为 50～60 分钟。
素材	幼儿喜闻乐见的故事、寓言、卡通、儿歌、诗歌、歌曲、绘画等。
素材分析	1. 故事中的主要人物有哪些？ 2. 主要人物关系的具体分析。 3. 你对故事中主要人物的感受和理解。 4. 主要故事脉络：分为几个部分？（起、承、转、合） 5. 故事的中心思想是什么？ 6. 你为什么觉得这个故事的中心意义对幼儿来说很重要。 7. 如果你要设计教育戏剧活动,你选出的中心事件是什么？ 8. 如果你要设计教育戏剧活动,你会主要探讨哪对人物关系？ 9. 如果你要设计教育戏剧活动,会依次建构哪几个情境？ 10. 整个教育戏剧活动的设计主要促进幼儿哪个领域的学习或哪方面的认知和能力？
具体教学过程	
主题或中心说明	
准备材料	

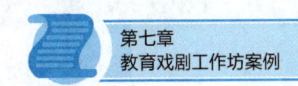

教学目标	
热身活动	
故事展开	
结尾	
延伸活动	
评价与总结	

第八章
教育戏剧主题活动案例

本章导读：

　　本章主要介绍学前儿童教育戏剧活动的第三种主要形式——教育戏剧主题活动的详细案例和实施方式。通过展示教育戏剧主题活动案例，为学前教育专业的学生及幼儿教师开展教育戏剧活动提供实践的基础和蓝本。读者通过理解典型案例掌握学前儿童教育戏剧主题活动的设计流程和实施效果，能够将典型案例在课堂中进行模拟授课，也可在幼儿园进行教育戏剧的实际教学，并最终能设计具有文化特色的、符合教育规律和戏剧艺术原则的教育戏剧活动方案。

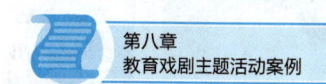

基于教育戏剧主题活动的教育性、戏剧性和主题连贯性，这种形式主要在大班的年龄班级里进行，整个主题由具有叙事性、连贯性的工作坊组成，每个工作坊展现一个分主题。每个工作坊分成几个小的环节来进行，基本按照工作坊的整体流程进行。每一个主题活动可进行 4 周的时间，每个工作坊可持续 40～50 分钟，如果探索细致的话可以延续至 1 小时。因为教育戏剧的方法是比较灵活多样并具有张力的，其中孩子们的专注力有紧有松，所以不必拘泥于一般的幼儿园活动时间。参与活动的人数以 20 个孩子为最佳，如果班额较大，可以分成两个小组进行。

下面提供了几个戏剧工作坊案例，教师可根据实际情况调整细节内容，如道具、音乐等，但大框架不要改变，因为主题活动依然是由工作坊组成的，以一个叙事过程为基础，自有其戏剧性和叙事的内在逻辑。

案例一：主题活动《四季》

主题说明	四季是幼儿园主题教学活动中很重要的一个主题。幼儿通过联系自己已有的对四季的经验，丰富对不同季节特征的了解，进一步感知四季中出现的事物，体会四季的美。在本次教育戏剧主题活动中，幼儿通过学习四季的知识并联系已有的经验，能够尝试用戏剧化、艺术性的方式来表述个人经验和想象的内容，欣赏、感受四季的意象美，更全面地理解活动内容中展现的四季的特征。
活动总目标	1. 了解四季的特点和主要自然现象。 2. 了解与四季有关的故事、歌曲和舞蹈。 3. 能用肢体和语言表现四季中的事物。 4. 能感知四季的美，并用具象或象征的艺术手段来表现四季。
第一次工作坊：《春天》	
准备材料	• 一段轻柔的古典音乐、一段欢快的音乐。 • 歌曲《春天在哪里》。 • 一顶草帽。
教学目标	1. 了解春天的特点。 2. 了解春天万物复苏的景象。 3. 了解春天蔬菜的种类和特点。 4. 能够用语言和肢体扮演角色。 5. 能够在角色中和教师扮演的角色互动。 6. 能够在音乐中展现律动。 7. 能够感知春季的美。 8. 乐于参与戏剧活动。

热身活动	肢体表现	教师和幼儿围成圆圈拉起手，然后教师用语言引导幼儿： • 我们拉起手来。 • 我们把手举过头顶。 • 我们把手贴近地面。 • 我们可以拉着手向左走一圈。 • 我们可以拉着手向右走一圈。 • 我们能一起蹲下吗？ • 我们能一起跳起来吗？ • 让我们向中间走几步，使它看起来很小。 • 让我们往后退几步，使它看起来大一点。 • 我们松开手。 • 让我们的小手在空中舞动，像随风飘舞的树枝。 • 让我们模仿蝴蝶在天空中飞翔。 • 让我们用小手和指尖敲击地面，模仿下雨的声音。 • 让我们变成一朵正在开放的小花。 教师反复带领孩子们做几次，然后集体坐下。
	讨论	教师让孩子们聚拢坐在地上，然后让他们谈谈对季节的了解，教师提问： • 你们听说过季节这个词吗？ • 什么是四季？现在是什么季节？春天会发生什么？ 提问后，教师告诉幼儿： 　　冬天过后是春天，冬天是许多动植物休息的季节，我们也会待在家里，这是让身体休息的好时候。但是在春天，开始有一些魔法发生在所有的花园里，有些人相信是魔法精灵光临了这些花园，春天是万物生长的季节。
故事展开	春天的蝴蝶	教师让幼儿在教室里找一个自己的位置，提醒他们不要奔跑或碰到其他人。教师带领孩子们按照指令做，并播放古典音乐，用语言引导： 　　春天是生长的季节，让我们来体验一下生长的感觉。现在让我们把自己变得尽可能地小。你现在慢慢长大，越来越大，越来越大。将你的脚尖伸展开来，伸到不能再伸，感觉手在找天空，你能触碰到房顶，冲破房顶，触摸到云朵。当你长到最大后再慢慢地缩小，越来越小，越来越小，让我们把自己变得尽可能的小，感觉我们是一个小小的石子、沙粒，无限地贴近地板，扎进泥土里。你可以再次慢慢长大，越来越大，越来越大，将你的脚尖伸展开来。接着再次缩小，越来越小，越来越小。让我们再次成长，长大，长大。这一次你能长出一对翅膀吗？让我们变成春天的蝴蝶吧。向我展示一下，你们是怎样像蝴蝶挥舞翅膀一样挥舞手臂和双手的？可以让你的动作再缓慢一点、轻柔一点。 听听这首音乐，让我们像春天的蝴蝶一样在教室里四处飞舞。
	花和蝴蝶的故事	教师将全部幼儿分为花和蝴蝶两个小组。让扮演花的幼儿以"睡眠"的造型散落站在表演空间的中心，扮演蛹的幼儿同样以"睡眠"的造型分散在表演空间周围。当孩子们准备好之后，开始讲述下面的故事并播放古典音乐。教师讲述：

故事展开	花和蝴蝶的故事	很久以前,在一个大花园里,冬天灰色的乌云终于被风吹走了,太阳在天空中变得越来越温暖。小小的蛹已经睡了大半个冬天,现在是他们该醒来变成美丽的蝴蝶的时候了。冬天的精灵们飞到了世界的另一端,春天的精灵们开始慢慢醒来。蝴蝶们伸展着胳膊、腿和后背,最后将翅膀伸展开来。他们一个接一个地飞过每一个花园,唤醒了花园中美丽的花朵。 教师让幼儿根据描述慢慢地做动作,扮演蝴蝶的幼儿在自己的空间进行漫步,让他们可以随意围绕着扮演花朵的幼儿进行舞动,然后可以点醒花朵并带着花朵们一起舞动,直到所有的花朵和蝴蝶都一起舞动。 教师需要用诗意的语言描述完成整个活动的叙述,并让他们自由地舞蹈和行动。
	春天的歌曲	教师把幼儿聚拢起来说:"我看到花园里开了许多花朵,好美丽呀。你们有没有听过什么春天的歌曲?老师知道一首给大家听一听。" 教师播放《春天在哪里》并鼓励孩子们用表情和身体来表演这首歌的动作。教师可以提前编排一些动作让孩子们学一学,可以反复多演绎几遍歌曲。
	农夫的故事	学唱儿歌之后,教师引导孩子们围圈坐下,并用语言引导和提问: • 你知道不只是花朵会在春天生长吗? • 你能想到还有什么其他东西可能会在春天生长吗? 孩子们会想出各种各样的答案,教师补充:"蔬菜"。教师告诉孩子们自己认识一个农民伯伯,你一边说一边表演(可以装扮一下自己): 从前,有一个农场,这个农场以种植健康蔬菜而闻名。一天早晨,农民伯伯醒来了,他伸了伸懒腰,穿上工作服和大靴子走到了外面。他看着天空,发现天空看起来不一样了。他感到大地已经开始苏醒,冬天过去了,春天来了。农民伯伯知道,今天就是种植蔬菜的日子。他走进菜园开始挖土,挖了一上午,然后开心地开始播种。 教师邀请孩子们依次站起来,大家都变成农民伯伯来模仿教师刚才做的播种的动作,并用语言表达自己在种什么。 例如,第一个孩子说:"我在种……。"允许孩子们一个接一个地说他们在种什么。对于有更多表演经验的孩子,让他们改变声音去表演,让自己更像是一个农民伯伯的角色。如果幼儿一开始不知道自己说出的作物如何种植,那么请老师给予示范,先让幼儿模仿自己的动作。 教师一边用语言引导一边邀请大家一起表演:"当农民伯伯们完成播种之后,他们会再轻轻地浇一点水,然后他们会回到家中喝一杯茶。" 即兴扮演之后,教师邀请幼儿回到座位上讨论一下,种下的小种子长出的蔬菜会是什么味道,喜不喜欢吃。 注意:教师在课前需要对各种春天生长的蔬菜、植物的习性和种植方式进行资料收集,对课堂上幼儿说出的种植作物要有正确的引导和示范,不要出现知识性错误。教育戏剧的课堂非常灵活,如果遇到幼儿说的蔬菜教师不知道如何种植的情况,也要大胆告诉幼儿并邀请他下课再做进一步调查,不可随意搪塞或者想当然地给出答案。
结尾	即兴演绎	让孩子们在教室里寻找一个位置站好,想象一下自己是土壤里的小种子,现在他们是什么样子的,请孩子们表现种子的样子并保持静止3秒。然后教师播放欢快的音乐,提示孩子们可以开始准备生长了。教师依次到孩子们的身边,让

167

结尾	即兴演绎	他们说出此时小种子在想什么，会说什么呢？让孩子们一边用肢体表现，一边用语言表达，注重探索小种子生长的心理活动，并鼓励幼儿用细致的语言表述出来。
延伸活动	画画	请孩子们在课堂上或者回家后创作一幅春天的景象，不必要求幼儿绘画的技巧。
第二次工作坊：《夏天》		
准备材料		• 野餐垫或大毯子，或者四大块不同颜色的纱巾、布或垫子。 • 一个野餐用的篮子。 • 一段森林的白噪声。
教学目标		1. 了解夏天的特点。 2. 了解夏天生机勃勃的景象。 3. 了解小蚂蚁和其他动物的特点。 4. 能够用语言和肢体扮演角色。 5. 能够在角色中和教师扮演的角色互动。 6. 能够在音乐中展现律动。 7. 能够感知夏季的美。 8. 乐于参与戏剧活动。
热身活动	肢体表现	教师和幼儿围成圆圈站好，然后教师用语言引导幼儿： • 让我们从搓手开始热身。你能搓得更快一些吗？很好，现在停下来，你能感觉到手上的灼热吗？ • 让我们再次开始搓手。快一点！好的，停止。再次去感受这种灼热。 • 让你的双手紧紧握在一起，你能感觉到吗？我们的手可以制造能量，太阳也可以产生能量。 • 现在让我们想象双手就是太阳。你能用手臂做出太阳的形状吗？让太阳落下休息一下，现在让太阳升到空中，把它托起来，然后再让它落下去。 • 现在让我们想象整个身体是太阳，你能让它朝着一边落下去吗？ • 然后慢慢让太阳升起来，高高地挂在空中。 • 接着再慢慢太阳从另一边缓缓落下。 这是一个很好的伸展练习，让孩子们向左弯下腰，双臂向上伸展，踮起脚尖，然后向右弯下腰，重复2~3次。 • 想象一下太阳现在很热，阳光洒在我们的身上，天气越来越热。 • 在这样热的天气下走路会是什么样子呢？让孩子们在教室的空间里漫步，然后坐回原位。
	讨论	教师让孩子们聚拢坐在地上，然后让他们谈谈对夏季的了解，教师提问： • 你们还记得上节课我们提到了什么季节吗？它有什么特点？ • 最热的季节是什么？ • 什么季节里我们在户外待的时间最长？ • 现在是什么季节？ • 夏天会发生什么？

故事展开	夏季野餐	教师让幼儿在教室里找一个自己的位置，提醒他们不要奔跑或碰到其他人。教师用语言引导： 　　天气慢慢地暖和起来，人们会选择到户外野餐。因为夏天很适合户外运动，今天我们打算去野餐，那么我们需要带些什么东西呢？ 教师拿出一个篮子，让孩子们无实物表演放入野餐需要的东西，让他们先用语言描述这个物品然后再放入。 装好以后带领孩子们绕着教室走，播放森林的白噪声。让孩子们选择一个最佳的野餐地点，并让他们描述为什么会选择这个地点野餐。让孩子们帮你把野餐垫（大毯子）铺好，并让他们都坐在上面，如果人数过多，可以用四个野餐垫对幼儿进行分组。鼓励孩子们加入对话，同时鼓励他们使用无实物表演吃东西。教师可以让孩子们即兴体验野餐几分钟，并来回走动观察他们分别都在做什么、吃什么，也可以参与野餐。
	我们去玩水	当野餐进行几分钟之后，教师和孩子们不要出戏，教师跟孩子们说："今天这么热，即使是在这个阴凉的地方，我也吃不下剩下的午餐了。我们要不要脱掉鞋子和袜子到河里去玩呢？我们可以到那里凉快一会儿，然后再回来吃午餐。" 教师带领孩子们脱掉鞋子，卷起裤腿，离开野餐垫到其他空地，"假装"在河里玩耍。教师可提前框定一个区域作为河流，可以用美纹纸标示出来。 教师提问： • 在河水里玩耍需要注意什么？ • 怎么保证自己的安全？ 教师在此时可以科普与"溺水"相关的一些安全知识。 玩耍一会后，教师可以引导孩子们回到野餐垫，穿上鞋子，把裤子整理好。
	小蚂蚁的野餐	教师与幼儿仍不出戏，在孩子们快穿好鞋的时候教师突然惊呼"奇怪，我们的食物都被小蚂蚁吃了！"等孩子们惊讶一会儿，教师和幼儿讨论一下小蚂蚁是怎么来的。 教师带领孩子们出戏，一起坐下来，教师讲述： 　　一个炎热的夏天，有一群人决定去野餐。他们在一棵大树的树荫下铺开了野餐垫，拿出食物开始吃。但是由于天气太热了，他们吃不下去，于是打算去河边凉快凉快。当他们离开的时候，一群蚂蚁来到野餐垫前，它们看见了食物就偷偷地溜到野餐垫上。蚂蚁们排成了一列长长的队伍，从野餐垫开始一直排到它们的巢穴。此时野餐的人回来了，他们非常饿，但是他们发现食物不见了！ 教师引导孩子们想象，说："现在想象我们变成了一只小蚂蚁。饥饿的小蚂蚁闻到了食物的味道，这附近一定有人在野餐，让我们在这张野餐垫周围找一找食物吧。" 教师带领孩子们绕着野餐垫爬行。在爬行的过程中，可以鼓励孩子们用手来当作蚂蚁的触须。教师说："蚂蚁们，停止行走。伸出你的触须，你能闻到食物的味道吗？食物的味道是从哪里传出来的？"教师带领孩子们走向野餐垫。教师继续说："让我们小心翼翼地爬到野餐垫上吧。你能看到留下来的食物吗？这里有一个巨大的面包片！让我们抬起食物然后把它带回我们的巢穴。"给孩子们一点时间，让他们蹑手蹑脚地走到野餐垫上，相互合作"假装"拿一些食物离开，并鼓励他们用语言描述他们拿的是什么东西，为什么要拿。

结尾	即兴演绎	教师让孩子们在教室里找一个位置站好，想象一下自己是一种小动物，现在他们是什么样子的，请孩子们表现小动物的样子并保持静止3秒。然后教师播放欢快的音乐，引导孩子们体会在夏天很热的情况下小动物会做什么，例如小狗会伸舌头，蜗牛会蜷缩在壳里，大象用泥巴擦洗身体等，教师需要提前查阅相关知识。教师依次到孩子们的身边，让他们说出此时小动物在想什么，会说什么呢？让孩子们一边用肢体表现，一边用语言表达。
延伸活动	画画	请孩子们在课堂上或者回家后创作一幅夏天的景象，不必要求幼儿绘画的技巧。
第三次工作坊：《秋天》		
准备材料		• 为风准备的5条纱巾。 • 一些用来制造雨声、雷声和闪电的幼儿乐器。 • 一些秋天的叶子，可以是真的，也可以是从彩色书或彩纸上剪下来的。 • 符合秋天的纯音乐。
教学目标		1. 了解秋天的特点。 2. 了解秋天落叶纷纷的景象。 3. 了解不同树叶的特点。 4. 能够用语言和肢体扮演角色。 5. 能够在角色中和教师扮演的角色互动。 6. 能够在音乐中展现律动。 7. 能够感知秋天的美。 8. 乐于参与戏剧活动。
热身活动	手掌热身	教师和幼儿围成圆圈站好，然后教师用语言引导幼儿： • 让我们从给手热身开始。 • 你可以让你的手快速移动吗？ • 你可以让你的手缓慢移动吗？ • 你可以让你的手看起来很生气吗？弯曲你的手指，然后不停地摇动。 • 你可以让你的手看起来很害羞吗？把它们藏在你的背后。 • 你可以让你的手看起来很兴奋吗？让手挥舞起来。 • 你可以让你的手看起来很悲伤吗？让它们往下垂。 • 你可以让你的手看起来很强壮吗？ • 你可以让你的手看起来很轻吗？让双手在你的头顶飘起来。 • 你能让你的手看起来像是从树上掉下来的叶子吗？
	讨论	教师让孩子们聚拢坐在地上，然后让他们谈谈对秋季的了解，教师提问： • 你们还记得上节课我们提到了什么季节吗？它有什么特点？ • 每个国家的季节都一样吗？ • 你最喜欢的季节是什么？为什么？ • 秋天是怎样的？特别是树会有一些变化，你知道是哪些变化吗？

故事展开	秋天的树叶	教师让幼儿在教室里找一个自己的位置，提醒他们不要奔跑或碰到其他人。教师用语言引导幼儿想象并做动作： 　　老师现在是秋天里的一棵树，你们是我的叶子，大家相互拉手围绕在我的身边（教师先组织幼儿拉起手来，几个幼儿可以与老师拉手，这里很容易出现混乱，如果混乱，教师可暂停重新开始，告诉幼儿小树叶都是相互安静地生长在大树周围的，如果相互争抢大树也没办法好好生长）。秋风马上就要来了，现在叶子是时候掉落了。呼呼呼，呼呼呼，风来了，树叶随着秋风舞动，让它们撒满花园，成为一张漂亮的秋天地毯吧。 教师让幼儿扮演叶子自由地散落在教室里，之后请幼儿起立，想象教室中铺满了叶子，教师讲述： 　　看这些叶子！让我们去踩一踩那一大堆叶子吧。脚踩在叶子上是什么感觉？你们都会怎么玩树叶呢？ 教师带领孩子们扮演踩在树叶上的样子，让孩子们感受脚下的声音。
	秋天的景色	教师将孩子们分成4～5人一个小组，带领每一组的孩子练习他们需要表现的事物： 第一个小组的孩子们变成树，让他们站在教室的中心，每个孩子都是这棵树的一部分，先让他们自由组合成树。其他的孩子给予意见，也可以尝试装扮他们。让他们拿一些剪下来的彩纸作为树叶，方便的话，也可以用真正的树叶。 第二个小组是风。给他们每人一条丝巾，让他们随意挥舞表现风的律动，并用嘴巴制造风的声音。 第三个小组是雨。他们可以敲击木琴或其他乐器，也可以拍击大腿和踩脚来制造雨声。 第四个小组是雷。给他们一面鼓或让他们用嘴来表示雷声。 第五个小组是闪电。给他们一些乐器或让他们用嘴来表示闪电。 教师需要进入每一个小组帮助他们排练，让他们比较熟练地呈现自己的部分，为之后的表演做好准备。
	秋天的故事	当孩子们准备好后开始讲述下面的故事，教师引导孩子们根据描述扮演： 　　从前，花园里有几棵很大的树。整个夏天，树都被美丽明亮的绿叶覆盖着。现在已经是秋天了，是树非常喜欢的季节。他们好像在表演一个神奇的魔术，把所有的叶子都变成了不同的颜色：红色、黄色、橙色、棕色、紫色。 扮演树木的幼儿先上场准备好。 风进入表演。孩子们围绕着树木挥舞着围巾，跳着舞。过了一会儿，风暂时停歇（幼儿回到教室一侧）。 雨进入表演。雨中的孩子演奏着他们的乐器，围着树转着圈。 闪电照亮了花园周围的天空：成群的雷电演奏着他们的乐器，绕着花园转着圈。 风又一次吹过了花园。树木随风摇摆，翩翩起舞。这个时候树发现是时候装饰花园了，所以他们放开了叶子。孩子们放开了手中的叶子，把它们撒在那块大草坪上。 现在在花园里铺满了秋天的落叶。可以让孩子们反复表演这个故事，当幼儿越来越熟练时可以加入一些代表秋天的音乐。

故事展开	树叶的飘落	按照刚才分好的几个小组让他们展示一套简单的动作：从抓着叶子的树开始，以树叶散落一地结束。每一组可以有一个人作为树干，其他的人扮演叶子。让他们用尽可能慢的、夸张的动作来展现这一套动作，注意要像电影里的慢动作一样，非常缓慢地表现每一个动作的细节。给每一组5～10分钟的时间进行排练，然后按顺序展示他们的作品。教师可以搭配音乐，让每个小组的幼儿进行展示。
结尾	即兴演绎	教师用PPT展示不同树的叶子是什么样子的，然后让孩子们在教室里找一个位置站好，想象一下自己是一种树的叶子，现在他们是什么样子的，请孩子们表现树叶的样子并保持静止3秒。然后教师播放欢快的音乐，提示孩子们可以体会小叶子现在在想什么，会说什么呢？让孩子们一边用肢体表现，一边用语言表达，注重探索小叶子飘落时的心理活动，并鼓励幼儿用细致的语言表述出来。
延伸活动	画画	请孩子们在课堂上或者回家后创作一幅秋天的景象，不必要求幼儿绘画的技巧。
第四次工作坊：《冬天》		
准备材料		• 冬天的帽子、围巾、夹克和手套，每组准备一把椅子或一张垫子。 • 一长条织物，最好是白色的或银色的。 • 轻松的音乐。 • 白色的或银色的星星亮片或雪花状的亮片。
教学目标		1. 了解冬天的特点。 2. 了解冬天冰天雪地的景象。 3. 了解不同冬季运动的特点。 4. 能够用语言和肢体扮演角色。 5. 能够在角色中和教师扮演的角色互动。 6. 能够在音乐中展现律动。 7. 能够感知冬季的美。 8. 乐于参与戏剧活动。
热身活动	肢体放松	教师和幼儿自由散落地站在教室的空间中，准备好之后教师用语言引导幼儿： • 让我们在教室里四处走动，当你走动的时候可以想象这是非常热的一天。天气很热的时候我们是怎么走的呢？很好，我喜欢你们擦额头的样子。有一部分人已经放慢了脚步，并且正在给自己扇风。 • 现在让我们想象天气变冷了。天气开始变得越来越冷，告诉我天气很冷的时候你们都是怎样走动的？很好，我喜欢你们抱着自己的手臂或者正在搓手的样子，我也喜欢你们耸起肩膀的样子。 • 继续在冷热的天气之间交替行走，重复几次。
	讨论	教师让孩子们围成一个圆圈坐好，然后让他们谈谈对季节的了解，最后把重点放在对冬季的了解上，教师提问： • 四季都有哪些？ • 四个季节的时间都是一样的吗？哪些月份是什么季节？ • 冬天会让你想起什么？ • 冬天特有的体育运动是什么？

故事展开	冬季接力赛	教师将孩子们分成不同的小组，把帽子、围巾、夹克和手套放在教室另一端的椅子或垫子上（对于年龄较小的孩子来说，放两件物品比较合适）。当孩子们准备好之后完成以下练习： • 在冬天，我们需要穿更多的衣服。 • 我们打算玩一个游戏，在这个游戏里我们必须穿上更多冬季的衣服。 • 根据我的指令，队伍中的第一个人必须迅速来到椅子旁边，穿上所有的衣服。 • 然后跑回队伍中脱下衣服，把衣物传给队伍中的下一个成员。第二个成员必须立刻穿上衣服，跑到椅子前，脱下衣服放到椅子上，再跑回队伍中，给下一个成员传递出发的信号。 • 直到小组中的每一个成员都有过穿脱衣服的轮次后，第一个坐到椅子上的小组为最终赢家（你也可以将游戏修改为一次只有一组成员参与练习，但需要在规定的时间内完成任务）。
	冬天的景色	教师把幼儿聚集在一起，用语言引导幼儿： 　　冬天来了，天气变得非常寒冷，大地被雪盖上了一层白色，树枝变得光秃秃的，小动物们都躲在自己温暖的窝里，河流也都结了冰。在城市里，人们穿上了暖和的厚衣服，出门一呼气就会出现一团哈气，这就是冬天的样子。 教师继续向幼儿提问： • 你见过下雪吗？下雪是什么样子的？下雪时你会做什么？ • 下雪会给城市中的人们带来哪些不便？ • 哪些小动物会在冬天冬眠？ • 冬天的哪些场景令你印象深刻？ 教师与幼儿讨论过后，将幼儿分成4组，分别用定格画面展现冬天的哪些场景或事情令你印象深刻。每个组的幼儿要共同构建一个场景和场景中的人，他们正在做什么？教师需要进入每个组来帮助幼儿编创定格画面，最好有助教老师帮忙，教师尽量以提问的方式引导幼儿思考和创编，而不是告诉他们如何做。幼儿创编后，每个小组轮流展示。
	雪地活动	教师聚拢幼儿并提问：冬天时，人们会做很多有趣的活动，请大家想想都有哪些冬季特有的活动？教师仔细与幼儿讨论并提炼出以下四个活动进行即兴表演： • 坐雪橇。让他们用身体组成一个雪橇和坐雪橇的人。一开始可以用定格画面展现，然后可以每个小组一起在教室里展现雪橇动起来的场景。 • 堆雪人。把孩子们分成小组，让他们假装堆一个雪人。这个练习是无实物的，首先在雪地里滚一个大球作为身体，再滚一个稍小的球作为头部，然后大家一起把头部放到身体上，接着用树枝装饰身体，用石头装饰眼睛，等等。堆雪人的整个过程都是用无实物表演，如果孩子们想用教室里的物品堆雪人，那么请温柔地提醒他们我们是在表演。 • 滑雪。可以观看一些滑雪的视频，让他们模仿滑雪的动作。 • 打雪仗。将幼儿分成两排，进行打雪仗的动作模拟。一定要注意提醒孩子们不能碰到其他人或打架，可以让他们尝试用慢动作打雪仗以避免冲撞，并且专注于打雪仗的技术。 表演完后，可以和孩子们一起聊一聊每个活动有什么特点，哪个活动最好玩。

结束	四季大转盘	在教室里画四个区域来代表四个季节。让孩子们在教室里走动，但是不要跑出区域，教师随时喊出一个季节，让孩子们快速移动到相应的区域。接着教师用铃鼓敲击节奏，幼儿做出在这个季节的特定动作，比如春天小种子生长、夏天炎热玩水、秋天落叶飘落、冬天的运动等。孩子们可以重复玩这个游戏，遇到重复的季节，他们可以用不同的肢体来表现这个季节的特点，直到孩子们已经非常熟悉所有的季节。
延伸活动	画画	请孩子们在课堂上或者回家后创作一幅冬天的景象，不必要求幼儿绘画的技巧。

案例二：主题活动《交通规则》

主题说明	交通工具是现代生活中不可缺少的一部分。随着现代科技和时代的进步，我们使用交通工具的机会越来越多，给每个人带来了极大的便利。幼儿了解交通工具、交通规则、交通事故的发生和解决可以让他们更好地获取与交通相关的经验，理解交通规则的重要性，明确交通中的危险性，理解城市生活，丰富生活经验。在本次教育戏剧主题活动中，幼儿通过运用肢体、声音扮演不同的交通工具，参与戏剧中发生的"交通事故"的解决，演绎公交车上发生的不同场景，让他们能够更全面地学习交通规则，学会维护公共秩序，明白自己作为小小公民的责任。
活动总目标	1. 了解不同交通工具的特点和运行原理。 2. 知道城市中的交通规则以及乘坐交通工具的注意事项。 3. 能够运用肢体、语言沟通和表达。 4. 能够在故事中合作和协商。
第一次工作坊：《交通工具》	
准备材料	• 一张卡纸和一支马克笔。 • 不同功能的车的音效：救护车、救火车、警车、跑车、摩托车等。 • 不同功能的车的图片或简笔画。
教学目标	1. 了解不同交通工具的特点和运行原理。 2. 了解不同交通工具的安全性和危险性。 3. 用柱状图来比较大家上学的不同方式。 4. 可以用肢体的组合与造型建构交通工具。 5. 学会调查与询问。 6. 能够辨识和模仿不同车的特点和声音。 7. 知道红绿黄灯的功能并做出反应。 8. 乐于参与戏剧活动。
热身活动	肢体表现	幼儿们站在空地上，按照教师发布的一系列指令尽情发挥想象力，进行动作模仿，幼儿可以在空间进行漫步，比如： • 在大街上散步。 • 跑向幼儿园，因为要迟到了。

热身活动	肢体表现	• 和朋友们骑自行车。 • 开车去看望爷爷奶奶。 • 坐火车去度假。 • 骑摩托车上山。 • 在水下开潜水艇。 • 坐火箭上太空。 让孩子们在空间中漫步，一边走一边做动作。
	玩转柱状图	教师在卡纸上画好一个简单的柱状图，在底部分别标明：走路、开车、坐公交车、骑电动车。 教师让孩子们在教室中坐好，教师提问："你们每天早上是乘坐什么交通工具来幼儿园的？"根据孩子们的回答在柱状图上进行标记。 当所有幼儿分享后，数数有多少是走路、坐私家车、坐公交车或骑自行车来上学的，在每条柱子下面写上总数。
故事展开	认识交通工具	孩子们在教室中坐好，教师通过 PPT 和视频向他们介绍生活中不同的交通工具，并提问： • 我们的生活中都有哪些交通工具？ • 哪一种最快？哪一种最慢？ • 哪一种最舒适？ • 哪一种你最喜欢？ • 哪一种最危险？ • 哪一种最安全？
	交通方式大展示	讨论过后，教师讲述： 很久很久以前，我们只有一种交通方式，那就是走路。大人们整天抱怨上班要走很远的路，孩子们也在抱怨放学后去找朋友要走很长时间。之后，我们的城市里出现了很多新的交通方式，我们来看看它们是否适合我们的日常生活。 教师把孩子们分成几个小组，每组 4～5 个孩子。分组扮演正在进行的某种交通方式：走路、开车、骑电动车、坐公交车、坐火车等，孩子们在原地需要模拟走路、骑自行车、开私家车、坐火车和公交车等情景，有些孩子扮演车子，有些孩子扮演驾驶的人，让他们探索人们是怎样从一个地方到另一个地方的，激发他们的好奇心和兴趣。 其中一个组的孩子成为交通调查员，他们需要走到每个组去询问他们是什么样的交通方式，他们有什么好处，有什么危险。 教师带领孩子们先在小组内进行讨论，为之后的集体扮演做准备，帮助他们理解交通的概念。讨论后，每组孩子自行创演自己选取的交通方式，教师在教室里巡回观察，然后进入每个组进行指导。 当孩子们准备好了之后，扮演交通工具的几个组的孩子在教室内开始运行自己的交通工具，教师带领交通调查员这一组的孩子巡回到每一个组中去了解情况。 他们需要询问以下几个问题： • 你们是什么交通工具？ • 你们从哪里来，到哪里去？ • 你们这种交通工具有什么优点？

故事展开	交通方式大展示	• 你们会遇到什么危险？ • 遇到危险会怎么解决？ 教师带领交通调查员这一组的孩子进行巡回，可先让教师在第一组进行提问以做示范，之后让扮演交通调查员的孩子进行提问。
		孩子们回到自己的座位，教师进行提问："在我们的城市中最常见的就是自行车、电动车和汽车，汽车分为很多种类，大家知道都有哪些汽车吗？"孩子们自由回答，教师可提前准备一些车的图片，当幼儿说的时候就把图片展示出来，例如救护车、救火车、警车、跑车、洒水车、垃圾车、大吊车、挖土车、大卡车、摩托车等，如果孩子说出的车教师没有准备图片，教师可现场简单地画出来。 讨论之后，教师继续提问："在城市中，有些车是有声音的，你们知道是哪些车吗？"孩子们自由回答。回答后，教师播放几种车的音效来让孩子们辨识这是哪种车，例如救护车、救火车、警车、跑车、摩托车等，并讨论这些车有什么功能，渗透我们在路上遇到这些车是否应该礼让。 之后，可以让孩子们用嘴模仿这些车的声音，最终达到听到声音便可辨识出这种车的目标。
结尾	讨论	让孩子们分散在教室中站好，当教师说"开始"的时候，大家自行在空间中扮演一种交通工具，可以扮演驾驶交通工具或成为一种交通工具自由地在空间中开动。教师随机发布不同的指令：当教师说到"红灯"时，所有孩子要停下；当教师说到"黄灯"时，所有孩子要放慢速度，左右查看；当教师说到"绿灯"时，孩子们可以开始通行，让孩子们对红、绿、黄灯规则产生基本的认识。
延伸活动	观察	孩子们仔细观察路上的各种交通工具，并在下一节课或其他时间分享自己的观察。
第二次工作坊：《交通事故》		
准备材料		• 提前用纸箱子画出两个汽车的样子，最好是颜色鲜明的两辆车，红色和黄色、粉色和绿色、白色和蓝色。 • 提前用纸箱子画出一辆陷入泥潭的车的样子。 • 用纸片和纸箱做一些树枝、砖头和木板等。
教学目标		1. 了解城市交通规则与危险。 2. 明确交通事故的应对和处理并学会解决。 3. 可以用肢体的组合与造型建构交通工具。 4. 能够积极地参与解决交通事故并学会帮助他人。 5. 学会调查与询问。 6. 能够辨识和模仿不同车的特点和声音。 7. 知道红绿黄灯的功能并做出反应。 8. 乐于参与戏剧活动。
热身活动	直线行走	教师用美纹纸在地面上贴出一条线，定好这条线的起点和终点，让孩子们在起点排好队。教师让孩子们依次沿着这条直线做一些动作，要求如下： • 你能沿着这条线走吗？ • 你能沿着这条线爬吗？ • 你能沿着这条线滚动吗？ • 你能沿着这条线跳过去吗？

热身活动	直线行走	• 你能沿着这条线跑过去吗？ • 你能沿着这条线踮着脚通过吗？ • 你能沿着这条线侧着走过去吗？ • 你能沿着这条线闭着眼睛走过去吗？ 依次让孩子们进行尝试。 教师用美纹纸在地面上贴出两条平行的线，两条平行的线之间有1.5米的距离，让孩子们在起点处排好队。教师让孩子们依次沿着这两条平行线做一些动作，要求如下： • 让我们想象地上的线是一条马路。 • 现在想象我们开着一辆卡车沿着这条马路前行。让我看看你们是怎么驾驶卡车的？卡车会发出怎样的声音？卡车的喇叭声音是什么样子的？ • 现在想象我们开着一辆小汽车沿着这条马路前行，小汽车的喇叭声音是什么样子？红灯亮起你要做什么？绿灯亮了，你前面的车还没有动，可能是在看手机，你要怎么做？这样的行为对吗？ • 现在想象我们开着一辆救护车沿着这条马路前行，救护车上有一位病人，救护车发出什么声音？ • 现在让我们骑上摩托车，戴上头盔，穿上护膝，我们应该怎么开动呢？ • 现在想象我们开着拖拉机，开上了一条崎岖不平的道路，拖拉机会发出什么样的声音呢？ • 现在想象这条道变成了一条河，我们开着船通过，船是如何在水上行驶的呢？船上会有哪些救生用品呢？ • 现在想象这条道变成了轨道，我们的火车马上就开动了，火车会发出什么样的声音呢？老式火车还是高铁呢？ • 现在想象这条道变成了飞机跑道，飞机是如何起飞的呢？ 教师带领孩子们依次体验以上场景。
故事展开	交通事故	教师让孩子们面对两条平行线坐好，把提前准备好的两个纸箱子做的小汽车放在道路（两条平行线）中间并着急而担心地说： 　　不好了，不好了，在我们的道路上有两辆小汽车相撞了，发生了交通事故。那么请大家想想，遇到两辆车相撞，我们首先要做什么呢？ 孩子们轮流贡献自己的想法。孩子回答后，教师进行总结："发生交通事故时，首先看看相撞的严重性，如果有人受伤，我们要第一时间拨打120。事故严重时，我们不要轻易靠近，防止火灾和爆炸的伤害。之后联系交警叔叔和保险公司人员"（教师要提前做好相关知识的了解）。 讨论后，教师继续提问："大家为什么会觉得这两辆小汽车相撞了呢？"孩子们轮流贡献自己的想法。之后教师说："下面老师给大家展现两车相撞之前，车里面的司机都在做什么吧。" 教师展现两辆车分别从起点往前开。 • 教师先扮演第一辆车里的司机，司机正在一边悠闲地开车一边打电话，他没有看到旁边有车靠近，所以没有减速。 • 教师再扮演第二辆车里的司机，司机是一位妈妈，后座上正坐着她的孩子，他们正在往幼儿园赶，马上就要迟到了，于是妈妈着急变道就把第一辆车给撞了。教师可以提前编排台词和动作把两辆车相撞之前的场景呈现在孩子们面前。 教师出戏后提问：

故事展开	交通事故	• 你们现在觉得两辆车为什么会撞在一起？ • 第一辆车出现了什么问题？ • 第二辆车出现了什么问题？ • 我们如何避免出现的问题呢？ 教师带领孩子们充分讨论，最后总结出行车安全知识，例如开车不拨打手机、不随意超车、不能不系安全带等。
	陷入泥潭	教师继续讲述： 　　交警叔叔很快赶到现场处理刚才发生的交通事故。但是在不远处一辆车被陷进泥里面不能动弹了。我们要怎么做才能把它解救出来？ 孩子们轮流贡献自己的想法。讨论后，教师让孩子们起立帮助这位司机叔叔把车推出来。 之后，教师和助教准备两把小椅子并坐下，把画着陷入泥潭的车的纸板放在身体前面，两位教师成为陷入泥潭的司机。让孩子们自行选在车的哪个方位进行推或拉的帮助。站好之后，大家一起扮演把陷入泥潭的车解救出来的场景。教师和助教可以利用角色来调整课堂情绪，如果有的孩子太激动地拉你，你可以说："不要把车的保险杠拉断了。"如果孩子不用力，你可以说："再使点劲，我们马上就出来了。"在孩子们推拉的过程中，教师可以坐在车里给大家出主意，你可以说："请大家找一些树枝、木棍、砖头来垫在车胎下面，帮助车胎有固定点。"或"请大家找一些板子和砖头在车的前方铺条路，帮助车胎运转起来。"教师可以提前把纸做的树枝、木棍和砖头放在孩子们可以拿到的地方。 最终孩子们表演把车拖了出来。教师下车后，要感谢孩子们的帮助。
	车胎坏了	教师让孩子们回到自己的座位并继续说： 　　刚刚我们齐心协力把一辆车从泥潭中救出来了，你们真棒！但是刚才这位驾驶员发现他的轮胎坏掉了，该怎么办呢？ 孩子们轮流贡献自己的想法。 教师在孩子们回答的基础上可以补充：可以拨打道路救援电话、使用后备箱中的备胎，损伤不大的话可以开到附近的补胎点去补胎等。
结尾	讨论	教师与孩子们坐成一个圆圈进行讨论，教师提问： • 你在生活中看到过交通事故吗？ • 你当时是怎样的心情？ • 妈妈爸爸在开车的时候，你会对他们说什么？
延伸活动	设计	请孩子们回到家里设计一个自己的"梦想之车"，这辆车目前还没有出现，孩子们可以充分发挥想象，运用剪纸、绘画、手工等方式把它设计出来，可以邀请家长帮忙。
第三次工作坊：《公交车上》			
准备材料		• 一个大的可回收纸箱。 • 一些画好的轮子、窗户、反光镜等呈现公交车外观的纸片道具。 • 一些纸张、剪刀、胶水、纸板、蜡笔和手工材料。 • 一张卡纸和一支马克笔。 • 一段轻松的音乐。

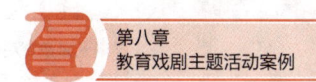

教学目标	1. 运用美术材料设计一辆公交车。 2. 清楚公交车上应该有什么。 3. 理解等待公交车的人的心情。 4. 能够扮演不同的人物，即兴给出反应。 5. 能够积极地在公交车上帮助他人。 6. 乐于参与戏剧活动。	
热身活动	肢体公交车	教师将孩子们分成两个组，用肢体组成两辆公交车。孩子们先自行在组内进行组合，教师和助教给予指导。两辆幼儿扮演的"肢体公交车"组成完毕，就可以在道路上（教室里）运行了。 在运行中，教师可以不断给出一些"麻烦"让公交车应对。例如前面遇到红绿灯、前面遇到行人、前面有小轿车超车、前面遇到大坑、前方到达车站等。孩子们即兴根据不同情况做出不同的反应。 扮演结束后，教师和孩子们一起讨论一下刚刚的经历。
	制作公交车	教师把孩子们带向大纸箱并告诉他们：今天我们要制作第一辆公交车。这时我们手上有一些基础材料（一些画好的轮子、窗户、反光镜等呈现公交车外观的纸片道具），还有一些方便孩子们绘画的手工材料（比如涂料、纸板、马克笔等）。教师带领孩子们共同设计一辆公交车。教师把孩子们分成几组：一组给公交车涂色；一组用纸板和胶水来粘贴车轮；一组开始制作窗子并把它粘在纸箱上；一组来制作公交卡；另外的小组可以开始设计公交车外侧的图画。根据孩子们的兴趣和能力来分配工作。 有些孩子会到处找材料，跟教师谈论他们"正在做"和"准备做"的事（比如座位的颜色、材料的柔软度、门窗的形状、发动机和车轮的位置等）。教师观察每一个小组的完成程度并及时给予帮助。
故事展开	公交车站的人	教师把制作好的公交车放在一边，并告诉孩子们公交车需要一定时间的"静置"才能正常运行。教师将孩子们分成6人一组，每组选择一种身份，比如上班的叔叔阿姨、上学的小学生、送孩子上幼儿园的爸爸或妈妈、去买菜的老人、孕妇、到外地出差的职员和来旅游的游客等，站在"公交站牌"旁等公交车。教师说出一些指令，让孩子们即兴做出一些动作或表情，比如有公交车开过来了，很像你平时坐的那一路车，跑过去一看不是你要等的那路车；后来，你终于等到了，但是人已经很满，实在是装不下了，你会怎么办？你已经等了很长时间，大概有20分钟了，车还没有来，眼看上班（上学）就要迟到了，你会怎么办？或者刚下过雨，公交车驶过来，泥水溅到你的新裙子上了，你会怎么办？ 一开始孩子们可能不知道如何表现，教师可先进行示范，和孩子们一起即兴扮演。
	公交车上的人	扮演结束后，教师让孩子们坐在地上并提问： • 你坐过公交车吗？ • 坐公交车要遵守什么规则？ • 你喜欢坐公交车吗？ • 你在公交车上看到过哪些人？ • 有没有什么印象深刻的场景？ 孩子们需要讲述他的经历或者观察。 接下来教师在教室中间摆放少于孩子数量的小凳子，变成公交车上的座位。教师确定一个位置成为公交车上的门，孩子们依次从门走上公交车，站在左右两边，变成公交车上的人，他们可以自行选择坐着或站着。

故事展开	公交车上的人	教师和助教入戏轮流成为走上公交车上的人，孩子们可即兴做出反应并试着说出对他们的看法，可选择以下几种情况： • 走上公交车的老人。 • 走上公交车的孕妇。 • 走上公交车的小朋友。 • 走上公交车的乞丐。 孩子们即兴活动后，助教播放轻松的音乐，教师和助教说："公交车开动啦"。教师和孩子们在音乐中感受公交车上下颠簸的律动。
结束	公交车上的行为	教师请孩子们来谈一谈在乘坐公交车时需要遵守怎样的规矩。 教师利用刚才用小椅子搭建好的公交车，扮演一些在公交车上的行为，例如： • 在公交车上脱鞋。 • 在公交车上吐痰。 • 在公交车上的小娃娃哭的声音很大。 • 在公交车上打闹。 • 在公交车上给人让座。 • 在公交车上吃东西。 • 在公交车上大声说话。 • 在公交车上睡觉。 • 在公交车上握着把手站好。 教师每做一个动作，孩子们就要说出是否是正确行为，并说出自己的理由。
延伸活动	观察	任务1：教师可提前制作一张公交车时刻表，尽量用图文并茂的形式展现公交车的时刻，让孩子们仔细观察，也可让家长进行讲解。 任务2：让孩子真的乘坐一次公交车并观察公交车上的人和事，并与同行的大人分享，也可在下一次课上或其他时间与教师和同班孩子分享。

案例三：主题活动《牙齿健康》

主题说明	牙齿是人类身体上最坚硬的器官，一旦损坏，也是最难恢复的器官之一。 牙齿健康的维护需要长期的保护意识和良好的生活习惯。牙齿健康意识的养成对幼儿来说是十分重要的，这不仅关乎他们之后恒牙的生长，也影响幼儿良好生活习惯的建立。在本次教育戏剧主题活动中，幼儿通过扮演牙科医生在教师"牙主任"的带领下体验牙齿保护的各项内容，学会如何刷牙，理解保护牙齿的生活习惯，建立保护身体健康的意识。同时，在扮演牙科医生时，理解牙医的工作内容，了解蛀牙治疗的基本程序，明确牙科医院的岗位分工，激发他们探索医学的兴趣。
活动总目标	1. 知道牙科医生的工作内容。 2. 了解关于牙齿健康的知识与体验。 3. 通过角色扮演来帮助幼儿学习与口腔健康相关的知识。 4. 帮助幼儿养成良好的口腔卫生习惯。 5. 了解并掌握有关口腔卫生的知识。

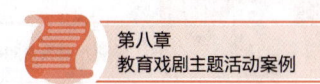

活动总目标	6. 能够运用肢体、语言沟通和表达。 7. 能够即兴扮演角色并知晓角色之间的关系。 8. 乐于参与戏剧表演。	
第一次工作坊：《看牙医》		
准备材料	• 剪刀和胶水。 • 医生的白大褂（或类似的衣服）。 • 一副夸张的眼镜、一些文件夹。 • 一些不利于牙齿健康的食物图片。	
教学目标	1. 知道牙科医生的工作内容。 2. 进行牙科医生的角色扮演。 3. 分享以前看牙医的体验。 4. 能够扮演角色并体会角色的心情。 5. 集体讨论对牙齿有益和有害的食物。 6. 乐于参与戏剧表演。	
热身活动	食物传递	教师带领幼儿围成圆圈站好，大家一起来进行食物传递。幼儿想象一种食物，表演"吃进嘴里"的动作，并通过无实物表演"吃"的这个东西是"酸的""甜的""苦的"还是"辣的"，吃完以后告诉大家吃的是什么东西并把这个东西传递给下一位幼儿，下一位幼儿无实物表演吃前一个幼儿吃过的这个东西，然后自己再创造一个东西"吃进嘴里"并传递给下一位幼儿，以此类推。
	肢体表现	教师引导幼儿们用嘴巴展现幸福的、悲伤的、震惊的、生气的状态，之后让他们躺在地上假装他们是一张嘴。他们应该听从你的指令，按照下列要求来做动作： • 一张微笑的嘴（躺在地上，向上弯曲）。 • 一张撇着的嘴（躺在地上，向下弯曲）。 • 一张张开的嘴（让身体张开成一个"O"形）。 • 一张生气的嘴（让身体缩成一条线）。 以上的指令仅供参考，幼儿很可能会想出其他的方式来展现他们这张嘴。
故事展开	扮演牙科医生	让幼儿排成几排坐在自己的小凳子上，教师站在教室的一边，允许幼儿看见你穿上牙医的白大褂，戴上一副夸张的眼镜，整理好面前的文件夹拿在手里，然后缓慢地走向幼儿并说出台词： 　　各位新来的牙科医生你们好，欢迎你们来牙医生牙齿健康诊所。我是这个诊所的牙科主任，请大家叫我"牙主任"，很高兴你今天加入到我们的牙齿健康诊所工作，你们将要学习如何让牙齿变得更健康。我们是一支并肩奋战并值得信赖的团队，有很多人都会到我们这里来看病，大家要打起十二分的精神，帮助那些牙齿出现问题的小朋友和大人。你们准备好了吗？ 教师与每一位幼儿握手，并通过握手带他们进入牙科医生的角色（如果有条件也可以给他们准备合身的白大褂）。
	成为牙医的第一课	教师继续扮演"牙主任"的角色，邀请幼儿们观看PPT或视频以了解口腔中的牙齿，幼儿也一直处于新来牙科医生的角色里，教师提问： • 我们的口腔中一共有多少颗牙齿？

故事展开	成为牙医的第一课	• 它们分别都有什么功能？ • 不同动物的牙齿有什么不同？（结合图片或视频） • 我们的牙齿为什么那么重要？ • 除了牙齿，口腔中还有什么东西？ • 不同动物的舌头和嘴巴有什么不同？（结合图片或视频） 讲述后，教师带领幼儿总结一下，食肉动物的口腔和牙齿特征是什么；食草动物的口腔和牙齿特征是什么；两栖动物的口腔和牙齿特征是什么；海洋生物的口腔和牙齿特征是什么。教师需要在课前做好充分的知识准备，保证知识的正确性。教师也可以提前准备好一个表格来总结，表格上用各种动物的图片代表动物的种类，并用图画和文字简单总结，以更直观地呈现。
	看牙的经历	总结之后，教师继续扮演"牙主任"的角色，幼儿也一直处于"牙科医生"的角色里。教师"牙主任"带领幼儿们分享他们自己看牙医的经历。让幼儿们沿着圆圈传递"发言棒"。每次允许一位幼儿发言。没有看牙经历的幼儿可以跳过并赞扬他"你很会保护你的牙齿"。 分享经历后，教师提问幼儿们怎样才能成为一名好的牙医，并把他们的讨论记录下来，可以有以下建议： • 不吓唬病人。 • 动病人嘴巴的时候动作要轻柔。 • 不会弄疼病人。 • 给病人讲一个好玩的故事。 • 教病人如何爱护牙齿。 也可以加入孩子们的其他分享。
	诊所外面排长队	教师继续以"牙主任"的身份告诉幼儿们： 　　年轻的牙科医生们，现在在诊所的外面排起了长长的队伍，有些人的牙齿上有洞，有些人的牙掉了，有些人有口气，他们都挤在诊所门口等看诊。一会儿诊所开门时，你们就有可能会碰上这样的病人。 教师带领幼儿集体想象这些人现在都是什么动作和表情。 教师和幼儿脱下自己的白大褂，从角色中出来，教师提问： • 门口等待的病人都有怎样的表情？ • 他们是怎么样地等在诊所的门口？ • 他们的牙齿为什么会出现问题？ 教师邀请幼儿一起扮演在外面等待看诊的人，教师倒数3、2、1，幼儿们做定格画面展现看诊人的样子，定格一会儿后，教师运用思路追踪的方式探查每一位幼儿扮演的看诊的人的牙出现了什么问题。
结尾	好吃的食物	教师让幼儿回归到自己的座位上并提问： • 牙齿上有没有长过洞？ • 牙齿有没有变黄？ • 是什么让牙齿变成了这样？ • 你知道哪些对牙齿不好的食物或饮料？ • 怎样才能保持牙齿健康？ 幼儿自由回答，最后教师进行总结：含糖、甜味食品和硬硬的食物会对牙齿造成损害；勤漱口、按时刷牙能对牙齿起到保护作用。 之后，教师提前准备一些食物的图片，并让幼儿们区别它们对牙齿是有害的还是有益的，问问幼儿们是否还可以说出其他的食品名称。

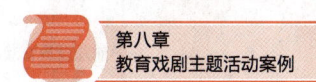

延伸活动	画画	用 A4 纸画一颗大大的牙齿，并在下节课带来。
第二节工作坊：《刷牙》		
准备材料		• 便宜的牙刷（4 个人一组，每组一支）。 • 自己画的大牙齿。 • 茶包。 • 一件医生的白大褂。 • 一个玩偶作为来看牙的病人，最好是一个小朋友的形象。 • 刷牙歌的音乐： 　　小牙刷手中拿 　　我要张开小嘴巴 　　刷左边刷右边 　　上下里外刷呀都刷呀 　　早上刷晚上刷 　　刷得干净没蛀牙 　　漱漱口笑一笑 　　我的牙齿白呀白花花
教学目标		1. 知道正确的刷牙方法。 2. 学习刷牙歌。 3. 集体扮演实习牙科医生的角色。 4. 能够扮演角色并体会角色的心情。 5. 能够帮助有牙齿问题的人识别问题、解决问题。 6. 乐于参与戏剧表演。
热身活动	即兴扮演	教师将幼儿分成三个组，一个组扮演牙齿，一个组扮演牙齿上的脏东西，一个组扮演牙刷。幼儿组合表演一个人刷牙的过程，教师可给予指导，安排队形，然后扮演牙刷组的幼儿开始扮演刷牙的过程，随着不断刷牙，扮演牙齿上的附着物逐渐被刷走。
故事展开	辰辰来看诊	让幼儿排成几排坐在自己的小凳子上，教师再次进入"牙主任"的身份，穿上牙医的白大褂，戴上一副夸张的眼镜，整理好面前的文件夹拿在手里，然后缓慢地走向幼儿并说出台词： 　　各位新来的牙科医生你们好，今天我们可有的忙了。牙科诊所外排起了长队，我们要准备好接诊了。你们准备好开始工作了吗？我们再次回顾一下牙科医生的职责：帮助病人解决牙齿问题，安抚他们的紧张情绪，细心友爱地对待他们。我们再回想一下哪些东西是不利于牙齿的？（教师请幼儿自行回答）好，那么怎样做才能保护你的牙齿呢？（幼儿再次自行回答） 让幼儿充分回顾上节课的内容，教师可自行添加关于牙齿的知识。教师摆放一把小椅子面对幼儿，之后继续说： 　　今天来的第一位病人是一个 5 岁的小男孩，他叫辰辰，他来做牙齿检查，我让他坐在诊疗椅上（教师把玩偶放在小椅子上），我刚才简单地问了问他每天早餐都吃些什么东西。你们知道他说什么吗？（停顿一下，脸上带着焦虑的神情）他说吃了两块饼干、一块巧克力、三根棒棒糖，喝了一杯可乐。我都没敢问

故事展开	辰辰来看诊	他午餐和晚餐吃什么。（故意停顿下来，允许幼儿咯咯咯地发笑）我让他告诉我他每天是怎么保护他的牙齿的，你们知道他怎么说？（停下来，脸上带着更焦虑的神情，让幼儿们说出他们的看法）他说他什么都不做，完全什么都不做！大多数时间他会忘记刷牙！（拍着脑门）哦，他可怜的牙齿，我甚至都不敢让他张开嘴进行口腔检查了。你们想想当他张开嘴，我能看见干净、快乐的牙齿吗？哦，不！它们糟糕透了，所有的牙齿都污迹斑斑，有些已经松动了，上面还有大洞，我们还有一个什么词儿用来表示牙齿上的洞？对的，他的口腔里有黑黑的龋洞。一碰又酸又疼，这可怎么办呀？ 幼儿即兴说出解决办法。幼儿可能对治疗牙齿的方法比较陌生，不过没有关系，先让幼儿自由回答，教师一边听一边若有所思，如果幼儿说的不对，教师可作为"牙主任"反驳幼儿，但要以"这位医生说的和我的观点不同"作为反驳的开头，不要直接否定幼儿，引导他了解正确的治疗牙齿的方法。 讨论之后，教师和幼儿依然处于"牙主任"和牙科医生的角色中，教师总结以下几个流程： • 杀死神经。 • 先将蛀牙挖一个洞。 • 将蛀牙补上。 • 松动的牙齿要拔掉，然后安上一颗新的。 • 红肿的牙龈需要一些涂抹的药物。 教师可通过PPT或视频向幼儿讲解蛀牙治疗的方法，也可即兴让幼儿用动作表现修补牙齿的过程。
	辰辰不要看牙	教师再次把玩偶和小凳子放在幼儿面前，教师和幼儿依然处于"牙主任"和牙科医生的角色中。教师表现有点着急并来回踱步： 　　怎么办呀，怎么办呀，这个辰辰小朋友真是太让我头疼了，他怎么都不配合治疗，在治疗椅上翻来翻去，妈妈怎么说他他也不听，我们这几个大人拿他一点办法都没有。咦，你们能不能去试着跟他聊聊，他肯定很听你们的话，拜托大家啦。 教师脱下白大褂，告知幼儿仍留在牙科医生的身份里，自己一会儿会走到辰辰（小玩偶）的后面变成辰辰，看看他怎么不听妈妈和医生的话了。教师再次强调只有幼儿说话辰辰才可能会听得进去，幼儿要作为牙科医生的身份来说服辰辰治疗牙齿，并教他如何保护牙齿。 教师扮演辰辰与幼儿进行互动，主要台词为（教师可随机应变，根据幼儿互动做调整）： 　　我要下去，我要下去，刚才弄得我太疼了。我才不要治疗牙齿呢，哼。你们说对不对？（幼儿开始说服）不治疗牙齿会坏得更厉害，我才不信呢，我不要刷牙，我最讨厌刷牙了，我不学刷牙，我不要刷牙。我要吃巧克力，我要喝可乐，我要吃牛奶糖。 教师要给予幼儿充足的时间说服辰辰，并表现从一开始的反抗、怀疑到接受的过程，整个过程不要太快，让幼儿在角色里把损害牙齿的危害及保护牙齿的具体方式都说清楚。
故事展开	学习刷牙	教师把小玩偶和椅子放到一边，回到"牙主任"的角色中，首先感谢幼儿帮自己解决了一个大问题，现在我们要一起学习刷牙的正确方式，然后一会儿教给辰辰，让他回家后学会刷牙。

故事展开	学习刷牙	教师可以借用上节课画的画，把大家的画排成两排模拟口腔中的牙齿，再次讲解刷牙的正确方式。教师也可以搭配PPT或视频进行讲解。 了解之后，幼儿要进行实操。教师让幼儿分成两两一组，一个扮演"牙医"，教辰辰（另一位幼儿）怎样刷牙，完成后互换身份进行"教刷牙"的活动。 完成后，教师跟幼儿说辰辰开开心心地回家了，我们相信他回到家里一定会好好刷牙的。教师和幼儿离开"牙主任"和"牙科医生"的角色。 教师引导幼儿们回忆自己早晚刷牙、饭后漱口的经历，我们用什么刷牙和我们需要多久刷一次牙。请幼儿们讨论一下。
结尾	一起学习刷牙歌	讨论后，教师继续说："现在越来越多的小朋友出现了牙齿问题，我们要学会一首儿歌然后教给他们唱，这样他们就知道怎样刷牙了，请大家来跟我学习。"大家一起学唱"小牙刷"这首儿歌。 　　小牙刷手中拿 　　我要张开小嘴巴 　　刷左边刷右边 　　上下里外刷呀都刷呀 　　早上刷晚上刷 　　刷得干净没蛀牙 　　漱漱口笑一笑 　　我的牙齿白呀白花花
延伸活动	观察	回到家里和父母相互检查一下牙齿，并分享关于牙齿的有趣故事。
第三次工作坊：《牙科诊所的工作》		
准备材料		• 医生、护士、行政管理人员、前台接待员、保安、保洁人员、快递人员的图片。 • 桌椅。 • 纸张、蜡笔、铅笔和马克笔。 • 玩具电话（如果有的话）、记事本、钢笔。 • 需要两名教师合作完成。
教学目标		1. 认识牙科诊所的基本工作内容。 2. 知道牙科诊所的工作分工。 3. 能够进行角色扮演和集体表演。 4. 能够进行护牙爱牙的宣传。 5. 乐于参与戏剧活动。
热身活动	空间漫步	教师带领幼儿们在空间中自由地行走，也可以播放一些欢快的音乐进行辅助。教师随时发出指示，幼儿们需要按照教师的指示做出定格画面。教师的指示总是与职业相关，例如"请大家成为老师""请大家成为司机""请大家成为医生"，等等，做定格画面时要求幼儿用动作展现不同职业的特点。
故事展开	牙科诊所的工作人员	教师让幼儿在自己的座位上坐好，教师讲述： 　　牙科诊所除了有"牙主任""牙科医生"以外，还有很多其他的工作人员，他们都为牙科诊所的正常运行贡献着自己的力量。牙科诊所除了有医生以外，还有护士、行政管理人员、前台接待员、保安、保洁人员、快递人员等。你们知道他们都是负责牙科诊所的哪一部分工作的吗？他们的工作重不重要？为什么？ 教师先让幼儿自由回答，他们对各种岗位人员的工作内容可能不熟悉，需要引出

故事展开	牙科诊所的工作人员	他们已有的经验。自由回答后，教师对每个岗位的职责进行讲述，最好结合图片展示，教师也可以根据幼儿园的工作岗位设置进行对比。 教师根据幼儿们愿意从事的工作种类将他们分组，可以开展的工作有： 　　牙医：准备医疗设备；约见病人；修补牙齿、填补牙洞、拔掉坏牙、拍牙齿x光片。 　　护士：协助牙医的工作；张贴教人们如何爱护牙齿的图片。 　　行政人员：统一管理所有事以确保每个工作人员都尽其所能，每位病人都得到悉心照料；为诊所定购设备和材料；保证诊所正常运转，使每位病人都可以看上病。 　　前台接待员：打电话给病人确认预约；接听电话；做好预约登记；给病人寄发看病之后相关信息的信件。 　　保安：维持正常看诊秩序，保护诊所的安全，面对突发的医患矛盾进行调解，管理停车，引导等。 　　清洁人员：为诊所扫地、拖地、擦灰，负责窗户和家具的清洁工作。 　　病人：那些牙痛必须去看牙医的人。他们需要先在前台进行登记。 教师和幼儿们充分了解相关的工作及内容后，把幼儿们分成7个组，每个组负责自由扮演一种岗位的工作人员。教师在教室里规划出不同的工作空间，用美纹纸在地上贴出区域，并明确每个岗位的人员会在诊所的哪个区域工作。 场景规划好后，教师说："1、2、3，开始工作。"幼儿就要开始在自己的工作区域自由进行扮演，相同角色的幼儿可以进行互动。教师入戏成为"牙主任"在教室里巡回视察，检查一下大家的工作状况，并在巡查的过程中给幼儿提出一些工作的问题或建议（如果幼儿没有认真扮演或扮演的工作岗位内容不正确，教师在这时可以作为"牙主任"进行调整）。
	看牙的流程	当幼儿们对自己所做的职业都比较熟悉时，让他们继续保持工作。这时助教扮演一位有牙齿问题的病人，"牙主任"可以作为向导参与其中，注意"牙主任"的真实目的不在于引导助教而是引导幼儿对助教做出反应。助教的路线可以大致分为几个部分： • 与保安互动：咨询停车问题，询问挂号前台在哪里。 • 与前台互动：说明病情，做登记挂号。 • 与牙医互动：咨询病情并得到解决。 • 与护士互动：领取药物，开单拿药。 • 与行政人员互动：交费。 • 与病人互动：聊天，询问他人病情。 • 与清洁人员互动：刚才有人洒水了，请清洁人员去清理。 助教也可以用自己的想法进行互动。如果幼儿们仍不熟悉自己的职业也可以反复多来几次，助教可以每次扮演不同的形象，以及有不同的牙科问题。
结尾	护牙宣讲会	教师和幼儿依然扮演"牙主任"和"牙科诊所工作人员"，教师： 　　现在完成了我们一天的工作，大家辛苦了，各项任务都完成得不错，保护牙齿不仅是我们的责任，也是每一个人都要做的事情。请各位想一句话来呼吁大家"爱牙护牙"。 请幼儿们站成一排分享一句话，如果有不愿分享的幼儿也不要强迫。
延伸活动	课后讨论	幼儿回到家后询问爸爸妈妈的职业和工作内容，并讨论爸爸妈妈工作的重要性。

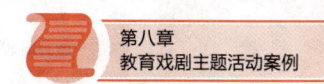

案例四：主题活动《龟兔赛跑》

主题说明	《龟兔赛跑》是一则耐人寻味的寓言故事，小朋友们对这个故事都非常熟悉。故事中塑造了一只骄傲的兔子和一只坚持不懈的乌龟，教育我们不要小视他人，要踏踏实实地做事情，不要半途而废。在本次教育戏剧主题活动中，教师把《龟兔赛跑》这则故事进行拓展延伸，幼儿扮演乌龟和兔子，了解它们在比赛前、比赛中、比赛后的心路历程，让幼儿充分体会到竞争对不同人的影响，理解输赢的意义，并能反思面对竞赛挑战时自己应有的态度和做法。
活动总目标	1．了解比赛的涵义，理解比赛中的竞争。 2．理解输赢的意义，明确输赢对人的物质影响和心理影响。 3．明确人不能自负，要坚定信心，努力完成自己的心愿。 4．发展自我意识，全面了解他人，站在他人的角度去思考问题。 5．能主动参与活动，敢于发表自己的观点和想法。 6．能够用肢体、语言、绘画等多种途径表达自己。 7．能够即兴扮演角色并知晓角色之间的关系。 8．能够主动识别角色的问题并帮助其解决。

第一次工作坊：《森林竞赛》

准备材料		• 大白纸、A4 纸、马克笔。 • 纸箱子。 • 兔子的头饰。 • 乌龟的头饰。 • 一些纸做的照相机和手机。
教学目标		1．了解比赛的涵义，理解比赛中的竞争。 2．理解输赢的意义，明白赢的人会获得什么，输的人会获得什么。 3．能通过想象力和创造力建构戏剧中的场景。 4．用肢体、语言、表情、声音等多种途径表达自己。 5．能够扮演角色并识别角色的处境。 6．能够识别戏剧中的矛盾并尝试解决它。 7．能从情感上与角色共情。 8．乐于参与戏剧表演。
热身活动	动物模拟	教师带领幼儿在教室的空间中自由地行走，教师可利用铃鼓或其他敲击乐器来控制节奏。 自由行走 30 秒后，教师引导幼儿想象自己置身于一个美丽的大森林中，森林中住着很多的小动物，请幼儿按照自己的想象随意扮演一个动物，并以动物的形态开始行走，行走时也可搭配动物的叫声。
故事展开	建构森林	• 森林中有没有幼儿园、小动物医院、商场、警察局呢？分别在哪里？ • 森林中有一个巨大的竞赛场，会在哪里？ • 森林中有一个很大的广场，会在哪里？ 教师跟随幼儿的回答，将他们所说的内容画在地图上。不用绘制得特别细致，简单绘制大体轮廓即可。教师继续讲述：

故事展开	建构森林	大家看到的是一个美丽的森林，有山、有树、有河，也有小动物的家，还有幼儿园、医院、商场、警察局等。这个森林是一个非常看重比赛的森林。每年这里都会举办盛大的体育比赛，森林里的小动物都会参加，前期大家要经过艰苦的训练，为了成为冠军，大家都拼命地练习自己的项目。在这个森林里有一个巨大的竞赛场，这个竞赛场是森林里最重要的地方，因为每年的比赛就在这里举行。森林里还有一个很大的广场，广场上有一个很大的屏幕，在屏幕上播放最多的除了森林新闻以外就是对历届冠军的采访，这些采访激励着很多正在准备比赛的小动物们。 教师描述后向幼儿提问： • 你们觉得这是一个怎样的森林？生活在其中有什么感受？ • 比赛冠军都会住在豪华的冠军别墅里，冠军别墅会在哪里？别墅是什么样子的？和普通的房子有什么区别？冠军会得到什么特殊的服务？ • 比赛的失败者都会住在哪里？他们的房子是什么样子的？和冠军别墅有什么区别？他们会得到什么特殊的服务？大家是怎么看待他们的？ 教师根据幼儿的回答继续丰富地图并细致地绘画冠军的房子和失败者的房子。
	兔子明星	教师继续引导幼儿，说： 　　去年的赛跑冠军兔子是我们森林的热门明星，他在森林里很受欢迎。森林中有很多他的广告，还有印着他头像的衣服、帽子、马克杯、海报等，公交车上也有他的照片，还有他的贴纸和玩具。很多小动物把他视为偶像，学习他的穿着，观看他的直播等。在森林广场上有一个大屏幕，上面经常出现对兔子明星的采访。 教师告知幼儿当自己戴上头饰时就成为了兔子明星，幼儿扮演记者去采访兔子。教师分发给幼儿一些纸做的照相机和手机，让他们做好现场的记录。教师要求幼儿采访兔子上次得奖的感受，问问兔子这一年训练的成果，并讲一讲今年比赛的期待等。 当教师进入兔子的角色时，幼儿就开始提问。教师作为兔子和幼儿互动时要表现出趾高气扬和不屑一顾的样子，他的回答基本围绕以下几个点： • 上次比赛得奖是小菜一碟，我是飞毛腿，我不得奖谁得奖。 • 这一年基本没训练，训练那么累，我不训练冠军也是我的。 • 今年的冠军也一定是我的。
	冠军纪念馆	教师再次拿出地图，在地图上冠军别墅的旁边画上一个房子，并告诉幼儿： 　　这个房子就是这个森林里的冠军纪念馆，每年各个项目的冠军的照片和奖杯都会进入这个冠军纪念馆。推开冠军纪念馆的大门，有一个长廊，长廊的两侧就是冠军得奖时的照片。任何人都可以随时进入冠军纪念馆观看这些明星冠军的介绍。 教师引导幼儿站成两排，以定格画面的戏剧习式展现历届冠军照片里的样子。教师说"1、2、3，定格"，幼儿就摆出冠军的样子。呈现完之后，幼儿也可以说一说自己是什么动物，在什么项目里获得了冠军。 表达之后，教师告知幼儿你们一会儿会见到一个小动物，他来冠军纪念馆观摩历届冠军的样子，大家猜猜他是谁，他在做什么？幼儿依然用定格画面展现冠军的样子，教师戴上乌龟的头饰缓慢地走进空间里。教师表现乌龟对历届冠军羡慕的样子，乌龟偷偷地模仿冠军拿奖杯的样子，并假装自己已经获奖记者来采访自己的样子。教师可自行搭配一些台词。

故事展开	冠军纪念馆	教师和幼儿出戏并提问： • 乌龟刚才在做什么？ • 他为什么要这么做？ • 他在想什么？
	大家的嘲笑	幼儿回答后，教师继续讲述： 　　乌龟居然报名了跑步比赛，他的对手是飞毛腿兔子。这个消息瞬间传到了森林中的每一个地方，每一个动物都得到了这个消息。 幼儿扮演森林里的小动物，两两一组，分别说一说森林里的小动物听到这个消息会有什么反应，会说什么？大家是会鼓励他，还是嘲笑他？幼儿自由讨论，教师戴上乌龟的头饰走在幼儿中间聆听，并对大家的评论做出表情上的反应。 讨论后，教师提问： • 大家觉得乌龟会赢吗？ • 乌龟为什么要和兔子比赛？乌龟难道不知道自己爬得很慢吗？ • 大家会说什么呢？ • 兔子听到这个消息会想什么呢？
结尾	绘制奖杯	教师再次拿出地图，指着冠军纪念馆告诉幼儿："在冠军纪念馆的底层有一个秘密的房间，里面存放着大赛的奖杯，奖杯是这个森林里最重要的东西。" 教师让幼儿画出自己心目中的奖杯。在幼儿画画时，教师巡回询问幼儿设计奖杯的构思，也可用手工制作。
延伸活动	演讲	幼儿作为奖杯设计师，讲一讲自己的设计理念和奖杯的含义。如果课堂时间有限，可要求幼儿回家录制讲述视频发给教师。
第二次工作坊：《乌龟的准备》		
准备材料		• 小凳子。 • 具有仪式感的音乐。 • 一个小龟龟画的奖杯图画，并在一角写着：给爸爸的礼物，小龟龟。
教学目标		1. 知道比赛之前需要进行艰苦的训练。 2. 理解比赛之前的紧张心情。 3. 学会鼓励他人，并帮助他人缓解紧张情绪。 4. 能通过想象力和创造力建构戏剧中的场景。 5. 用肢体、语言、表情、声音等多种途径表达自己。 6. 能够扮演角色，识别角色的处境，并作为角色进行互动。 7. 能够识别戏剧中的矛盾并尝试解决它。 8. 能从情感上与角色共情。 9. 乐于参与戏剧表演。
热身活动	集体制作	教师引导所有幼儿把上节课绘制的奖杯贴在一把小凳子上，形成一个完整的奖杯，每个幼儿的作品都是奖杯的一部分。 教师引导幼儿营造一个仪式的气氛，让幼儿站成平行的两排来参观奖杯。教师播放具有仪式感的音效，缓慢地拿起奖杯并向幼儿展示，叮嘱幼儿观看，不能触摸。教师拿奖杯时要轻拿轻放来展示奖杯的贵重。 仪式结束后，教师轻轻地把奖杯郑重其事地放在一边，并告知幼儿奖杯回到了冠军纪念馆的地下。

故事展开	乌龟的训练	教师告知幼儿："此时的乌龟正在努力地训练，他每天一大早就起来，先拉伸，再练力量，然后开始一天的训练。他满头大汗，气喘吁吁，但是依然在坚持。乌龟一直训练到傍晚才肯休息一会儿，晚上他陪自己的儿子小龟龟玩一会，又继续开始晚间的训练。"教师提问： • 你觉得乌龟的一天是怎样的？ • 乌龟在训练时，他的亲人们都会说什么？ • 他的对手会说什么？ • 之前嘲笑他的人会说什么？ • 他身边的人赞同他比赛的多，还是不赞同他比赛的多？ 教师和幼儿充分讨论后，将他们分成5～6个人一个小组，每个小组需要呈现一个场景扮演，扮演内容是乌龟此时此刻如何在家进行训练。每组中有一个幼儿扮演乌龟，其他幼儿扮演乌龟身边的人，可以是乌龟的亲人、乌龟的朋友、乌龟的竞争对手、瞧不起乌龟的人等，每位幼儿尽可能表现对乌龟训练这件事的不同态度。 当小组建立后，教师先让幼儿在小组内讨论每一个人的角色，然后需要助教一起到每个组里面聆听幼儿的想法，并帮助他们编创定格画面和即兴表演。 幼儿先做定格画面并进行相互展示，然后再把定格画面"活"起来进行即兴表演，每个角色要表演出自己的动作和台词，小组间再次进行相互展示。
	兔子的训练	教师让幼儿回到座位并提问："兔子在做什么？她是怎么训练的？"先让幼儿回答，之后继续讲述："兔子每天起得很晚，他的仆人给他呈上丰盛的早餐，然后他上午接受大家的采访，中午吃完饭睡个午觉，下午看会电视，晚上刷会手机，兔子的一天就这么过去了。"教师提问： • 你觉得兔子的一天是怎样的？ • 兔子的亲人们和粉丝都会说什么？ • 他的对手会说什么？ • 他的教练会说什么？ 教师和幼儿充分讨论后，让幼儿继续分成5～6个人一个小组，每个小组需要呈现一个定格画面，扮演内容是分段呈现兔子的一天。一组幼儿扮演早上吃早餐的兔子；一组幼儿扮演上午接受采访的兔子；一组幼儿扮演睡午觉的兔子；一组幼儿扮演看电视、刷手机的兔子。如果组别多，教师可自行添加场景。 每组中有一位幼儿扮演兔子，其他幼儿扮演兔子身边的人，可以是兔子的亲人、兔子的朋友、兔子的竞争对手、兔子的教练等，每位幼儿尽可能表现对"兔子的一天"的不同态度。 当小组建立后，教师先让幼儿在小组内讨论每一个人的角色，然后需要助教一起到每个组里面聆听幼儿的想法，并帮助他们编创定格画面和即兴表演。 幼儿先做定格画面并进行相互展示，然后再把定格画面"活"起来进行即兴表演，每个角色要表演出自己的动作和台词，小组间再次进行相互展示。
	小龟龟的希望	教师让幼儿回到座位，拿出一个提前准备好的图画，先让幼儿观察图画上画的是什么并猜测。之后教师讲述："这幅画是乌龟的儿子小龟龟今天在幼儿园画的画，他画了一个奖杯并在一角写上'给爸爸的礼物，小龟龟'，小龟龟放学一进门就把这张画塞到乌龟爸爸的手里。乌龟爸爸停下了训练，平时没有什么事能让爸爸停下训练，但是乌龟爸爸看到儿子画的画，蹲下来哭了。"教师提问：

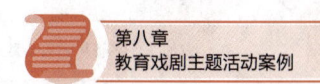

故事展开	小龟龟的希望	• 小龟龟为什么给乌龟爸爸画奖杯？ • 乌龟爸爸看到奖杯会想什么？ • 乌龟爸爸为什么会哭呢？ 教师带领幼儿进行讨论。
	爸爸和儿子的对话	讨论后，教师告诉幼儿："现在是比赛前的最后一个晚上，明天乌龟爸爸就要参加比赛了，此时乌龟爸爸有点紧张，小龟龟会对乌龟爸爸说什么呢？乌龟爸爸又会有怎样的反应呢？" 教师戴上乌龟的头饰变成了乌龟爸爸，幼儿扮演小龟龟一起来鼓励乌龟爸爸并缓解他的紧张。教师扮演的乌龟爸爸的台词： 　　小龟龟，明天爸爸就要比赛了，你觉得爸爸能赢吗？我觉得我肯定赢不了，当初我太冲动了，不应该报名这次比赛，如果输了大家一定会嘲笑我的。我就是没有自知之明，我一个乌龟怎么和兔子比赛呢。唉，你明天也会对我失望吧？ 幼儿作为小龟龟和扮演乌龟的教师进行互动，小龟龟要尽力鼓励乌龟爸爸，并表示支持爸爸，也可提出对爸爸比赛的担忧。教师利用角色充分引导幼儿开解自己，并让他们帮助自己。最后，教师要拥抱大家，谢谢"儿子"的鼓励。
结尾	比赛的早晨	教师和幼儿出戏，教师讲述："现在是比赛的那天早晨，乌龟爸爸马上就要去比赛了，他拿上他的比赛用品走到门口停住了，回头看向小龟龟和他的亲人。" 教师让所有幼儿起立，用定格画面的方式扮演乌龟爸爸离开家前最后一个回头的场景。所有幼儿扮演乌龟爸爸，表现他回头时的动作和表情。教师运用思路追踪的习式，依次走到幼儿中间，用手去点幼儿，被点到的幼儿就要说出此时此刻乌龟爸爸的心里话。
延伸活动	画画	幼儿为自己的爸爸画一幅画，画的内容不限，并回家交给爸爸。
第三次工作坊：《乌龟的荣誉》		
准备材料		• 美纹纸。 • 小椅子、小桌子、小盘子、乒乓球。 • 一个乌龟玩偶、一个兔子玩偶。 • 胜利的音乐：*We are the champion*。 • 一些纸做的照相机和手机。
教学目标		1. 知道跑步比赛的规则。 2. 理解比赛时的紧张心情。 3. 能够感受胜利的喜悦。 4. 能通过想象力和创造力建构戏剧中的场景。 5. 用肢体、语言、表情、声音等多种途径表达自己。 6. 能够扮演角色，识别角色的处境，并作为角色进行互动。 7. 能够识别戏剧中的矛盾并尝试解决它。 8. 乐于参与戏剧表演。

热身活动	体验比赛	教师带领幼儿分成两队，可以给每个队起一个名字。幼儿聚集在教室的一侧，马上要进行一场比赛。教师用美纹纸或小椅子在地面上建构一些障碍，例如贴一条直线代表独木桥；再放一把小椅子代表小山，要围着它转三圈；再贴几个方格要跳过去；再放一张小桌子，上面有一个盘子，里面放几个乒乓球，要平稳地端着盘子走向终点等。 每组依次出一位幼儿进行接力比赛，看哪个组完成得最快。如果一开始规则不明确，可以试赛一次，然后再正式开始。
故事展开	起跑线	教师用美纹纸在地上贴出一条直线，并告诉幼儿这就是乌龟和兔子比赛的起跑线。 教师引导幼儿自主选择角色，想扮演乌龟的站在左边，想扮演兔子的站在右边。幼儿分别用定格画面呈现乌龟和兔子站在比赛起跑线前的状态和表情。教师可设定以下几个情境： • 乌龟先来到起跑线，他看着前方的比赛场地是什么样的动作和神情？（扮演兔子的幼儿先不要上场） • 兔子后来到起跑线，他看着前方的比赛场地是什么样的动作和神情？（兔子和乌龟一起扮演，兔子来了之后乌龟的反应可能会不一样） • 乌龟和兔子相互看一眼，他们的动作和神情是怎样的？ • 他们看向观众席会是什么样的动作和神情？
	比赛进行时	教师将幼儿分成两队，一队站在起跑线的左边变成乌龟的啦啦队，一队站在起跑线的右边变成兔子的啦啦队。教师拿出两个玩偶，一个是乌龟玩偶，一个是兔子玩偶，并把他们放在比赛起跑线的后面，再用美纹纸贴一个终点线。教师和助教分别操控一个玩偶进行比赛。教师和助教一边操控玩偶一边讲述比赛的过程，并鼓励幼儿作为啦啦队鼓励玩偶。教师先作为裁判说： 　　各位现场的观众、电视机前的观众，大家好，我们一年一度的赛跑就要开始了，相信大家期待已久，让我听到你们的掌声。我们的两位比赛选手已经准备就绪，第一位就是去年的冠军，兔子！另一位就是今年的挑战者，乌龟！我们的比赛马上开始，大家准备好了吗？好，发令枪准备。让我们期待这一届的冠军诞生！ 教师委托一位幼儿作为裁判员喊"预备，跑。"教师和助教准备好操控玩偶，当裁判说开始时，教师一边用玩偶表演比赛状况，一边描述情境： 　　助教（操控兔子）：发令枪一响，兔子飞快地冲了出去。他善于奔跑的四肢快速地运动着。 　　教师（操控乌龟）：乌龟也开始他的运动，他也慢慢地挪动他的四肢，他已经使出了最大的力气，他拼命地向前跑。 　　助教：不一会兔子就把乌龟甩得远远的，轻松地奔跑着。兔子的粉丝给我们的明星加油吧。 　　教师：乌龟逐渐和兔子拉开了距离，但是他没有放弃，依然向前。他想起小龟龟的话"爸爸加油，我相信你一定会赢。"大家给乌龟加油吧。 　　助教：兔子眼看就要接近终点了，他速度放慢，看看四周，他想着先睡一觉吧，睡一觉乌龟也赶不上来，他那么慢，还想和我比赛，简直是笑话。于是，他就找了一棵大树，在树下开始睡觉。 　　教师：虽然看起来乌龟毫无胜算，但是他依然奋力向前，丝毫也不停止。 　　助教：看到兔子在睡觉，兔子的粉丝都着急了，大家快把兔子叫醒吧。 　　教师：乌龟继续奔跑，大家给他加油吧。

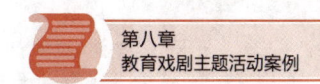

故事展开	比赛进行时	助教：兔子睡得太香了，没有听见大家的呼喊。 教师：乌龟不断地向前、向前，乌龟来到了终点，乌龟胜利了，乌龟胜利了，我们的冠军诞生了。大家为我们的冠军欢呼吧。 （播放 We are the champion 的音乐） 助教：兔子突然惊醒，他傻傻地站在原地看着胜利的乌龟。
	乌龟明星	教师请幼儿回到自己的座位。教师把乌龟玩偶放在一个桌子上，并把奖杯放在玩偶的旁边，说："森林赛跑比赛的冠军就是我们的乌龟，这是一个意想不到的结果，大家再次鼓掌祝贺冠军的诞生。" 教师拿出乌龟的头饰邀请几位幼儿依次扮演乌龟，教师和其他的幼儿扮演记者对乌龟进行采访，幼儿可自由提问，为了紧扣主题，教师辅助提问，提问内容如下： • 请问您现在的心情是怎样的？ • 你为什么会获得冠军？ • 你现在有没有最想说的话？对谁说？ • 你想对兔子说什么？ • 你想对还没获得过冠军的人说什么？ 幼儿们充分进行互动，如果被采访的幼儿不知道说什么，教师也可进行辅助。
结尾	兔子的懊悔	互动完毕，教师告诉幼儿，兔子也被一大群记者围住，记者们有很多问题要问他。教师戴上兔子的头饰成为了兔子，幼儿继续扮演记者对兔子进行提问，教师作为兔子回答基本围绕以下内容： 我怎么会睡着呢？如果我不睡觉，冠军一定是我的，可是我却睡着了，太丢人了，太丢人了，别拍了，别拍了。我怎么会成为一个失败者呢？我不想当失败者，我的生活完了。 教师与幼儿互动后提问： • 请问兔子现在的心情是怎样的？ • 兔子为什么没有获得冠军？仅仅是因为睡着了吗？ • 你想对兔子说什么？ • 兔子为什么会说"我的生活完了"？ • 兔子以后的生活会怎样？ 教师和幼儿充分讨论，并让幼儿明白：兔子的失败不仅仅是因为睡着了，而是他没有像乌龟一样坚持不懈的拼搏精神，狂妄自大、骄傲自负。
延伸活动	画画	教师告诉幼儿冠军纪念馆已经有了今年冠军的相框，我们画一张乌龟拿着奖杯的样子，这张照片会长久地留存在冠军纪念馆。

案例五：主题活动《丑小鸭》

主题说明	《丑小鸭》是丹麦儿童文学家安徒生创作的童话，讲述了丑小鸭变成白天鹅的成长故事，故事讲述了丑小鸭不畏嘲笑、甘于孤独、为了梦想而勇往直前，最终变成白天鹅的过程。在本次教育戏剧主题活动中，教师对《丑小鸭》的故事进行改编和扩展，通过建立鸭子村、参加村民大会、帮助和开导丑小鸭做决定、鼓励丑小鸭寻找天鹅湖等环节，让幼儿发展自我意识和集体意识，思考自我选择的重要性，反思我与他人、我与世界的关系，引导幼儿从感性和理性合一的角度发掘自己作为"个体"的存在意义。

活动总目标	1. 正确看待自己，认识自己的长处和优点，树立自信心。 2. 发展自我意识，思考"我"与他人之间的关系，去"中心化"。 3. 挖掘自我的独特性，学会接受不同，尊重他人。 4. 能主动参与活动，敢于发表自己的观点和想法。 5. 学会用肢体、语言、绘画等多种途径表达自己。 6. 探索自我的价值及梦想。
	第一次工作坊：《鸭子村的生活》
准备材料	• 一个鸭蛋、一个鸡蛋和一个鹅蛋。 • 一张丑小鸭的照片。 • 黄色的小丝巾或黄色装饰品若干（与参与活动的幼儿等数）。 • 一条灰色的围巾。 • 一顶黑色棒球帽。
教学目标	1. 了解鸭子村的基本环境和村中鸭子的生活境况。 2. 知道自卑的表现，了解自信的重要性，感受丑小鸭的心情。 3. 尊重别人，接受别人与自己的不同，正确认识自己。 4. 能够共情丑小鸭。 5. 体验丑小鸭不被接纳时的内心选择。
热身活动	观察鸭蛋	教师拿出提前准备好的鸡蛋、鸭蛋、鹅蛋向幼儿进行展示，并讨论他们的相同和不同，教师提问： • 这是什么？ • 从里面会生长出什么东西来？ • 它的父母在哪里？ • 它们有什么不同？ • 鸡、鸭、鹅有什么不同？ 教师需要重点引导孩子们认识下蛋、游泳和飞翔的区别。
故事展开	鸭村的生活	教师向幼儿出示丑鸭子的图片，并引导幼儿在原地模仿小鸭子的动作，教师讲述： 　　这只小鸭子住在一个非常美丽的鸭子村里，鸭子们非常快乐地生活在一起。鸭子村里面最老的鸭子就是村长鸭爷爷，鸭爷爷非常重视村里的规矩，也重视村里的荣誉。 教师带领幼儿建立鸭子村的场景，引导全体幼儿分别做3个不同的定格画面，分别用定格画面的习式展现早晨、中午、晚上鸭子村的样子。教师下达1、2、3的指令，然后幼儿们就定格成鸭子村里的鸭子们。 幼儿扮演村里的鸭子，他们可以是鸭爸爸、鸭妈妈、鸭叔叔、鸭阿姨或小鸭子。幼儿需要自己决定自己的身份、年龄以及正在做什么。教师引导幼儿想象如果你是一只生活在鸭子村里的鸭子，你会是一个什么样的鸭子，年龄多大，是做什么工作的，并在定格画面展示后跟大家讲一讲。
	小鸭子的心情	教师继续描述丑小鸭出生的样子，教师讲述： 　　在鸭子村里有这样的一只小鸭子，他刚刚出生，但是他的样子可能和别人有点不一样，别的小鸭子都是黄黄的毛，他是灰色的，接下来我披上一条灰色的围巾我就变成了这只小鸭子，大家看看他在干什么？

故事展开	小鸭子的心情	教师披上一条灰色围巾扮演刚刚出生的丑小鸭，教师需要表现刚刚出生的丑小鸭躲躲闪闪害怕的样子，它总是低着头，不敢看其他人。过了一会儿，它终于鼓起勇气向外张望，它好像看见别人在玩，想尝试加入，但是他没有勇气，他自己站在原地抠着自己的手指。注意，教师的表演不要过于可爱和动物化，要扮演人的样子。教师入戏和出戏的时候要慢慢地围上和脱下围巾，制造仪式感，帮助儿童理解角色和教师身份的转换。 教师出戏并提问： • 你们看到了什么？ • 这只小鸭子在干什么？ • 他是什么样的心情？ • 他在害怕什么？ • 村子里的其他鸭子是怎么对待他的？ • 他现在应该做什么？ 教师充分和幼儿探讨，确立丑小鸭的形象和目前他在鸭子村的处境。
	丑小鸭的伙伴	教师引导幼儿扮演正在玩耍的小鸭子们，给孩子们戴上黄色的丝巾或者黄色的装饰，教师说："当我说1、2、3开始的时候，你们就变成了鸭子村里的小鸭子们，清晨，吃过早餐后，你们在河边自由自在地玩耍，你们都会玩什么呢？" 幼儿即兴玩耍一段时间，教师入戏，戴上一顶黑色棒球帽扮演其中一只坏坏的小鸭子，突然出现在幼儿中间。教师需要表现出自己是瞧不起人的样子，一副大哥大的样子，教师台词： 　　你们看，你们看，村里的那个令人讨厌的丑八怪小鸭子又在那里偷看我们呢，你们看他长得和我们那么不一样，你们跟他说过话吗？我们不要和他玩吧。谁敢和他玩我就……（挥舞拳头） 教师在扮演坏坏的小鸭子和孩子们互动时，重点讨论要不要让丑小鸭和他们玩，并在角色扮演过程中明确不要和他玩的原因，帮助孩子们分析这样做的后果。 教师恢复教师身份与幼儿们讨论他们刚才看到了什么？你对看到这样的事有什么感受？你们觉得为什么这个戴黑色帽子的小鸭子不让丑小鸭和大家玩？
结尾	小鸭子的孤独	教师再次入戏，披上灰色围巾扮演丑小鸭。教师需要呈现小鸭子很伤心很沮丧的样子。幼儿作为自己和丑小鸭对话，并鼓励丑小鸭不要这么自卑，不要害怕戴黑帽的小鸭子。教师台词内容大致如下： 　　大家好，我是一只小鸭子，可是大家都叫我丑小鸭，我也不知道为什么大家会叫我丑小鸭，大概是因为我长得和大家不一样吧。我感觉很自卑，觉得自己不如大家。我在这里感觉很孤独。没有人愿意和我玩，还有一只很凶的小鸭子常常欺负我，我不知道该怎么办。 教师作为丑小鸭和幼儿互动一会儿，如果幼儿不说话，教师可以作为丑小鸭拜托孩子们帮自己想办法，并表达自己非常需要大家的建议。教师一开始也不要直接接受幼儿的建议，比如幼儿说你要主动跟别人说话，教师就要说我不敢、我害怕、我的声音太难听了等。互动一会儿后，教师开始逐渐接受幼儿的建议。 教师恢复教师身份和小朋友们讨论并提问： • 丑小鸭为什么不开心？ • 你觉得丑小鸭现在应该做什么？ • 丑小鸭怎样才能不自卑，或者怎样才能更好地融入大家？

延伸活动	画画	画下你心目中的丑小鸭。
第二次工作坊:《村民大会》		
准备材料		• 村长鸭爷爷的帽子和拐杖。 • A4纸、马克笔。 • "发言棒"若干。 • 与幼儿数量相等的小鸭子的贴纸或黄色丝巾。 • 大白纸若干。
教学目标		1. 知道村是一个集体,了解村长的职能。 2. 理解规则的意义,能与同伴协商制定活动规则。 3. 能认真负责地完成自己所接受的任务。 4. 愿意参加群体活动,有集体意识。 5. 在讨论中敢于主动发表自己的观点。 6. 知道别人的想法有时和自己不一样,能倾听和接受别人的意见,不能接受时会说明理由。
热身活动	介绍村民大会	教师向幼儿介绍鸭子村的村民大会,教师讲述: 　　鸭子村的村民大会每三个月举办一次,是村里最重要的会议,村里所有的重要事情都需要在大会上一起讨论和决定,村长鸭爷爷是村民大会的主持人。村民大会是鸭子村彰显公平、公正、公开的地方,所有鸭子都非常重视村民大会,也是鸭子村村民交流、联络感情的重要时刻。每一只成年鸭子都很重视开会的日子,他们都会提前一天洗澡、理发、准备开会要讲的事情。 教师引导幼儿简单了解村长的职能,询问在鸭子村的村民大会上大家会讨论什么问题。 教师拿出一张大白纸和幼儿一起制定村民大会规则,随着幼儿的回答,教师尽量用简笔画把会议规则绘制出来,例如不能大声喧哗、不能携带零食、不能吸烟、不能迟到等。会议规则形成后,教师将大白纸张贴在教室里,提醒幼儿遵守。
故事展开	鸭子村要开村民大会	教师可与幼儿围成圆圈坐在小椅子上,给每位幼儿分发"发言棒"(一个特殊的物品来引导幼儿轮流发言),并告知幼儿拿到"发言棒"就是村里的小鸭子了。提醒幼儿遵守刚刚制定的村民大会的规则,教师讲述: 　　今天是鸭子村开村民大会的日子,村长鸭爷爷要带领鸭子们讨论一些事情。以前开村民大会的时候都会提前我们要讨论的内容公布在村委的布告栏上,但是这次开会之前并没有公布,不管怎样我们还是要照常开会。村长鸭爷爷是全村最德高望重的人,他进场时大家都要起立,所以每一个人跟他说话都要先站起来鞠躬。 教师告知幼儿自己马上会扮演村长鸭爷爷,幼儿扮演来参会的鸭子们。教师戴上帽子拿着拐杖变成鸭爷爷缓缓地走到中间,教师需要表现出威严、严肃的情态,进入会议空间需要先环顾四周,看看每一位来参会的小鸭子,并开始缓慢地讲话。教师说: 　　各位村民、同志,大家好,又到了我们开村民大会的时间了。上次开会你

故事展开	鸭子村要开村民大会	们提出的要修缮儿童游乐场的事情，我们已经解决得差不多了，马上新儿童游乐场就要建好了。但是各位家长在陪孩子们游玩时也要注意安全，不要去做危险的事情。咳咳。好了，我们马上进入新的商议内容吧。这次开会我们有两件非常重要的事：第一，就是鸭市长要到鸭子村来视察，我们应该加倍重视这次视察，这将决定我们是不是今年的最美鸭村，请问各位有没有什么提议，我们要做什么样准备？ 幼儿可即兴提出几个方案，要注意轮流发言的顺序。教师扮演鸭爷爷对幼儿们提出的方案进行总结。例如我们要准备鲜花、准备歌舞、准备美食等。鸭爷爷（教师）要随时肯定鸭村们（幼儿）的想法。
	村长鸭爷爷很为难	教师继续入戏，在讨论过第一个问题之后，教师作为鸭爷爷正要说第二件事，突然有些犹豫，教师要表现出"不知如何开口的样子"，沉默了一会儿（一定要沉默，因为沉默会让幼儿更加聚精会神地听你接下来要讲的），鸭爷爷表示他还需要考虑考虑是否要跟大家讨论，现在让大家休息一下，鸭爷爷起身离开了现场，教师出戏。 教师跳出鸭爷爷的角色，回到教师的身份去和幼儿们一起梳理上一个问题他们的回答：面对鸭市长来我们需要做哪些准备。总结好之后，教师告诉幼儿，本来鸭爷爷是很开心的，可为什么说到第二个问题时他突然不说了，从来没见过他这么发愁的样子。教师提问："村里的什么事情让鸭爷爷这么为难呢？"幼儿轮流发言。
	丑小鸭的问题	教师告诉幼儿，一会儿村长鸭爷爷又会来开会，中场休息已经结束了，我们来听听他到底要说什么。 教师入戏鸭爷爷，教师台词： 　　这件事我一直不愿意拿到村民大会上来说，但是这不是一件小事，也不是我能决定的，之前有鸭民提出，在市里领导视察的时候，丑小鸭会影响我们村的形象，领导会怀疑我们不安定和谐，所以有人提出要让丑小鸭暂时离开鸭村。大家说说你们的想法吧，是让他离开鸭子村，还是留在鸭子村。 教师作为鸭爷爷带领作为小鸭子的幼儿们集体讨论。 这个环节按照现场效果来决定如何进行：幼儿们是否能明确表明自己的观点是选择让丑小鸭留下还是让他离开。接下来就可以进行对立讨论，对立讨论是幼儿分组面对面以辩论的形式进行。将幼儿分成两组，一组任务是支持留下丑小鸭，另一组任务是支持赶走丑小鸭。在鸭爷爷（教师）的引导下进行即兴的辩论。但是教师要适当地挑战一下幼儿，例如幼儿说要留下丑小鸭，村长鸭爷爷（教师）就要说留下他可能会让我们不能评为最美村庄；幼儿要说不留下丑小鸭，村长鸭爷爷就说可是他也是一个生命，我们怎么能随意驱赶他呢。
结尾	丑小鸭的决定	教师告诉幼儿，丑小鸭害怕大家嘲笑他，所以他一般不来开村民大会，但是今天他无意中走到了开会的礼堂，他听到了大家针对他去留的讨论，他会是什么样的感受？他现在在想什么？教师和幼儿一起探讨。 教师继续讲述故事："丑鸭子还是决定离开鸭子村，去寻找自己的未来。他独自站在村口正要离开时是什么样的心情？他会说什么？" 教师引导幼儿以个人定格画面的方式展现小鸭子最后回头看鸭子村的神情和动作。

延伸活动	手工制作	制作一个小书包的手工，幼儿可以在纸上简单画一些丑小鸭在旅途中会需要的东西并放到小书包里。幼儿可以寻求身边大人的帮助和指导。
第三次工作坊：《旅途》			
准备材料		• 灰色的围巾。 • 剧本片段。 • 风声、远处动物的吼叫、野兽的脚步声。
教学目标		1. 认识到"下蛋"和"寻找天鹅湖"分别代表什么意义。 2. 在角色体验中发展自我意识，学会理解他人。 3. 正确看待自己，认识自己的长处和优点并为此感到满意。 4. 能坚定自己的想法，不随意因他人的评价而改变。 5. 具有对自己的决定负责的态度。 6. 积极参与戏剧活动，并敢于分享自己的观点。
热身活动	离开鸭子村的第一个夜晚	教师告诉幼儿，丑小鸭最终决定离开鸭子村。教师提问： • 丑小鸭离开家的第一个晚上，他会在哪里度过？ • 独自在外的第一个晚上，他的心情是怎样的？ 教师让幼儿随意选择一个地方"假装"自己是丑小鸭，躺好或蜷缩起来，并展现夜幕降临时丑小鸭在做什么。 教师播放风声、远处动物的吼叫、野兽的脚步声音效，所有幼儿继续扮演丑小鸭保持原来的位置，随着音效幼儿做出反应。体验结束后教师提问： • 丑小鸭刚刚听到了什么？ • 他会遇到什么危险？ 请幼儿两两一组，相互分享丑小鸭自己生活的第一天晚上可能会发生什么。
故事展开	见到丑小鸭	教师告知幼儿："你们马上会见到刚经历过独自在外第一夜的丑小鸭，大家一起问一问丑小鸭过得如何？" 教师入戏，戴上灰色围巾扮演丑小鸭和幼儿互动，教师的主要台词： 　　我离开了自己熟悉的鸭村，虽然家人和朋友曾经对我不是那么好，但是昨天晚上在外面太害怕了，我开始想念鸭子村里的小鸭子们。我是不是选错了，我应不应该回去呀？（教师在这里和幼儿进行互动，询问幼儿的意见，不管幼儿意见如何，教师都继续自己的台词）。以前我在鸭子村里听大家说有一个天鹅湖，很美丽，岸边有很多大树，天鹅湖很宽阔，我可以尽情地游泳，还有很多美丽的天鹅，他们会和我做朋友吗？（教师表现越说越激动的样子）虽然大家都知道，但是没有人去过，现在有机会了，我想去看看，去那里游泳！但是我不知道往哪走。（教师表现丑小鸭慢慢地又退缩了）面对外面的世界，我也很害怕的，我不知道去天鹅湖的路怎么走，不知道会面对什么，昨天晚上太害怕了，我听到了很多声音。我该怎么办？（整个互动过程，教师既要表现丑小鸭害怕、踌躇、无奈，对以后的生活有点迷茫，但一提到天鹅湖，丑小鸭又很激动。教师作为丑小鸭引导幼儿们帮助和启发自己，引导幼儿们鼓励丑小鸭）。 教师出戏，把幼儿聚集起来并提问： • 这次再见到丑小鸭和上次有什么变化？ • 为什么会有这样的改变？

故事展开	见到丑小鸭	• 丑小鸭要去哪里？他要去干什么？ • 你觉得他应该回去还是继续向前？
	来到农场	教师继续讲述： 　　丑小鸭决定继续向前，他越走越远，又累又饿，正巧遇到了一户人家，一个看着非常温馨舒适的小农场，小农场的一角有一间小屋，从屋里传出食物的香味，里面看起来暖暖的。丑小鸭鼓足勇气上前敲门，开门的是一位眼睛看不清的老太太、一只高傲的野猫和一只多管闲事的母鸡。这一家人接纳了丑小鸭，并邀请他共进午餐，在午餐餐桌上我们听到了他们之间的对话。 教师一人分饰多角地朗读下面的剧本，要明确地用语言和动作区分老太太、野猫和母鸡的角色，可以适当添加一些道具，剧本如下： 　　老太太（颤颤巍巍地）：我眼神不大好，（看到丑小鸭）哇，这是一只好肥的鸭子呀。我希望不是一只公鸭子，那么我就有鸭蛋吃了。 　　丑小鸭：那我可以留下吗？我的同伴都不喜欢我，觉得我又大又丑。 　　野猫（高傲地）：你一看就没见过什么世面，看你这个畏畏缩缩的样子。你会干什么呀？ 　　丑小鸭：我什么都不会呢。（想了很久）除了游泳。到水里去游泳。 　　母鸡（惊讶地）：游泳？这是多么荒唐的念头呀，你没事可干才会有这么愚蠢的想法。如果你能下蛋，那么你才算履行了你的职责。 　　丑小鸭：可是你们不了解我，我不会下蛋，但是我真的很擅长游泳。 　　老太太：下蛋才是正经事。 　　野猫：你不要胡思乱想了，作为鸭子就是要下蛋的，游泳是不务正业。 　　母鸡：为了你好，我劝你还是乖乖地学着下蛋吧。我可以教你。你留下来，像我们一样舒适地生活。 　　丑小鸭：可是，可是，我听说在远处有一个很美丽的天鹅湖，我想去看看。我从小就听鸭子村里的人说起，但是他们没人见过。 　　老太太：是呀，所以那种天鹅湖本来就不存在，我们这里也有湖呀，你看门口不就是个湖吗？你可以一边下蛋一边看湖。你如果留在我这里给我下蛋，那么我就会给你温暖的窝和美味可口的食物，我这里很安全，没有什么野兽会来。你不知道，外面的狼很多，他们专门吃小鸭子。 　　丑小鸭：这个湖太小了，我要去找那个很大很美的天鹅湖。 　　野猫：你太天真了。还是听听劝吧，下蛋才是正经事。 教师朗读完之后，根据幼儿的反应决定是不是要再读一遍。确定幼儿明确剧本内容后，教师提问： • 老太太和野猫、母鸡都在说什么？他们是什么意思？ • 他们希望丑小鸭做什么？ • 丑小鸭自己要做什么？ • 你觉得他应该如何选择呢？为什么？
结尾	丑小鸭的选择	教师把丑小鸭的灰色围巾放在中央，并引导幼儿进行投票。支持下蛋的站在左边，支持游泳的站在右边，教师问为什么这样选择？（注意尊重幼儿的意向选择，即使有一边没有人选也是可以的） 幼儿按照自己的选择站成两排，教师戴上丑小鸭的围巾犹豫地走过幼儿中间。随着教师的走动，孩子们要说出支持她下蛋或者支持她游泳的理由，要大声地说给丑小鸭听，并给她鼓劲。

拓展	送礼物	幼儿需要送给丑小鸭一个礼物以示鼓励,幼儿们会送什么呢?请幼儿们把它画下来,礼物不一定是物品,也可以是一句话、一个拥抱等。
第四次工作坊:《遇见天鹅湖》			
准备材料		• 灰色的围巾。 • 白色的布。 • 丑小鸭瑟瑟发抖的照片。 • 一个美丽的湖里有天鹅的照片。 • 丑小鸭的贴纸若干。 • 白色丝巾若干。 • 风声和雨声的音效、忧郁的音效,古典音乐《天鹅湖》。
教学目标		1. 正确认识自己,了解自己的长处和优点。 2. 在活动中探索丑小鸭和白天鹅的关系,感受坚持不放弃的力量。 3. 学会帮助他人,学会理解自己。 4. 善于思考,能主动地在活动中提出自己的观点,有问题解决能力。 5. 积极参与戏剧活动并敢于分享自己的观点。
热身活动	肢体表现	观看一个天鹅湖的视频,教师引导幼儿模仿视频中天鹅的样子。观看后,教师引导幼儿在教室的空间中模仿天鹅浮在水面、起飞、飞翔等不同阶段的样子。
故事展开	遇到困难	教师告诉幼儿:丑小鸭离开了农场,决定去寻找天鹅湖。教师讲述: 以前在鸭子村丑小鸭经常听见爸爸妈妈提起,在不远的地方有一个大湖,叫天鹅湖,那是一个非常美丽的大湖,而且你还会看见天鹅。但是鸭子村里从来没有人去过这个湖,丑小鸭决定去寻找这个大湖。你觉得在寻找大湖的过程中,丑小鸭都会遇到什么样的困难呢? 教师将幼儿分成2~3个组,先进行小组讨论丑小鸭在寻找天鹅湖的时候会遇到什么困难。之后,运用定格画面的方式展现丑小鸭在寻找天鹅湖时遇到的困难。之后,教师带领幼儿做两个即兴片段: 片段1:小组内的幼儿在之前定格画面的基础上进行延续性即兴表演,表演遇到的困难是什么。每个组内有一只丑小鸭,其他幼儿变成困难中阻碍她前进的人物或事物。 片段2:小组内的幼儿讨论丑小鸭是如何解决这些困难的。让幼儿即兴表演丑小鸭是如何解决这些困难的。每个组内有一只丑小鸭,其他幼儿变成困难中帮助她解决困难的人物或事物。(片段2衔接片段1) 最后,每组幼儿把片段2和片段1连贯起来展示。
	遇见天鹅湖	教师播放音效并要求幼儿进行即兴表演。现在每一位幼儿都扮演丑小鸭,根据教师的描述进行动作表演,教师说: 丑小鸭走啊走,她很疲惫,感觉快要走不动了,她沉重的身体倒在了地上。"寻找大湖的路好远好远,我好累呀",丑小鸭想。突然,吹过一阵冷风,丑小鸭瑟瑟发抖,她把自己的身体卷起来,她搓一搓冰冷的双手,天上下起了雪,她想家了,想爸爸妈妈了,想要回鸭子村了。瑟瑟发抖的丑小鸭蜷缩在雪地里,她快要冻僵了。大家一起鼓励鼓励自己,不然我们就会晕倒了。 教师带领幼儿们一边瑟瑟发抖地行走,一边给自己加油,用语言表达出来,从小声到大声。

第八章 教育戏剧主题活动案例

结尾	我是丑小鸭，我也是白天鹅	教师继续带领幼儿扮演丑小鸭在雪地里心灰意冷的样子，所有幼儿想象自己是雪地中的丑小鸭，并表现拖着疲惫的身体继续往前走的样子。 教师先播放忧伤的音乐，再慢慢转换成天鹅湖的音乐，同时走入孩子中间依次给他们披上白布变成白天鹅，教师也作为白天鹅邀请幼儿们一起跳舞。教师说："看，我们都变成了白天鹅，我们一起舞蹈吧。"随着柴可夫斯基的音乐，教师和幼儿一起舞蹈。 教师逐渐把音乐减弱，让幼儿坐在地板上，幼儿需要回顾一下整个故事和丑小鸭的经历，并提问： • 现在丑小鸭是什么心情？ • 变成天鹅的丑小鸭现在在想什么？ • 他一路走来，你觉得他和以前有什么不一样了？ • 变成白天鹅意味着什么？
延伸活动	讨论	幼儿想象并讨论如果变成天鹅的丑小鸭回到鸭子村，大家见到她会说什么？会做什么？

课后创编项目

以小组为单位，选择案例中的一个教育戏剧主题活动进行模拟授课。根据学前儿童教育戏剧创编任务表的要求，并以小组为单位创编一个针对大班的教育戏剧主题活动，自行选择素材和设定中心，进行模拟授课。

学前儿童教育戏剧创编任务表	
对象	20～40个幼儿
时间	教育戏剧主题活动为每次40～50分钟，共3～4次完成一个主题活动。
素材	幼儿喜闻乐见的故事、寓言、卡通、儿歌、诗歌、歌曲、绘画等。
素材分析	1. 故事中的主要人物有哪些？ 2. 主要人物关系的具体分析。 3. 你对故事中主要人物的感受和理解。 4. 主要故事脉络：分为几个部分？（起、承、转、合） 5. 故事的中心思想是什么？ 6. 你为什么觉得这个故事的中心意义对幼儿来说很重要？ 7. 如果你要设计教育戏剧活动，你选出的中心事件是什么？ 8. 如果你要设计教育戏剧活动，你会主要探讨哪对人物关系？ 9. 如果你要设计教育戏剧活动，会依次建构哪几个主要情境？ 10. 整个教育戏剧活动的设计主要促进幼儿哪个领域的学习或哪方面的认知和能力？

具体教学过程	
\multicolumn{2}{c}{（自行把以下教学过程进行几次工作坊的拓展）}	
主题或中心说明	
准备材料	
教学目标	
热身活动	
故事展开	
结尾	
延伸活动	
评价与总结	

参考文献

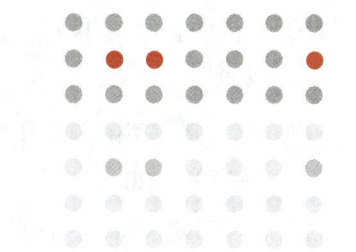

[1] 张金梅. 表达、创作、表演——幼儿园戏剧教育课程（中班）[M]. 南京：南京师范大学出版社，2014.

[2] 卡丽·米亚兰德·赫格斯塔特. 通往教育戏剧的 7 条路 [M]. 王玛雅，王治，译. 上海：华东师范大学出版社，2019.

[3] 卡梅尔·奥沙利文. 教育戏剧：实践指南与课程计划（上）[M]. 抓马宝贝·教育性体验中心，译. 北京：中国人民大学出版社，2016.

[4] 卡梅尔·奥沙利文. 教育戏剧：实践指南与课程计划（中）[M]. 抓马宝贝·教育性体验中心，译. 北京：中国人民大学出版社，2016.

[5] 林玫君. 儿童戏剧教育的理论与实务 [M]. 上海：复旦大学出版社，2015.

[6] 张金梅. 学前儿童戏剧教育 [M]. 南京：南京师范大学出版社，2015.

[7] 徐俊. 教育戏剧——基础教育的明日之星 [J]. 基础教育，2011（03）.

[8] 段素菊，侯轶难，冯英. 师范学前戏剧教育课程的理论与实践 [M]. 保定：河北大学出版社，2018.

[9] 安·玛丽·哈尔佩尼，简·皮特森. 皮亚杰导论 [M]. 钱雨，滕腾，何梦瑶，译. 南京：南京师范大学出版社，2020.

[10] 桑德拉·斯米特. 维果茨基导论 [M]. 罗瑶，译. 南京：南京师范大学出版社，2020.

[11] 张金梅. 生长戏剧：学前儿童戏剧经验的有机建构 [J]. 学前教育研究，2019（10）.

[12] 肖素芬，熊伟. 学前戏剧教育活动指导 [M]. 北京：中国人民大学出版社，2021.

[13] 黄希庭. 心理学导论 [M]. 北京：人民教育出版社，1991.

[14] 莫雷. 教育心理学 [M]. 北京：教育科学出版社，2007.

[15] 戴维·谢弗，凯瑟琳·基普. 发展心理学 [M]. 8 版. 邹泓，译. 北京：中国轻工业出版社，2009.

[16] 凯瑟琳·扎切斯特. 儿童戏剧游戏 [M]. 周子璇，译. 上海：上海文化出版社，2021.

[17] 王天强. 学前教师教育戏剧起步期教学实务指导手册 [M]. 北京：北京语言大学出版社，2019.

[18] 内莉·麦卡斯琳. 课堂内外的创造性戏剧 [M]. 姚仰南，邬丽珊，谈玉衡，译. 北京：外语教学与研究出版社，2021.

[19] 张晓华. 创造性戏剧教学原理与实作 [M]. 北京：中国戏剧出版社，2017.

[20] 杰茜卡·斯韦尔. 团队工作坊游戏 [M]. 上海：上海文化出版社，2021.